한국의 Affirmative Action 정책 연구

- 장애인고용정책을 중심으로 -

한국의
Affirmative Action 정책 연구
-장애인고용정책을 중심으로-

최 무 현 著

ᐸᐢ한국학술정보(주)

차 례

표 차 례

그림 차례

제1장 서 론

1. 문제제기 및 연구목적

민주주의 국가에서 정부 정책은 '인간의 존엄성'(human dignity)
을 향상시키는 것을 궁극적인 목적으로 한다(Lasswell 1951, 10). 인
간 존엄성 향상을 위한 수많은 노력들 중에서도 사회에 만연한 차별
과 불평등을 제거하는 것이 대단히 중요하다(최병선 1992, 574-575).
사회적 차별은 성별, 인종 및 피부색깔, 연령, 신체적 장애, 출신 지
역, 종교 등과 다양한 원인에서 비롯되며, 그 유형도 각 국가의 역
사와 맥락에 따라 다양하다. 예를 들어 미국, 남아프리카공화국, 인
도 등과 같은 다인종·다민족 국가에서는 인종 혹은 민족 차별이
특히 중요한 사회적 차별의 쟁점이 되지만, 한국, 일본과 같이 단일
민족국가의 성격을 가지면서 가부장적인 유교전통이 강한 국가에서
는 성차별이나 지역차별 등이 더욱 중요한 쟁점이 된다.

이러한 사회적 차별의 문제는 오늘날 그 중요성을 더해 가고 있
다. 우리는 현재 포디즘(Fordism) 자본주의 체제에서 후기-포디즘
(Post-Fordism) 자본주의 체제로의 역사적인 변환의 시기를 살고 있
다(Jessop 1993, 7-39). 이러한 변화에는 빛과 그림자가 있게 마련인
데 대표적인 부정적인 측면으로 논의되고 있는 것이 노동의 양극화
와 빈곤의 문제이다. Rifkin(1997, 21-22)은 인간의 노동이 생산과정
에서 체계적으로 제거되어 한 세기 내에 시장 부문의 대량 노동은
사실상 모든 국가에서 사라질 것이며, 새로이 창출되는 일자리는

12

대부분 저임금 부문이거나 임시직들로서 상위노동자와 하위노동자 간의 소득격차는 심화될 것이라고 주장한다. 따라서 이 같은 변화로 인해 가장 크게 고통을 받을 것으로 예상되는 것은 노동시장의 하층부를 차지하는 소수민족·장애인·여성 등과 같은 사회적 소수집단이다. 또한 이들의 고통은 당대로 끝나는 것이 아니라 특유한 '이동의 연결망'을 타고 후대에 대물림되기 때문에 더욱 심각한 사회문제로 비화할 개연성을 가지고 있다.[1]

이 같은 사회적 차별과 그로 인한 사회 소수집단에 대한 불평등한 처우 문제는 시장에서 맡겨 자연스럽게 해결할 수 있는 성질의 것이 아니기 때문에 '시장실패'(market failure)의 성격을 가진다. 따라서 시장의 경쟁에서 탈락한 사회적 약자들의 '마지막 피난처'(the last of refuge)라 할 수 있는 국가가 이 문제에 적극적으로 개입할 필요성이 인정된다. 이렇게 사회 소수집단의 과거 혹은 현재의 차별적 관행을 제거하고 소수집단의 불평등한 처우를 개선하여 사회 전반의 평등을 증진시킬 목적으로 특별히 채용·보수·보직·교육훈련·퇴직 등과 같은 전(全)인사과정에 국가가 적극적으로 개입하는 인사 혹은 인력정책을 '적극 평등인사정책'(Affirmative Action)이라고 한다. 적극 평등인사정책은 사회 소수집단을 고용을 통해

---

1) Piore(1989, 117-118)에 따르면 노동시장은 크게 일차부문과 이차부문으로 구분되며, 일차부문은 다시 상층부와 하층부로 구분된다. 일차부문은 높은 임금, 양호한 작업조건, 보다 많은 승진의 기회 등을 특징으로 하는 반면, 이차부문은 열악한 작업 환경에 승진 기회도 적고 저임금의 특징을 가진다. 일차부문의 상층부는 고위 경영자, 전문직, 금융·은행업 종사자 등과 같은 골드칼라(gold collar)가, 일차부문의 하층부는 전통적인 대기업의 화이트칼라(white collar)와 블루칼라(blue collar)가, 그리고 이차부문은 하층 노동자와 농어민이 차지한다. 그리고 이러한 노동시장에서의 분류는 계급적인 성격을 갖는다. 즉 이들은 각기 고유한 하위문화와 연결되며 '이동의 연결망'을 따라 지속적인 재생산이 일어나게 된다.

자립하게 하기 때문에 소수집단 자신들에게도 떳떳한 것이고, 국가
경제의 측면에서도 유용한 인력을 추가로 확보하게 하는 것이며,
과거의 소수집단에 대한 소극적 복지로 인해 야기되었던 복지병과
같은 여러 문제를 동시에 해결하여 준다는 점에서 정당성이 인정된
다. 적극 평등인사정책은 소수집단에 대한 소극적인 차별 금지에서
부터 적극적으로 우대하는 조치까지 다양한 형태를 가지며, 그 정
책대상 또한 국가마다 시기마다 변화하는 특성을 갖는다. 따라서
적극 평등인사정책은 복합적이고 다차원적인 성격을 지니고 있으므
로 이에 대한 심도 깊은 연구가 필요하다.

　한국의 경우에도 여성, 장애인, 중고령자, 소외지역출신자 등과
같은 사회적으로 유무형의 차별에 시달리며 불평등한 처지에 있는
사회 소수집단이 엄연히 존재하고 있다. 그리고 이들이 1997년 말
IMF 외환·금융 위기이후의 경기침체로 가장 큰 어려움을 겪고 있
는 것이 사실이다(채진호 1999, 46-77). 따라서 소수집단에 대한 국
가의 정책적 대응이 요망되고 있는데, 앞에서 살핀 대로 적극 평등
인사정책이 문제를 가장 근본적이면서 적절하게 해결할 수 있는 방
안이라 생각된다. 정부도 이러한 문제를 인식하고 1990년 이후 '장
애인 의무고용제,' '여성 공무원채용목표제,' '고령자 의무고용제' 등
과 같은 적극 평등인사정책을 도입하여 그 적용을 확대하고 있는
중이다.

　그러나 소수집단의 처우를 개선할 목적으로 도입중인 이러한 제
도들은 적극 평등인사정책의 큰 틀 속에서 도입되기보다는 부분적
으로 도입·집행되고 있어 조직 및 운영상의 중복과 혼선의 문제를
안고 있다. 이 같은 이해부족은 학계에서는 동일하게 반복되어 적
극 평등인사정책을 여성 복지나 장애인 복지의 정책수단 중의 하나
로 이해하고 있는 실정이다.

요컨대 우리 학계와 실무계에서 적극 평등인사정책에 대한 이론적이고 실제적인 이해와 연구가 부족한 것이 현실이다(이향순 1997, 3). 따라서 사회적 차별에 대응하여 사회적 소수집단의 처우를 고용 및 인사상의 방법으로 개선하려는 적극 평등인사정책에 관한 깊이 있는 정책학적 이해와 분석이 절실히 요구된다고 할 수 있다.

이상과 같은 문제의식을 가지고 본 연구는 적극 평등인사정책의 일반적인 특징을 분석하고 결정－집행과정을 정책학적 관점에서 분석하여 효과적인 적극 평등인사정책 설계 대안을 제시하는 것을 목적으로 한다. 이 같은 연구 목적을 달성하기 위해 다음과 같은 구체적인 연구목표를 설정하였다.

첫째, 국내외의 선행연구를 검토하여 적극 평등인사정책의 과정을 특징을 파악하고 그 정책학적 함의를 도출한다. 현재 한국에서는 적극 평등인사정책이 부분적으로 도입되어 있는데다가, 그 도입 시기도 얼마 되지 않아 결정－집행과정에 대해 분석하고 평가한 연구가 부족하다. 따라서 적극 평등인사정책이 처하게 되는 정책 환경, 정치상황, 참여자 관계, 결정－무결정 등을 분석하고 이러한 결정과정의 특징들이 정책수단, 집행조직, 집행절차 등과 같은 집행과정에 어떻게 영향을 미치는지를 분석하고자 한다. 그리고 이 같은 논의를 종합하여 적극 평등인사정책 일반에 적용될 수 있는 분석틀을 구성한다.

둘째, 적극 평등인사정책에 관한 이론적이고 실제적인 이해를 위해 적극 평등인사정책의 의의, 접근법, 적용사례를 분석한다. 그리고 이를 바탕으로 한국에서 적용 가능한 정책대상이 어떤 것들인지 살펴본다. 한국에서 적극 평등인사는 여성 복지, 장애인 복지, 고령자 복지정책의 여러 정책수단 중 하나로 여겨지고 있는 실정이다.

그러나 이러한 경향을 외국의 사례로 볼 때 잘못된 것이라 할 수 있으며, 오히려 반대로 적극 평등인사정책을 중심으로 여성, 장애인, 고령자의 고용 및 인사정책이 연구될 필요가 있다. 이렇게 될 때 보다 체계적이면서 통일성 있는 사회 소수집단의 고용 및 인사정책이 정립될 수 있다.

셋째, 한국에서 대표적인 적극 평등인사정책이라 할 수 있는 장애인고용정책을 사례 연구하여 한국의 적극 평등인사정책의 결정 – 집행과정의 특성을 분석한다. 구체적으로 1990년 「장애인고용 촉진법」 제정과 2000년 「장애인고용 촉진 및 직업재활법」 전면 개정 과정에서의 정책 환경과 참여자들의 상호작용을 분석하여 장애인고용정책의 결정 – 집행과정의 특징을 분석한다.

넷째, 이상과 같은 연구로부터 도출된 이론적·정책적 함의를 바탕으로 하여 적극 평등인사정책의 관점에서 한국의 장애인고용정책을 평가하고 정책대안을 제시하도록 한다.

2. 연구범위와 연구방법

1) 연구범위

첫째, 적극 평등인사정책이 본격적으로 한국에 도입되기 시작한 것은 1990년 「장애인고용 촉진법」의 제정부터라 할 수 있으므로 시간적인 연구 범위는 대체로 1980년대 말 이후라고 할 수 있다.

둘째, 적극 평등인사정책은 개념상 공공부문과 민간부문 모두에 정책적 영향을 미친다. 따라서 이 책은 공공부문뿐만 아니라 민간

부문에서의 적극 평등인사정책까지 연구범위로 삼는다.

셋째, 적극 평등인사정책은 국가마다 시기마다 그 적용대상이 달라지므로 단정적으로 대상을 규정할 수 없다. 하지만 대략적으로 소수 인종·민족, 여성, 장애인, 중고령자, 재향군인, 소외지역출신자 등을 대상으로 한다고 할 수 있다. 한국의 경우 인종·민족적 차별 문제가 심각하지 않으므로, 여성, 장애인, 소외 지역출신자, 중고령자, 국가유공자가 그 정책대상의 범위에 들어갈 수 있다. 본 연구는 적극 평등인사정책의 여러 정책대상 중에서도 장애인을 정책 사례로 분석코자 한다. 그 이유는 장애인은 적극 평등인사정책의 대상이 되는 사회 소수집단의 대표적인 예인 데가, 1990년 「장애인 고용 촉진법」 제정된 지 10여년이 지나 장애인고용정책의 결정과 집행과정에서의 충분한 정책적 함의를 얻을 수 있기 때문이다.

2) 연구방법

이 책의 연구목적을 달성하기 위해 다음과 같은 연구 방법을 사용하기로 한다.[2] 첫째, 적극 평등인사정책에 대한 이론과 정책과정에 관한 선행연구를 검토하기 위해, 그리고 한국의 대표적인 적극 평등인사정책인 장애인고용정책의 결정-집행과정의 특성과 문제점을 분석하기 위해 각종 단행본·연구논문·보고서 등을 검토하는 문헌분석 방법을 사용한다.

둘째, 적극 평등인사정책의 일반론적 이론적 특성과 결정-집행

---

2) Lijphart(1971, 24-27)는 '방법'(method)과 '분석시각'(perspective)을 엄밀히 구분하고 있다. 그리고 방법과 기법(technique)도 구분하여 방법이 광범위하고 일반적인 개념인 반면, 기법은 협소하고 구체적인 개념을 가지는 것으로 파악한다. 그가 파악하는 방법론(methodology)은 그 하위 개념으로 방법(method)으로 구성되며 다시 보다 구체적인 기법(technique)으로 구성되는 것이다.

과정과 관련된 특성과 정책적 함의를 얻기 위해 외국의 정책사례를 연구하는 사례연구방법을 수행한다. 한국에서의 적극 평등인사정책과 프로그램이 도입된 지가 얼마 되지 않았기 때문에 한국의 정책과 프로그램만을 가지고 적극 평등인사정책의 일반화를 도출하는 데에는 한계가 있다. 따라서 보다 정책 도입의 연원이 길어 제도화의 수준이 높은 외국 사례를 연구하는 것이 필수적이다. 적극 평등인사정책은 국가마다 제각기 상이한 명칭과 특징을 가지는데, 미국을 중심으로 캐나다, 호주, 남아프리카공화국 등에서는 "Affirmative Action"으로 불리며, 영국을 중심으로 한 유럽 제국들은 "Positive Action" 혹은 "Positive Discrimination"이라 주로 부른다.

셋째, 한국 장애인고용정책의 결정-집행과정의 특성과 문제점을 분석하여 그 정책적 함의를 얻기 위해 관련 기관의 구성원들에 대한 심층면접 방법을 수행한다. 본 연구가 면접방법을 사용하는 이유는 실제 정책결정 및 집행에 참여하고 있는 현장의 정책담당자들의 경험적이고 전문적인 견해를 통해 현재 정책과정의 내밀한 특성과 문제점까지 명확하게 파악하여 정책적 함의를 얻고자 하기 때문이다. 구체적인 면접대상은 국회 보건복지위원회과 환경노동위원회 소속 국회의원과 보좌관, 경제인 단체 관계자, 장애인복지관·한국장애인고용촉지공단 등 장애인 관련 단체의 관계자, 그리고 민간 기업의 인사담당자 등이며 면접 대상이 되는 표본의 추출방법은 누적표본추출(snowball sampling)을 사용한다(남궁근 1994, 348).3)

---

3) 누적표본추출 방법은 첫 단계에서 연구자가 임의로 선정한 제한된 표본에 해당하는 사람으로부터 추천을 받아 다른 표본을 선정하는 과정을 되풀이하여 마치 눈 덩이를 굴리듯이 표본을 누적해 가는 방법이다. 이 방법은 모집단의 구성원을 전부 파악하고 있지 못할 때 적합한 표본추출방법이기 때문에 본 연구에서처럼 연구 초기에 실제로 정책이 결정되고 집행되는 전과정을 연구자가 명확하게 파악하고 있지 못할 경우 적절히 사용될 수 있는 표본추출방법이라 할 수 있다.

3. 연구의 구성

본 연구는 다음과 같은 연구 내용으로 구성된다. 구체적으로 제2장에서는 적극 평등인사정책의 일반적인 이론적 고찰과 정책과정 분석이 이루어진다. 첫째, 적극 평등인사정책의 정의와 특징, 발전과정, 쟁점분석, 정책대상 등의 고찰이 이루어진다. 둘째, 적극 평등인사정책의 기본 가치에 대한 논의와 이를 바탕으로 적극 평등인사정책의 접근법에 대한 논의가 이루어진다. 셋째, 적극 평등인사정책의 결정－집행과정을 특성을 분석한다. 적극 평등인사정책의 결정과정에는 정치 상황, 참여자 관계, 결정－무의사결정 등을, 집행과정에서는 정책수단, 집행조직, 집행절차, 기관유형과 산출과의 관계 등을 중심으로 분석한다. 그리고 이들 논의를 바탕으로 적극 평등인사정책 연구의 분석틀을 제시한다. 제3장에서는 한국의 적극 평등인사정책의 사례연구로 장애인고용정책을 분석한다. 특히 1990년 제정된 「장애인고용 촉진법」과 2000년 전면 개정된 「장애인고용 촉진 및 직업재활법」을 중심으로 결정－집행과정을 분석한다. 제4장에서는 앞장에서의 논의를 바탕으로 한국의 장애인고용정책을 적극 평등인사정책적 관점에서 평가하고 이를 바탕으로 문제점을 분석하고 정책대안을 제언한다. 이상 논의를 바탕으로 연구의 흐름을 정리하면 <그림 1.1>과 같다.

<그림 1.1> 본 연구의 흐름도

| 이론적 연구 | · 적극 평등인사정책의 일반론적 고찰
　—의의, 발전과정, 쟁점, 대상 집단
· 적극 평등인사정책의 이론적 고찰
　—사회적 대표성과 사회적 형평성
　—자유주의 접근, 급진주의 접근, 다양성
　　관리 접근 |

▼

| 정책과정 분석 | · 적극 평등인사정책의 정책 환경
· 적극 평등인사정책의 결정과정
　—정치 상황, 참여자 관계, 결정—무결정
· 적극 평등인사정책의 집행과정
　—정책수단, 집행조직, 집행절차 |

▼

| 사례연구 | · 장애인고용정책의 의의
· 한국 장애인고용정책의 정책 환경
· 한국 장애인고용정책의 결정과정
　—정치 상황, 참여자 관계, 결정—무결정
· 한국 장애인고용정책의 집행과정
　—정책수단, 집행조직, 집행절차 |

▼

| 종합:
　정책 대안 도출 | · 적극 평등인사정책의 관점에서 한국 장애
인고용정책의 평가와 정책 제언 |

제1편

적극 평등인사정책에
관한 이론적 고찰

제2장 적극 평등인사정책의 의의

1. 적극 평등인사정책이란 무엇인가?

1) 적극 평등인사정책의 개념

사회적 소수집단의 과거 혹은 현재의 차별적 관행과 불평등한 처우를 개선하여 사회 전반의 평등을 증진시키기 위한 국가 정책인 "Affirmative Action" 혹은 "Positive Action"은 단일한 정책이나 프로그램을 의미하는 것이 아니다.[1] 이것은 여러 중복되는 종류의 정책과 프로그램일 뿐만 아니라, 고용분야에만 국한되지 않고 배치·승진 등의 인사, 교육, 사업자 선정, 선거구 확정 등의 다양한 분야들에 적용되며, 소극적인 차별 금지에서부터 특별대우 하는 것에 이르기까지 강도 또한 다양하다. 따라서 Affirmative Action을 간단하게 정의하기란 어려우며 어떻게 정의하느냐의 문제 자체가 논란의 핵심이 되기도 한다(김영환 1991, 36; 이향순 1997, 17; Innes 1993, 4; Faundez 1994, vii). 보다 정확한 Affirmative Action의 정

---

[1] 국가마다 명칭이 다양하다. 미국, 호주, 캐나다 등에서는 "Affirmative Action," 영국, 영연방의 여러 국가, 이태리는 "Positive Discrimination" 혹은 "Positive Action", 프랑스에서는 '보정조치', 스웨덴에서는 '평등옴브즈만', 노르웨이에서는 '할당제' 등으로 불린다. 본 연구는 용어를 Affirmative Action으로 통일하고자 한다. 이는 사회적 차별문제와 평등문제에 대한 국가정책에 대한 세계적인 비교연구를 수행한 International Labour Office의 1994년, 1997년 연구에서도 Affirmative Action란 용어로 통일하여 사용한 전례를 따랐다.

의를 도출하기 위해 학자들의 견해를 살펴보면 다음과 같다.

먼저 국제연합의 경우 "차별을 철폐하고 평등을 촉진할 목적으로 기존의 차별로 인한 (현재의 여성의) 권리행사의 장애를 조정하기 위하여 기존의 차별로 인한 영향을 없앨 수 있도록 현재의 사회·정치·경제구조를 개선할 수 있는 조치로서 차별로 인한 영향이 없어질 때까지의 잠정적인 조치"라고 정의하고 있다(United Nations 1992, E/C.6/1992/7.No.37; 신정자 외 1993, 39 재인용). 미국 Affirmative Action의 최고 집행기관이라 할 수 있는 평등고용기회위원회(EEOC 1979, 4422)의 *Affirmative Action Guidelines*에서는 "Affirmative Action 은 평등 고용 기회를 저해하는 과거 혹은 현재의 관행, 정책, 그 밖의 장벽(의 효과)을 극복하기 위해 설계된 인사 정책과 절차로 구성된 다"라고 규정하고 있다. Sowell(1976, 48)은 "단지 현재의 차별적 관행을 멈추게 하거나 제거하는 것뿐만 아니라 이들 관행들이 야기한 손실들을 복구하는 조치를 취하는 것도 의미한다"고 정의한다. Cebulski(1977, 3)는 "고용에서의 불평등한 결과를 초래하는 모집, 고용, 승진, 및 그 밖의 관행을 사용자들이 분석하고 교정할 것을 요구하는 치료적 개념"이라고 정의한다. Greenawalt(1983, 17)는 "과소 대표된 집단들의 성원들에게 혜택을 주어 더 높은 수준의 참여를 도모하는 시도들을 가리키는 용어이며, 어떤 것은 우선적 대우(preferential treatment)를 포함하지만 어떤 것은 그렇지 않다"고 주장한다. Benokraitis과 Feagin(1978, 1)은 "공식적인 차별 관행들의 철폐를 위해 공공조직과 민간조직이 정부의 격려와 후원을 받으며 하는 자발적 행위이며, 이것은 소극적인 차별 안하기 이상의 행위를 의미한다. 또한 이것은 소수민과 여성이 고용시설과 교육기관에서 자신들의 정당한 자리를 차지하지 못하도록 막는 모든 장벽들, 비공식적인 것이나 잘 드러나지 않는 미묘한 장벽들까지도 제거하기 위해 다양한 조직체들이 적극적으로, 단호하게, 그리고 공격적으로 행동해야 한다는 것을 뜻한다"라고 정의한다. 김형렬(1981, 6)은 "차별(discrimination)이라는 용어와는 상반되지만 무차별(non-discrimination)이라는 개념과는 어느 정도 다른 개념, 즉 차별행위를 금하는 것만으로는 소수민족이나 장애인 또는 여성 등과 같은 사회의 소수집단을 도와주는데 별로 효과가 없었기에, 각 사용자는 이들이 자격이나 능력 면에서 다소 불충분하더라도 적극적으로 활용하라는 뜻으로 풀이해야 한다"고 주장한다. 그리고 이런 인식 하에서 "Affirmative Action은 채용·임금·보직·훈련 및 승진에 있어서 수동적이고 중립적인 무차별 정책이나 실적주의 정책을 넘어서서 적극적으로 소수민족·장애인·여성 등을 활용하는 정책"이라고 정의한다. 김영환(1991, 36)은 "공적·사적 기관이 역사적으로 불이익을 받아 온 집단에게 차별지표로 사용된 속성을 정치적·사회적·교육적 영역에서의 기회제공에 고려함으로써 차별 결과를 구제하고 실질적 평등을 실현하려고 계획된 우선적·잠정적·보상적인 평등실현정책"이라고 정의한다.

이상과 같은 여러 견해를 종합해 볼 때, Affirmative Action을 단순히 '차별철폐조치'(혹은, 차별철폐정책)와 같이 번역하는 것은 그 정책이 담고 있는 의미를 충분히 설명하지 하지 못할 뿐만 아니라 정책영역을 제한하는 문제점을 가진다.2)

따라서 이 책은 사회적 소수집단에 대한 차별을 철폐하고 이들의 처우를 적극적으로 개선하여 사회 전체적인 평등을 증진시키기 위한 국가정책인 Affirmative Action의 정확한 의미를 충분히 전달할 수 있도록 '적극(적) 평등인사정책'(積極平等人事政策)이라고 번역하

---

2) 이향순(1997, 2)은 Affirmative Action이 원래 인종차별을 종식시키기 위한 反차별 정책(anti-discrimination policy)의 하나로 시작되었지만, 여기에서 한걸음 더 나아가 경쟁의 조건을 보다 공정하게 하기 위한 정책적 배려로 발전하였다고 본다.

고자 한다.3) 국가가 오랜 역사적 차별에 시달리는 소수 인종 또는 민족, 여성, 장애인 등과 같은 사회 소수집단의 열악한 처지를 실질적으로 치료하고 복구하기 위해 현재의 차별 관행만을 금지하는 소극적 자세에서 벗어나 소외계층에 대한 특별대우까지 포함한 공격적이면서도 적극적인 정책을 펼친다는 점에서 '적극적'이고, 이러한 정부의 정책과 조치가 궁극적으로 평등 사회를 지향한다는 점에서 '평등'이며, 그리고 이것이 대체로 채용·보수·승진·교육훈련 및 퇴직 등과 같은 전(全)인사과정에서의 정책이란 점에서 '인사정책'이다.4) 요컨대 "적극 평등인사정책은 사회 전반의 평등 증진을 목적으로 소수인종 및 민족·장애인·여성·소외지역출신자·상이군인을 비롯한 국가유공자 등의 사회적 소수집단의 과거 혹은 현재의 차별적 관행을 제거하고 이로 야기된 손실을 복구하기 위해 국가가 수동적이거나 중립적인 자세에서 뛰어넘어 적극적으로 채용·보수·보직·교육훈련·퇴직 등과 같은 전(全)인사과정에 개입하는 인

---

3) 학자들이 Affirmative Action을 국내에 소개하면서 사용한 용어는 다음과 같다. 긍정적 행동(한국노동연구원 1996, 131), 약자보호조처(한겨레신문 2000. 7. 28., 9), 잠정적 특별조치(신용자 1993), 적극 대책, 적극고용정책(김형렬 1980; 1981), 적극적 인사조치(박경효 1993, 708; 1995), 적극적 조치(한정자 1993, 31-32; 이향순 1996·1997; 김미경, 283; 권경득 2000), 적극적 평등실현 조치(김영환 1991), 적극적 평등실현 정책(성낙인 외 1995), 차별철폐조치(오석홍 1993; 1994), 확인적 고용행위(양형일·이태영 1993, 355) 등이다.

4) Affirmative Action의 적용분야는 주로 고용 및 인사와 관련된 것이기 하지만, 그 외에도 대학 입시과정에서의 소수집단 출신 학생에 대한 특별전형, 정부 발주의 공사입찰에 있어서 소수집단 출신자의 고용이 충실한 기업에 대한 우선 대우 또는 소수집단 출신 사업주의 사업체에 대한 우선 대우, 그리고 소수집단의 대표성 확보를 위한 의석확보선거구 등이 있다. 따라서 Affirmative Action을 고용 및 인사정책으로만 한정하는 것에 대한 반론이 있을 수 있다. 그러나 미국의 예에서 보듯 이러한 부분까지도 인사 혹은 인력정책 부문에서 다루는 것이 일반적이다(본장 주 8번을 참조).

사 혹은 인력정책"이라고 정의할 수 있다.

2) 적극 평등인사정책의 특징

적극 평등인사정책의 의미를 보다 명확히 이해하기 위해 적극 평등인사정책의 개념을 구성하고 있는 요소를 분해해서 그 특징을 정리하면 다음과 같다.

첫째, 적극 평등인사정책은 어떤 사회든 '사회적 소수집단'(social minority)이 존재하며 이 집단에 대한 '사회적 차별'(social discrimination)이 존재한다는 것을 전제하고 있다. 적극 평등인사정책은 궁극적으로 평등한 사회 실현을 목적으로 한다. 따라서 어떤 집단이나 계층에 대한 사회적 차별이 존재하지 않는 평등한 사회라면 적극 평등인사정책은 그 존재 가치가 없다고 할 수 있다. 사회적 차별의 존재여부는 '과소 대표'(under-representiveness) 혹은 '과소 활용'(under-utilization)이라는 기준으로 판단할 수 있다.[5]

---

5) 사회적 차별의 존재여부를 판단할 수 있는 대표적인 방법으로 Nachmias & Rosem-bloom(1973)이 개발한 "통합지수"(Integration Index) 기법이 있다. 이 기법은 미국 행정부의 인종적 배경을 바탕으로 관료적 대표성과 통합성을 측정하기 위해 처음으로 사용한 것으로, 아래 <식 2.1>의 총관찰치(Total Observed Differences: TOD)와 최대가능차(Maximum Possible Differences: MPD)의 비율에 의한 방식을 응용한 것이다. 이 방식은 정부의 통합에 영향을 미칠 수 있는 요인(characteristics or factors)의 수가 많으면 많을수록 정부를 구성할 수 있는 방법에서의 변이(variation)는 더욱 커진다는 논리를 전제하고 있다(Guajardo 1996). 한국에서는 출신지역을 바탕으로 정부 관료 구성에서의 통합 정도를 분석한 연구가 있다(양형일·이태일 1993).

<식 2.1>　　$TOD = \Sigma f_i f_j, (i \neq j)$　　f=지역적 관찰수

$MPD = \dfrac{n(n-1)}{2}(\dfrac{k}{n})^2$　　n=지역의 수, k=관찰 총수

$\therefore$　$MV = \dfrac{\Sigma f_i f_j, (i \neq j)}{\dfrac{n(n-1)}{2}(\dfrac{k}{n})^2}$

적극 평등인사정책이 사회적 차별을 전제한다는 것은 논리적으로 '한시성'(限時性), '잠정성'(暫定性)인 특성을 가진다는 것과 연결된다. 다시 말해 적극 평등인사정책은 사회적 차별을 전제하기에 그 사회가 목표로 하는 평등 수준이 달성될 때까지만 그 유용성이 있다. 이에 따라 「남녀고용평등법」과 「남녀차별금지법」에서도 '잠정적 조치'라는 용어를 사용하고 있다.6)

둘째, 적극 평등인사정책은 단순히 사회 소수집단에 대한 현존하는 차별을 철폐하는 것뿐만 아니라 사회적 차별로 인해 과거의 손실과 피해를 '복구'하고 '치료'한다는 개념을 내포한다. 따라서 수동적이고 중립적인 무차별 정책이나 실적주의 정책을 뛰어넘어 소수집단을 고용 및 인사상에서 특별대우 하는 적극적이면서도 공격적인 정책을 의미하게 된다. 이런 이유 때문에 적극 평등인사정책을 과거의 부정적 차별에서 결과한 역사적 불이익 내지 손실을 지우려

그리고 차별을 수학적으로 측정하는 방법으로 "대표성 비율"(Representativeness Ratio) 분석과 "급여 및 이익 지수"(Salary and advantage index) 분석이 있다(Cayer & Sigelman 1980; Dometrius & Sigelman 1984; Riccucci & Saidel 1997; Dresang 1999; 유종해 1990; 양형일·이태일 1993). "대표성 비율" 분석은 집단별 혹은 계층별로 대표성 수준을 파악하기 위한 널리 사용되는 분석방법이다. 예를 들어 정부의 어떤 기관 내 소수집단의 비율과 전국민중의 소수집단의 비율을 나누어 계산한다. 만일 대표성 비율이 1이라면 '완전 대표' 혹은 '완전 평등' 상태이고, 1을 초과하면 '과대 대표' 상태이며, 1 미만이면 '과소 대표' 상태라고 할 수 있다. "급여 및 이익 지수" 분석은 간단히 "이익지수" 분석이라고도 하는데 집단 간 혹은 계층 간 임금격차를 파악하기 위한 분석방법이다. 예를 들어 여성의 임금 평균에 남성의 임금 평균을 나누면 그 차이를 계산할 수 있다.

6) 「남녀고용평등법」 제2조의 2 제4항에서는 "현존하는 차별을 해소하기 위하여 국가, 지방자치단체 또는 사업주가 잠정적으로 특정성의 근로자를 우대하는 조치를 취하는 것은 이 법에서 말하는 차별로 보지 않는다"고 규정하고 있다. 「남녀차별금지법」 제8조에서는 "다른 법률에 규정된 남녀평등을 촉진하기 위한 잠정적 조치 등은 이 법에 의한 남녀차별로 보지 아니 한다"고 규정하고 있다.

고 고안한 일종의 '건설적 차별'(오석홍 1994, 29), 혹은 '긍정적 차별'(송근원 · 김태성 1995, 383)이라고도 한다.

그러나 적극 평등인사정책에 '과거 차별의 보상'이라는 개념이 반드시 포함되는 것은 아니다. 어떤 경우에는 과거 차별의 희생 때문이 아니라 사회 통합을 촉진하고 현재 및 미래의 차별을 막기 위해 특정 소수집단에게 고용 및 인사상의 우대를 적용할 수도 있다(Faundez 1994, 34). 한 가지 예로 현재 급속한 사회변화 과정에서 심화되고 있는 도시와 농어촌 격차 문제를 들 수 있다. 이러한 도농 간의 격차는 미래에 농어촌 출신자들이 영속적인 사회 소수집단으로 전락하게 될 위험성을 보여준다. 이에 따라 미래에 예견되는 차별을 막기 위해 과거에는 적극 평등인사정책의 대상이 아니었던 농어촌 출신자들을 대상으로 포함할 수 있다.

셋째, 적극 평등인사정책은 특정 집단 성원의 자격에 기초해서 사람들에게 기회들이나 여타 혜택을 제공하거나 제공하려고 한다(이향순 1997, 33-36; 김영환 1991, 193-195).[7] 즉, 적극 평등인사정책은 '특정 집단의 성원들'에게만 혜택을 주는 집단에 근거한 특혜 조치의 성격을 띤다. 따라서 적극 평등인사정책은 차별을 받은 실제의 희생자인 개인에게 개별적인 보상을 해주는 것이 아니라 차별받은 집단 전체에게 보상한다는 점에서 논란의 여지를 안고 있다.

넷째, 적극 평등인사정책의 실행 주체는 모든 '공적' 기관과 '사적' 기관을 포괄한다(Faundez 1994, 33). 즉 중앙정부 · 지방정부 · 민간기업 · 대학 · 노동조합 등이 적극 평등인사정책의 실행 주체이

---

7) 적극 평등인사정책이 적용되는 대상을 논의할 때 보통 소수 인종(및 민족), 여성, 장애인, 소외지역출신자, 중고령자 등을 들 수 있다. 이들을 통틀어 '사회적 소수집단' 혹은 '사회적 소외계층'이라 할 수 있는데 본 연구는 적극 평등인사정책이 집단에 기초한 정책이란 점에서 '사회적 소수집단'이라고 통칭하려고 한다.

다. 적극 평등인사정책은 초기에는 주로 중앙정부·지방정부·국공
립학교 등과 같은 공적 부문에서의 고용 및 인사와 관련되어 실시
되기 쉽다. 그러나 적극 평등인사의 수단으로 민간기업에 직접적으
로 고용 할당제를 적용하거나 사립학교 입학에서 일정 비율을 소수
집단 출신으로 선발하게 한다면, 적극 평등인사정책은 공공부문뿐
아니라 민간부문까지 정책범위로 한다고 할 수 있다.

다섯째, 적극 평등인사정책은 정부가 인사 혹은 인력정책을 통해
사회 소수집단에 대한 사회적 차별을 철폐하고 전체 사회의 평등을
향상시키고자 하는 목적을 가지고 있기 때문에 다양한 정책수단을
가진다. 다시 말해, 적극 평등인사정책은 현재의 사회적 차별을 금지
하는 소극적인 대응에서부터 고용할당제와 같이 소수집단에 특별대
우를 하는 적극적인 대응에 이르기까지 다양한 정책수단을 가진다.

여섯째, 적극 평등인사정책은 소수인종, 여성, 장애인 등과 같은
사회 소수집단의 복지를 규제정책과 인사정책의 수단 및 절차로 증
진시키려고 하기 때문에 복지·규제·인사 정책 등의 특성을 공유
하는 '학제간적'(interdisciplinary) 연구 분과라고 할 수 있다. 다시
말해, 적극 평등인사정책은 이전까지 간과되었던 인종·성문제와
같은 사회에 만연한 차별문제를 대응하는 발전한 형태의 복지정책
이자(Williams 1989, 19-20·41), 사회 소수집단의 삶의 질과 기본권
을 신장하고 사회적 형평성을 확보하려는 목적으로 사회적 차별에
대응하는 정부의 규제정책이며(최병선 1992, 415), 채용·승진·훈
련·보수·퇴직 등과 같은 고용 및 인사과정에서 직무상담·직무평
가·취업알선·사후관리 등의 다양한 인사 혹은 인력관리 수단으로
목적을 달성하려고 하는 인사 혹은 인력정책의 성격을 동시에 가지
고 있다.8)

---

8) 미국 행정학계에서는 적극 평등인사정책을 전반적으로 인사 혹은 인력

3) 적극 평등인사정책의 유형

적극 평등인사정책은 오랜 사회적 차별을 철폐하고 이로 피해를
입은 소수집단에게 보상하여 기회평등을 보장하기 위한 모든 정책
및 프로그램이기 때문에 범위가 광범위하고 그 유형 또한 다양하
다. 여기에서는 적극 평등인사정책의 개념을 이해하는 데 유용한
유형 분류를 검토하도록 한다.

첫째, 적극 평등인사정책을 이해할 때 전반적인 틀을 세우는 "정
책으로서의 적극 평등인사정책"과 구체적인 "프로그램으로서의 적
극 평등인사정책"을 구분할 필요가 있다(Skedsvold & Mann 1996,
15). "정책으로서의 적극 평등인사정책"은 법률의 제정과 같은 형태
로 이루어지는 것인 반면, "프로그램으로써의 적극 평등인사정책"
은 구체적인 정책수단을 담고 있는 정부조치로 나타난다.[9)]

둘째, 적극 평등인사정책은 소수집단의 평등 기회에 방해가 되는
모든 장벽을 제거하는 "反차별 정책"과 여기에서 한 걸음 더 나아가
적극적으로 불균형과 불평등을 시정하기 위해 소수집단에게 우선적
대우를 해주는 "우선대우 정책"으로 나눌 수 있다(이향순 1997, 2;
Innes 1993, 8-13). 먼저 "反차별 정책"에는 사회 혹은 조직에서의 모
든 공식적·비공식적 차별을 철폐하여 모든 구성원들이 동등하게 기
회를 제공받고 동등한 적용을 받도록 하는 모든 조치를 의미한다.
반면, "특별 우대" 정책에는 사회적 소수집단에 대한 고용 및 인사

정책으로 다루어 인사행정학 교과서라면 어느 것이나 '평등고용기
회'(EEO) 혹은 '적극 평등인사정책'(Affirmative Action)을 거의 빠짐없
이 다루고 있다. Werher, Jr., & Davis (1989), Ch 3.; Nigro & Nigro
(1994), Ch 9.; Klingner & Nalbandian (1993), Ch 6.; Milkovich &
Boudreau (1997), Ch 2.; Dresang (1997), Ch 4.

9) 이 책은 이 같은 구분에 유념하여 구체적인 조치를 의미하는 것일 경
우 "적극 평등인사", "적극 평등인사조치" 등과 같은 용어를 함께 사용
하고자 한다.

상에서 '할당제', 대학 입시 등에서 '특별 전형,' 정부 계약 및 입찰에서의 '우선 대우' 등이 있을 수 있다.

셋째, 집행수단과 관련하여 "협의의 적극 평등인사정책"과 "광의의 적극 평등인사정책"으로 구분할 수 있다. "협의의 적극 평등인사정책"은 고용 및 인사상의 특별대우나 할당제만을 의미하는 반면, "광의의 적극 평등인사정책"은 평등고용을 실현하고 고용 및 인사상의 차별을 폐지하기 위한 모든 노력을 의미한다(이향순 1997, 17; Tougas & Villeux 1989, 111-124). 즉 특별대우나 할당제 이외에 보조금, 장려금, 각종 융자혜택과 같은 유도수단, 교육·훈련, 취업 및 인사정보제공 등과 같은 다양한 정책수단을 포괄한다.

넷째, 강제성 여부에 따라 "강제적인 적극 평등인사정책"과 "임의적인 적극 평등인사정책"으로 구분할 수 있다(김영환 1991, 40-44). "강제적인 적극 평등인사정책"은 법원의 명령, 의회의 입법, 대통령의 행정명령 등에 의해 강제적으로 실시되는 것이다. 반면 "임의적인 적극 평등인사정책"은 기업·대학 등이 직접적인 법적 강제 없이 채택하여 실시하는 것이다. 이러한 임의적 정책은 사용자가 사회적 차별에 문제를 느끼고 자발적으로 적용하는 것에서부터 법률과 행정명령의 존재로 인해 차별 소송을 피하기 위하여 半강제적·半자발적으로 실시하는 것에 이르기까지 그 동기는 여러 가지이다.

본 연구는 적극 평등인사정책의 개념을 가장 광의로 파악하여 연구를 진행시키려고 한다. 다시 말해, 적극 평등인사정책을 정책수준뿐만 아니라 프로그램 수준까지, 反차별 정책뿐만 아니라 특별대우 정책까지, 협의의 개념뿐만 아니라 광의의 개념까지, 강제적인 것뿐만 아니라 임의적인 것까지 포함하는 것으로 이해한다.

2. 적극 평등인사정책의 발전과정

1) 적극 평등인사정책의 발전과정

적극 평등인사정책은 각국의 고유한 역사와 맥락에 따라 상당히 오래 전부터 부분적으로 도입되기 시작하였지만 오늘날과 같은 제도화되고 체계화된 모습으로 본격적으로 도입되기 시작한 것은 2차 세계대전 이후부터이다. 국제적으로 국제연합(UN)과 같은 국제기구들의 인권 및 노동권에 관련된 각종 선언과 규약 등의 공표가 있었고, 국내적으로 민권운동 및 소수집단 활동의 활성화로 인하여 각국이 속속 적극 평등인사정책의 입법화에 나서게 된다. 1960년대부터 1980년까지 세계 각국은 소수집단 혹은 소외계층과 관련된 입법을 앞 다투어 제정하게 되는데, 이러한 과정에서 적극 평등인사정책이 점진적으로 도입되게 된다. 미국의 경우 1960년대 「민권법」(1964)의 제정을 시작으로 「평등임금법」(1963), 「고용상 연령차별금지법」(1964), 「평등고용기회법」(1972), 「재활법」(1973), 「재향군인 재기지원법」(1974) 등의 적극 평등인사정책을 규정하고 있는 입법이 이루어졌고, 영국의 경우는 미국보다 늦은 1970년대부터 「남녀차별금지법」(the Sex Discrimination Act, 1975), 「인종관계법」(Race Relations Act, 1976), 「평등임금법」(Equal Pay Act, 1979) 등이 도입되기 시작했다(Kirton & Greene 2000, 102).

적극 평등인사정책은 발전 초기 사회 소수집단에 대한 현존하는 차별 관행을 제거하여 기회평등을 제공하려는 '평등고용기회'(EEO: Equal Employment Opportunity) 정책에서 시작하였다. 그러다가 이러한 소극적인 反차별 정책만으로 소수집단의 실질적인 처우의 개선이 불가능하다는 점을 인식하여 적극적으로 소수집단에게 고용 및 인사상의 우선 대우를 하는 '적극 평등인사'(Affirmative Action) 와 '긍정적 차별'(positive discrimination) 정책으로 발전하게 된다. 현재는 사회구성의 다양성의 증대에 조응하여 '다양성'(diversity)에 가치를 부여하여 이를 적극적으로 활용하려는 시도가 전개되고 있다. 즉 적극 평등인사정책은 평등고용기회에서 적극 평등인사로, 그리고 여기에서 다양성 관리로 그 초점이 변화하여 왔다고 할 수 있다(Klingner & Nalbandian 1993, 136-134).

적극 평등인사정책의 적용대상은 국가마다 시기마다 상이한 특성을 가진다. 미국과 같이 다민족·다인종 국가의 경우 흑인과 같은 소수 인종에 대해 적극 평등인사정책이 처음 적용되었던 반면, 대규모 전쟁을 겪은 국가의 경우 전상 장애인이나 재향군인이 최초의 대상이었다. 그러나 사회가 발전함에 따라 사회 소수집단이라 할 수 있는 여성, 장애인, 중고령자 등에까지 그 적용이 확대된다 (Holloway 1989, 9-15).

2) 미국의 적극 평등인사정책의 발전과정

적극 평등인사정책의 발전에서 가장 선도적이고 커다란 큰 영향력을 미친 것은 미국이다. 따라서 미국의 발전과정을 고찰하는 것이 전반적인 적극 평등인사정책의 발전과정을 이해하고 앞으로의 미래를 예측하는데 도움이 된다. 먼저 미국의 적극 평등인사정책을 이해하기 위해서는 미국 특유의 차별의 역사를 알 필요가 있다. 미국은 종교적 자유를 찾아 신대륙으로 이주한 청교도들이 건국한 이래 자유민주주의가 꽃을 피웠지만, 흑인 노예제와 노예무역이 엄존하는 차별과 불평등의 문화가 뿌리 깊게 남아 있는 사회였다. 적극 평등인사정책은 이러한 미국의 상충하는 두 가지 역사와 맥락에 역사적 연원을 두고 있다. 흑인 노예제는 남북전쟁(the Civil War)을 치르면서 링컨 대통령에 의해 1863년에 발표한 '해방선언'(the Emancipation Proclamation)에 의해 폐지되었고, 1868년 미국 헌법 수정조항 제14조에서는 미국 국민은 누구나 법률에 의한 평등한 보호를 받는다고 규정을 헌법상에 명시하였다.10) 그러나 인종 차별적인 제도 및 관행은 그 이후에도 지속적으로 영향을 미쳤다. 1896년 "플레시 사건"(*Plessy v. Ferguson* 1896) 사건에서 미국 대법원은 "분리하나 평등하다"는 개념을 지지하였는데, 그 이후 백인과 흑인을 분리하는 정책을 실시하여 암묵적으로 불평등을 조장되기도 했다. 이러한 법적으로는 평등하지만 실제로는 불평등을 조장하는 흐름은 1954년 흑인 민권사에서 역사적인 "브라운 사건"(*Brown v. Board Education of Topeka*, 1954)으로 막을 내리게 된다. 이 사건에서 미국 대법원은 교육기관의 분리는 '원천적으로 불평등'한 처사이며 인종문제에서 '분리하나 평등하다'는 개념은 미국 헌법 수정조항 제14조의 '법 앞의 평등보호' 조항과 미국 헌법 수정조항 제5조의(연방차원에서의) '적법절차' 조항에 위배되는 것이라고 판시하였다. 1950년대와 1960년대에는 흑인의 사회적 차별에 대한 흑인들의 각성과 저항이 흑인 민권운동으로 발전하였다. 이것은 1964년 「민권법」(The Civil Right Act)의 제정으로 이어지게 된다. 그 이후 적극 평등인사정책은 민권법과 그 후속 관련법의 제정을 통해 급속히 도입되기 시작한다. 다

---

10) 동조 제1항은 "합중국에서 출생하거나 귀화하여 합중국의 통치권에 복종하는 모든 사람은 합중국 및 그 거주하는 주의 시민이다. 어떠한 주도 합중국 시민의 특권과 면책권을 박탈하는 법률을 제정하거나 실시할 수 없다. 어떠한 주도 적법절차에 의하지 아니하고는 어떠한 사람으로부터 생명, 자유 또는 재산을 박탈할 수 없으며 그 통치권 내에 있는 어떠한 사람에 대하여도 법률에 의한 평등한 보호를 거부하지 못한다"라 규정하고 있다.

음은 미국의 적극 평등인사정책의 발전에 중요한 의의를 지니는 법률, 행정명령, 판례를 정리한 것이다(Abraham 1992, 395-447; Nigro & Nigro 1994, 203-204; Straus & Stewart 1995, 43-70; Ewoh & Elliott 1997, 38-51; Riccucci 1997, 22-37; 김형렬 1981, 8-9; 김영환 1991, 111-158; 성낙인 외 1995, 123-158; 이향순 1997, 10-17).

(1) 적극 평등인사정책 관련 법률

미국의 적극 평등인사정책의 발전에서 가장 중요한 의미를 가지는 것이 Kennedy 대통령 때 발의되어 그의 뒤를 이은 Johnson 대통령에 의해 의회를 통과한 「민권법」(Civil Right Act of 1964)이다. 민권법은 총 7개의 조문(seven titles)으로 구성되어 있는데, 그 중에서도 가장 중요한 것은 Title Ⅶ로 인종, 피부색, 종교, 성 또는 출생 국적에 근거한 어떠한 고용차별도 금지하는 것을 내용으로 하고 있다.[11] 민권법은 1991년 Bush 대통령에 의해 개정되는데, 차별의 여부에 대한 입증 책임을 종전의 피고용자가 아니라 고용주에게 돌려 반차별 정책을 적용하는데 보다 유리하게 하였다(Riccucci 1997, 28-30).

민권법의 뒤를 이어 「평등임금법」(Equal Pay Act of 1963)이 제

---

11) 민권법은 다음 7개의 조문으로 구성되어 있다(김형렬 1981, 8-9). Title Ⅰ: 투표권행사에서 차별을 금함. Title Ⅱ: 호텔·식당·극장·상점과 같은 상업지역에서 차별을 금함. Title Ⅲ: 도서관·공원·박물관과 같이 정부가 운용하는 시설물에서 차별을 금함. Title Ⅳ: 정부가 설립한 초·중·고등학교 및 대학에서 차별을 금함. Title Ⅴ: 민권위원회를 계속 운영하며 이 위원회로 하여금 매년 차별에 관한 현황보고를 국회에 제출토록 하며, 정책건의도 아울러 할 수 있도록 제도화했음. Title Ⅵ: 연방정부의 보조금으로 운영되는 각 주·시·군 정부의 프로그램을 집행하는 과정에서 관리들의 차별행위를 금함. Title Ⅶ: 25명 이상의 인원을 갖고 있는 고용주·노동조합·고용안내업체 및 등록된 도제프로그램에서 차별행위를 금함. 이를 실천하기 위하여 평등고용위원회를 신설하도록 함.

정되어 고용주는 똑같은 기술, 노력, 책임성을 가지는 일에 대해서 성별 등에 관계없이 동일한 임금을 지급하도록 규정하였다.

「고용상 연령차별금지법」(Age Discrimination in Employment Act of 1964)은 채용, 승진, 급여, 배치, 훈련, 해고 등을 포함하는 고용 및 인사 모든 면에서 연령에 따라 모든 차별을 금지함으로써 40세 이상 노동자의 고용을 장려하고 차별을 금지하려는 목적으로 제정되었다.12) 이 법은 20명 이상의 근로자를 고용한 사업주에 적용되며, 연방·주정부는 물론이고 인력파견회사와 노동자 조직에도 적용된다. 채용 시에는 사업주가 구직자의 나이를 물어볼 수는 있으나, 채용공고와 기업광고에서 근로자의 연령에 대한 선호나 제한을 밝히는 것은 금지된다(장지연 2000, 70-71).

「평등고용기회법」(the Equal Employment Opportunity Act of 1972)은 1964년 민권법 제7조를 두 가지 점에서 개정한 것이다. 첫째, 적극 평등인사정책의 적용범위를 공공부문뿐만 아니라 민간 부문으로까지 확장하였다. 특히 개정법에서는 15인 이상 고용하거나 회원을 가진 사업체와 조합은 평등고용기회 프로그램을 시행할 것을 규정하고 있다. 둘째, 평등고용기회위원회는 검찰과 같은 권한을 가지고 즉각적인 법적 조치를 취할 수 있게 하여 적극 평등인사정책의 기속력을 강화하였다.

「재활법」(The Rehabilitation Act of 1973)에서는 2,500달러 이상 연방정부와 계약을 한 고용주는 고용, 승진, 강등이나 전보, 채용, 해고, 보상 등의 모든 고용정책에 있어서 장애가 있는 사람에 대한 차별을 금지하였다. 이 법은 1990년 「미국 장애인법」(the Americans

---

12) 1967년 최초로 이 법이 제정될 당시에는 보호대상을 40세 이상 65세 이하로 규정하였으나 1978년 1차 개정시에 70세까지로 연장하였고, 1986년 2차 개정에서는 연령의 상한을 삭제하여 40세 이상 인구 전체를 보호대상으로 하였다.

with Disabilities of 1990)으로 확대·보완되는데, 고용 이외의 주택, 공공편의 시설, 공공서비스에 대한 제공, 공공시설에서의 수용 등을 포함하고, 그 대상자들로 HIV감염자와 AIDS환자, 마약중독자, 알코올중독자 등까지 포함하였다.

「재향군인 재적응 지원법」(the Veterans' Readjustment Assistance Act of 1974)은 1970년 중반 사회적 문제가 되었던 베트남 전쟁 참전 군인들의 사회복귀를 돕기 위해서 베트남 참전 제대군인 및 전상 제대군인들에 대한 우대조치를 규정하였다.

(2) 적극 평등인사정책 관련 행정명령

'행정명령'(Executive Order)이란 헌법·성문법·조약의 규정을 해석·실시하고 행정적으로 실행하기 위하여 대통령이 발하거나 그의 지시에 의하여 행정기관이 발하는 행정규칙이며 연방공보(Federal Register)에 공표되어야 효력을 갖는다(김영환 1991, 43). 적극 평등인사정책의 발전에서 대통령의 행정명령은 대단히 중요한 역할을 담당해 왔다. 세계 제2차 대전 기간 동안 Roosevelt 대통령은 흑인 병사를 위한 행정명령을 내린 것이 최초의 적극 평등인사정책과 관련된 것이고, 그 이후에도 Truman, Eisenhower, Kennedy, Johnson, Nixon 대통령 등도 적극 평등인사정책에 긍정적인 영향을 미치는 여러 행정명령을 내렸다. 적극 평등인사정책과 관련된 중요한 행정명령으로는 다음과 같은 것이 있다.

Roosevelt 대통령은 1941년 최초로 인종에 근거한 고용차별을 금지하는 「대통령 행정명령 제8802호」(Executive Order 8802)를 인준하였다. 여기에서는 방위산업과 연방정부에서 인종, 신앙, 피부색, 또는 출신국적에 상관없이 공정한 고용관행을 실행할 것은 규정하고, '평등고용실행위원회'(FEPC: The Fair Employment Practices Committee)를 설치해서 이 명령의 시행을 감독하도록 규정하였다. 그러나 이 명령에는 고용차별 금지를 위반했을 때 제재조항이 빠져 있었고, 위원회의 기능 또한 기속력을 가지지 못했다. 이러한 문제를 보완하기 위해 1943년 「행정명령 제9346호」(Executive Order 9346)가 공포하여 위원회의 권한을 대폭 강화하고 예산을 확충했다.

민권과 평등권에 관심이 많던 Kennedy 대통령은 1961년 「행정명령 제10925호」(Executive Order 10925)를 공포하였다. 이 명령에서 처음으로 "Affirmative Action"이라는 용어가 등장한다. 즉 연방정부와 계약을 맺은 사업자들을 대상으로, 고용차별은 않는 것은 물론 평등고용을 정착시키기 위해 적극적으로 행동을 취할 것을 요구하였다. 그리고 이의 실행기구로서 '평등고용기회위원회'(the President's Committee on Equal Employment Opportunity: PCEEO)를 발족시켰다.

Johnson 대통령은 1965년 「행정명령 제11246호」(Executive Order 11246)를 공표하여 인종, 피부색, 신조, 국적, 성에 따른 고용상의 그리고 연방정부 계약상의 차별을 금지하였다. 그리고 연방정부와 10,000달러 이상의 계약을 체결한 사업자와 그 산하에 있는 사업장과 하청업자들까지 적극 평등인사정책을 준수할 것을 명시했다 (Deltefson 1993, 558). 이 명령은 노동부와 연방계약감독국(OFCC)에 이 명령에 따라 연방 계약자들이 고용차별을 하지 못하도록 감독할 권한을 부여했다. 그리고 '적극 평등인사정책 지침'(guidelines for affirmative action)을 처음으로 제시했다. Johnson 대통령은 평등고용기회를 보다 확대하기 위해 1967년 「행정명령 제11375호」 (Executive Order 11375)를 발표하게 된다. 이 명령에서 처음으로 여성에 대한 차별 금지와 고용기회 증진을 적극 평등인사 프로그램이 포함되었고, 적극 평등인사 계획을 수립하고 문서화하여 '연방계약감독국'에 제출하도록 규정하였다.

Nixon 대통령은 1969년 「행정명령 제11478호」(Executive Order 11478)를 통해 적극 평등인사정책을 보다 확장하여 연방정부 내에서 적극 평등인사정책의 일환으로 소수 인종, 장애인, 여성 승진촉진 프로그램을 마련토록 명령하였다. 또한 1970년, 1971년 「노동부 명령 제4호」 및 「개정명령 제4호」를 통해 50인 이상을 고용하고 있으며 연방정부와 50,000달러 이상의 계약을 체결하는 모든 사용자들이 적극 평등인사정책 프로그램 계획을 세우고 그것을 문서화해서 제출하도록 의무화하였다. 그리고 적극 평등인사정책 시행 세칙들을 명기하고 그 시행령과 제재력을 강화했다.

(3) 적극 평등인사정책 관련 법원판결

미국의 적극 평등인사정책 발전과정에서 사법부의 판결이 대단히 중요한 역할을 담당하여 왔다. 법원은 '평등고용기회위원회'가 의뢰하거나 고발해 온 소송들과 검찰이 제기한 고소들은 접수해서 판결을 하는데, 이를 통해 각 소송의 특수한 맥락과 법리를 따져서 적극 평등인사정책이 합헌인지 아닌지 그리고 합법인지 아닌지를 가리게 된다. 이 과정을 통해 적극 평등인사정책의 적용대상·범위 등과 같은 구체적인 사항이 결정된다.

적극 평등인사정책과 관련된 소송들이 처음으로 제기된 것은 1970년대 초반으로, 미국 연방헌법 제14조 수정조항과 민권법 제7조를 해석하고 적용한 판례가 나오기 시작했다. 그 대표적인 예가 '그리그스 사건'(Griggs v. Duke Power Co., 1971), '트럭운전기사조합 사건'(Teamsters v. United State, 1977)이었다. 그리고 적극 평등인사정책과 관련된 소송이 처음으로 대법원에 항고된 것은 1974년의 '데퓨이스 사건'(Defuis v. Odegaard) 사건이었다. 이 같은 판례들을 바탕으로 1970년대 후반에 들어서면서 적극 평등인사정책과의 합헌과 합법 여부를 가리고자 하는 중요한 재판들이 열리게 되었다. 특히 연방 대법원 판례들은 대법관들 간의 치열한 법률적 공방전을 거쳐 나오는 결과였기 때문에, 새로운 판례들이 나올 때마다 적극 평등인사정책의 법적 정의와 정당성의 기반이 넓혀져 갔으며 한층 더 구체적인 틀을 잡아갔다(이향순 1997, 66).

적극 평등인사정책과 관련된 미연방 대법원의 판례들은 언뜻 서로 상충되는 법리 해석을 하는 듯이 보이기도 한다. 하지만 좀더 깊이 따져보면 일정한 일관성을 유지되고 있음을 알 수 있으며, 이렇게 형성된 판결의 원칙들은 적극 평등인사정책의 적용과정에서 유용한 함의를 제공하여 준다(이향순 1997, 88-89). 첫째, 적극 평등인사정책은 과거 차별을 치료하는 의도에서 수립되고 시행되면 법원은 이에 대해 적극적으로 지지하여 왔다(웨버 사건[13]), 풀리러브 사건[14]), 철판노동자조합 사건[15]), 연방통신위원회 사건[16]). 둘째, 법원은

---

13) '웨버 사건'(United Steelworkers of America v. Weber, 1979)은 숙련노동력의 불균형을 완화하기 위해 훈련생을 절반을 흑인으로 선발하기로 한 1974년 United Steel 노동자들과 사용자인 카이저 알루미늄화학회사의 단체협약에 따라, 연공서열이 높음에도 훈련생 선발에서 탈락한 백인 노동자 Brian Weber가 이러한 조치가 민권법 제7조의 위반이라며 제기한 소송사건이다. 이 사건에 대해 연방대법원은 5 대 2의 표결로 회사와 노동조합이 인종적 불균형과 격리를 해소하기 위해 자발적으로 채택한 적극 평등인사조치는 민권법 제7조에 위배되지 않는다고 판시하였다. 이 판결로 고용주의 자발적인 적극 평등인사 계획의 정당성을 확인시켜주었으며 교육·훈련에서의 할당제의 합법성을 인정받았다.
14) '풀리러브 사건'(Fullilove v. Klutznick, 1980)은 1977년 '공공사업고용법'(the Public Works Employment Act)의 소수집단 유보(minority set-aside) 규정과 관련된 것이다. 이 법에서는 연방정부의 기금 중에서 적어도 10%를 소수집단 사업체(MBE: minority business enterprises) 몫으로 떼어놓지 않으면 지방의 어떠한 공공사업에도 기금을 지원하

채용과 승진과 같은 부문에서의 적극 평등인사정책에 대해서는 지
지를 보내면서도(밴가즈 사건, 패러다이스 사건),17) 해고나 해직과

지 않는다고 규정하였다. 이에 대해 백인 사업자들은 소수집단 사업체
에 대한 이러한 특혜조치는 자신들에게 경제적 손실을 입히며 헌법의
동등보호조항에 위배된다는 소송을 제기하였다. 연방 대법원에서는 6
대 3으로 소수민 사업체에 대한 유보 규정의 합헌성을 인정하였다. 풀
리러브 소송에서는 무고한 제3자라도 과거 차별의 대해 짐을 나누어지
는 것이 헌법에 위배되지 않는다고 판시하여 적극 평등인사정책의 정
당성을 더욱 높여주었다.

15) '철판노동자조합 사건'(Local 28 of the Sheet Metal Workers' International
Association v. EEOC, 1986)은 오랜 차별의 전통을 가지고 있던 28지부에
대해 주법원이 유색인 비율을 목표를 정해주면서 시작되었다. 연방대법
원은 체계적이고 지속적인 차별을 종식시키기 위해서는 차별의 실제
희생자들이 아니더라도 적극 평등인사정책에 의해 평등한 고용기회를
누리게 할 수 있음을 판시하고 법원의 치료적인 명령이 적법하다는 결
론을 내렸다. 이에 따라 수적인 목표를 법원이 강제하는 것과 같은 적
극 평등인사정책이 이 판결에서 타당성을 인정받게 되었다.

16) '연방통신위원회 사건'(Metro Broadcasting, Inc. v. Federal Communication
Commission, 1990)은 연방통신위원회(FCC)가 적극 평등인사정책의 일환
으로 새로운 허가를 발부함에 있어서 소수인종의 소유기업을 우선적으
로 고려하는 것과, 현재 사업허가자들이 허가를 잃게 될 상황에 놓여
있을 때 그 허가를 소수인종 소유의 방송사에 우선적으로 이전시켜 주
는 정책에 대해 Metro Broadcasting 사의 소송제기로 시작되었다. 대법
원은 "문제가 된 연방통신위원회의 정책이 연방의회에 의해 승인을 받
을 것"으로 "방송에 있어서 다양한 정보와 관점을 접할 수 있는 국민
의 권리를 수호하는 목적으로 제정된 것"이기 때문에, '중간 심사기준'
을 여기에 적용시켜 합헌으로 판정하였다.

17) '밴가즈 사건'(Local Number 93, International Association of Firefighters v.
Cleveland, 1985)과 '패러다이스 사건'(United States v. Paradise, 1986)은 적
극 평등인사정책과 승진 관행과의 관계에 대한 법원의 판단이라는 점
에서 중요하다. '밴가즈 사건'은 1981년 클리블랜드시에 고용된 흑인과
남미계 소방관들의 단체인 밴가즈(the Vanguards)는 클리블랜드시가
인종에 근거해서 소방관의 채용, 승진, 배치에서 차별을 한다고 소송을
제기했다. 이에 대해 연방 대법원은 4년 동안 승진 대상자 중에서는
일정비율을 소수집단에게 할당하는 규약을 체결할 것을 명령하였다.
'패러다이스 사건'은 알라배마 주 방위대가 흑인에게 고용차별을 했다
고 고발함으로써 시작되었다. 지방법원은 주 방위대의 차별을 인정하
고 흑인이 주 방위대에서 대략 25%를 차지하게 될 때까지 백인 대원

관련된 부문에서는 보수적인 입장을 견지하여 왔다(스토츠 사건, 와이갠트 사건).18) 이는 해고 부문에서 적극 평등인사정책을 취하게 되면 그 짐이 해고당하는 소수의 사람에게 전가되는 것인 반면, 채용의 경우는 다른 기회를 잡을 수 있는 기회가 여전히 남겨져 있다는 점에서 분명한 차이를 두는 것이다. 셋째, 대법원은 자격을 갖춘 지원자들에게 고용 및 인사상의 우선대우를 제공하는 적극 평등인사정책을 지지하는 반면(존슨 사건),19) 비소수민이나 남성의 고용기회를 완전히 차단하거나 역차별 소지가 있는 프로그램에 대해서는 반대 입장을 취한다(바크 사건).20) 특히 일정 비율의 소수집단의 고

한 명을 채용할 때마다 흑인 대원 한명을 채용하도록 요구하는 명령을 내렸다. 연방대법원도 이를 5 대 4로 확정했다.

18) '스토츠 사건'(Firefighters Local Union No. 1784 v. Stotts, 1983)과 '와이갠트 사건'(Wygant v. Jackson Board of Education, 1985)은 연공서열 원칙과 해고의 원칙이 경합할 때 어떤 원칙이 우선적으로 적용되는 지를 보여준다. 경기의 악화로 인한 집단해고 과정에서 "마지막으로 채용된 사람이 먼저 해고된다"(last hired, first fired)는 연공서열 원칙이 적용되는 것이 관행이었다. 그러나 이 관행은 과거의 차별로 인해 장기 복무를 하지 못하고 적극 평등인사의 도움으로 최근에야 간신히 고용된 소수집단을 우선적으로 해고하는 결과를 초래했다. 이에 따라 이러한 관행에 대한 불합리성을 지적하는 소송이 잇달았다. 스토츠 사건과 와이갠트 사건을 통해 연방 대법원은 해고에 관한 원칙과 적극 평등인사 원칙이 상충하는 상황에서 보다 큰 고통을 유발하는 해고가 우선적인 원칙이라는 것을 확인하였다.

19) '존슨 사건'(Johnson v. Transportation Agency Santa County, California, 1987)은 산타클라라 카운티 교통청이 1979년 도로운항 관리자 승진자를 선발하는 과정에서 시작된다. 자신의 성적보다 못한 조이스라는 여자에 밀려 승진에서 탈락한 존슨은 이 결정이 성별을 기초했기 때문에 민권법 제7조를 위반했다며 소송을 제기하였다. 이에 연방 대법원은 교통청이 수립한 적극 평등인사 목표가 온건하고 그로부터 얻는 것이 잃은 것보다 크다는 점을 들어 적법하다고 판시하였다.

20) '바크 사건'(Regents of the University of California v. Bakke, 1978)은 대법원의 적극 평등인사정책 판결의 효시이며, 적극 평등인사정책이 '역차별'과 어떤 관계를 가지는지에 대한 논쟁을 가열시켰다는 점에서 대단히 중요한 의미를 가진다. Allen Bakke는 Minnesota 대학과 Stanford 대학을 우등으로 졸업하고 California 주립인 Davis 의대에

용, 입학허가, 인사승진 등을 위한 적극 평등인사정책에 대해서는 반대의 의사를 분명히 하고 있다. 넷째, 대법원은 종료일이 정해진 한시적인 프로그램을 선호하며, 종료일이 명시되어 있지 않더라도 흑인 또는 여성 노동력이 일정비율에 이를 때까지 일시적으로 시행하고 일단 목표를 달성하면 자동적으로 폐기되는 형태의 적극 평등인사정책을 지지하는 경향을 보여주었다. 그리고 이 목표가 고정된 할당제의 형태가 아니라 유연성을 가질 때 보다 지지하였다.

이 같은 적극 평등인사 관련 판결은 1989년 크로슨 사건과 윌크스 사건 이후 일관성을 상실하고 보수화의 길을 걷게 된다.21) 이는 공화당의 Reagan과 Bush 대통령 집권기를 거치면서 진보성향의 대법관(Thurgood Marshall, Warren Burger, Lewis Powell 등)이 은퇴하고 보수적인 William Rehnquist, Antonin Scalia, Anthony Kennedy,

---

1973년, 1974년 2년에 걸쳐 지원하였으나 불합격했다. 이에 불합격 이유를 알아본즉 100명의 신입생 중 16명이 소수민족 출신인데, 그것은 적극 평등인사정책에 의해 부과된 16%의 할당 때문이라는 것을 알았다. 만약 이와 같은 할당이 없었다면 Bakke는 충분히 입학할 수 있었다. 이에 이 같은 결정이 잘못된 것이라며 제소하였는데, 대법원은 5 대 4의 근소한 차이로 Bakke에게 유리한 판결을 내리게 되었다. 이 사건은 명백하고 엄격한 할당제도에 대한 법적인 제한을 가한 최초의 사건이란 점에서 그 의의가 크다.

21) '크로슨 사건'(City of Richmond v. J. A. Croson Co., 1989)과 '윌크스 사건'(Martin v. Wilks of 1989)에서는 '엄격한 심사제'(the strict scrutiny test)를 도입하였는데, 이전까지 흐름과는 구별되는 것으로 적극 평등인사정책의 중요한 전환점을 제공하였다. 크로슨 사건은 건설업에서 흑인에 대한 차별이 근절되지 않던 리치먼드시에서 1983년 소수민 사업자에 대한 특혜책을 담고 있는 조례를 제정하였는데, 크로슨사(社)는 그러한 계획이 위헌이라고 주장하면서 리치먼드시를 상대로 소송을 제기했다. 연방대법원은 "엄격한 심사제"의 논리를 적용하여 리치먼드시의 적극 평등인사 프로그램을 분석해 보고, 보상이 차별의 실제 희생자들에게 주어지는 것이 아니며 실제의 불법행위자들에 의해 그러한 보상 조치가 취해지는 것도 아니기 때문에 엄격한 정밀심사를 충족시키지 못했다고 판정하였다.

Clarence Thomas 대법관 등이 보충된 것과 무관하지 않다. 또한
1960-1970년대 사회적 불평등과 차별에 대해 비판적이었던 미국 내
국민 정서가 변화하였음을 보여준다.

3. 적극 평등인사정책의 쟁점

적극 평등인사정책이 평등 증진의 도구로 정의로우면서 공정한가
에 대한 찬·반론이 치열하게 전개되어 오고 있다. Lovell(1974,
235-237)은 적극 평등인사정책과 관련하여 다음 세 가지 쟁점이 지
속적으로 제기될 것이라고 전망하였다. 첫째, 적극 평등인사정책과
"비차별"(non-discrimination) 사이의 구분 문제, 둘째, 적극 평등인
사정책 집행에서 특혜 고용과 할당제 설정의 필요성 문제, 셋째, 적
극 평등인사정책과 전통적인 "질"(quality) 기준과의 관계 설정 문
제가 그것이다. 본 절에서는 적극 평등인사정책과 관련된 여러 쟁
점에 대해 분석하여, 적극 평등인사정책이 직면하게 되는 비판이
무엇이고 적용과정에서 주의해야 될 사항이 무엇인지를 파악하도록
한다.

1) 집단 보상의 문제

적극 평등인사정책은 과거와 현재의 차별로 인해 생긴 불평등과
불의를 교정하기 위한 치료적 프로그램이기 때문에 차별의 희생자
들에게 보상한다는 개념을 내포하고 있다. 다시 말해 적극 평등인
사정책은 과거의 역사적 차별과 잘못에 대한 사회적 보상프로그램

으로, '특정 집단의 성원들'에게만 혜택을 주는 집단 보상 혹은 특혜의 성격을 띤다(Roberts 1982, 151; 이향순 1997, 23-27; 김영환 1991, 193-195).

이러한 집단보상에 대한 반대자들은 차별의 실제 희생자인 개인에게 개별적인 보상을 해주는 것이 아니라 차별 받은 집단 전체를 보상하는 것은 과거 차별 혹은 잘못된 관행에 대해 직·간접적으로 아무런 책임이 없는 사람들에게까지 부당하게 불이익을 주는 것으로 법리상 문제를 가지고 있다고 주장한다. 그리고 이러한 조치는 사회 전체적으로 평등을 높이기보다는 인종 간 혹은 성별 간 양극화와 갈등만을 가져올 뿐이라고 주장한다(Fiscus 1992, 10).

그러나 집단보상의 옹호자들은 적극 평등인사정책이 특정 집단이 우월하다고 인정하여 특별한 신분을 부여하는 것이 아니며, 단지 과거 차별의 결과를 교정하기 위해 집단 성원 자격을 보상 대상을 가려내는 기준으로 사용하는 것에 불과하다고 주장한다. 또한 과거의 잘못은 그것으로 끝난 것이 아니라 현재와 미래에도 특정 집단에게 불이익과 고통을 주는 사회구조 내지 관행으로 고착되어 있다면 그것을 시정하는 것만이 법으로 보장된 공정하고 동등한 대우를 하는 길이라고 주장한다.

2) 할당제와 역차별의 문제

(1) 할당제의 문제

'할당'(quota)은 과거 사회적 차별로 인해 피해를 입은 소수 집단의 구성원이라는 사실에 기초를 두고 기회나 이익을 일정한 비율로 분배하는 기준을 말한다(김영환 1991, 39). 실제 할당제는 적극 평등인사정책 집행에 가장 널리 사용되는 정책수단으로 동의어로까지 여겨지기도 한다.

그러나 할당제는 그 자체적으로 여러 가지 문제점을 안고 있다. 첫째 엄격한 할당제를 설정할 때 그 할당의 기준이 자의적이라는 문제에 직면하게 된다. "할당의 대상(target group)을 누구로 할 것인가?," "전체 구성원 중 몇 %를 할당할 것인가?" 등과 같은 문제는 어떤 합리적 기준에 의해 정해지는 것이 아니며 정치적 과정을 통해 정해지는 것이다. 둘째, 할당제를 실시하려 할 때 기술적인 문제가 따른다. 예를 들어 지역에 따라 인재를 할당하는 제도를 실시하려고 한다면, 그 기준을 "출생당시의 지역별 인구로 해야 할 것인지," "성장시의 지역별 인구로 해야 할 것인지," 아니면 "임용 당시의 출신 지역별로 인구로 해야 할 것인지"에 대한 합의가 없다(박경효 1993, 713). 셋째, 할당제는 국가가 사회적 약자의 보호 및 사회적 형평의 증진을 목적으로 행사하는 대표적인 강제력 행사의 예라고 할 수 있다. 따라서 규제받는 기업의 입장에서는 경직적으로 적용되는 할당제는 기업 경영의 자율성을 직접적으로 제한 또는 침해하는 불필요한 규제라고 비판할 수 있다(최병선 1992, 581-582). 넷째, 할당제는 자격을 갖추지 못한 소수집단 출신자가 고용 및 인사상의 특혜대우를 받는 것이므로 인사행정의 기본 원칙인 실적제 원칙을 무너뜨린다는 비난과 함께, 소수집단 출신이 아니라는 이유만으로 자격을 갖춘 비소수집단(혹은 다수집단) 출신자들을 비합리적으로 차별한다는 '역차별'의 비난에 직면하게 된다. 이러한 비소수집단 출신자에 대한 역차별은 이들이 과거 소수집단에 대한 차별의 직접적인 가해자가 아니라는 점에서 법리적인 문제를 가지고 있다.

그러나 할당제를 이해할 때 실제 적용과정에서 강도와 성격에 따라 몇 가지로 구분하여 이해하게 되면 할당제에 대한 논쟁이 어느 정도 완화될 수 있다. Plous(1996, 29-30)는 할당제와 같은 특별대우의 유형을 나누고 이에 대한 사회적 합의가 이루어져 있다고 주장한다. 고용 및 인사상의 특별대우는 정도에 따라 네 가지로 구분할 수 있다. 첫째, 동등한 자격을 갖춘 후보들 중에서 소수집단에 속하는 사람을 우선적으로 선발하는 경우이다. 예를 들어 합격점수를 같이 받은 사람들이 여럿이 있을 때 우선적으로 소수집단에 속하는 사람을 뽑는 경우를 말한다. 둘째, 상응하는(유사한; comparable) 능력을 가진 후보 중에서 능력이 조금 떨어지긴 하지만 소수집단에 속하는 사람을 우선적으로 선발하는 경우이다. 예를 들어 합격점수에는 도달하지 않았지만 비슷한 점수를 받은 소수집단에 속하는 사람을 뽑는 경우를 말한다. 셋째, 자격은 갖추고 있지만 동등하지 않은 후보들 사이에서 능력이 떨어지는 소수집단에 속하는 사람을 우선적으로 선발하는 경우이다. 즉 자격을 갖춘 여성이나 소수인종을 이보다 나은 능력을 가진 사람에 우선해서 선발하는 경우이다. 넷째, 적격(qualified) 후보와 비적격자(unqualified) 후보 사이에서 자격을 갖추지 못한 소수집단에 속한 사람을 우선적으로 선발하는 경우이다. 즉 자격을 갖추지 못한 여성이나 소수인종을 자격을 갖춘 자에 우선해서 선발하는 것으로 가장 특혜를 베푸는 선발형태이다.

실제 미국 적극 평등인사정책에는 네 가지 우선적인 고용형태가 혼용되고 있는데, 그 중에서도 동등하거나 거의 유사한 후보 가운데 여성과 소수인종을 우선적으로 선발하는 것은 여론의 지지를 받고 있다. 반면 자격을 갖추지 못한 소수집단 출신자를 우선적으로 고용하는 것은 적극 평등인사정책의 연방 가이드라인에서 허용하고 있지 않으며 법적으로도 위법으로 판시되고 있다. 그런데 가장 큰 논란의 대상이 되는 것은 능력이 같지 않은 후보들 중에서 능력을 떨어지지만 자격은 갖춘 소수집단에 속하는 사람을 고용(입학)하는 것으로 다수인 백인 남성들과 보수주의자들의 역차별 공세에 대상이 되고 있다.

(2) 역차별의 문제

'역차별'(逆差別: reverse discrimination)이란 특정 개인이나 집단
에 대한 차별을 시정하기 위하여 다른 개인이나 집단이 차별하는
것을 말한다(Black's Law Dictionary 1979, 1186). 미국의 경우, 역차
별 문제는 민권운동이 절정기를 누리고 적극 평등인사정책이 확고
한 지지를 받던 1960년대와 70년대에는 크게 문제가 되지 않았지
만, 1970년대 중반이후 세계적 경제침체의 여파로 미국 경제가 어
려워지자 백인 남성을 중심으로 크게 쟁점화 되었다. 특히 1978년
바크(Bakke) 사건은 할당제와 관련되어 역차별 문제를 미국 사회에
공론화하게 하는 계기를 제공했다.

적극 평등인사정책 반대론자들의 가장 강력한 논리적 무기가 바로
'역차별'의 논리라 할 수 있다. 반대론자들은 적극 평등인사정책이
피해자를 소수 집단에서 다수 집단으로 바꾼 역차별일 뿐이며, 차별
을 종식시키는 것이 아니라 오히려 영속화시키는 것이라고 주장한다
(이향순 1997, 27-33; 김영환 1991, 198-199). 다시 말해 이전에는 성
과 피부색이란 기준으로 여성과 흑인을 차별했지만, 이제는 대상만
바꿔 남성과 백인을 역으로 차별하는 불과하다는 것이다. 따라서 반
대론자들은 '피부색이나 성을 무시하는'(color-blind or gender-blind)
원칙을 적용하는 것이 공정하다고 주장한다.

찬성론자들은 적극 평등인사정책이 기존의 차별과는 전혀 다른
성질을 가지는 것임에도 반대론자들은 이를 같은 것인 양 폄하하고
있다고 주장하며, '역차별'이라는 용어 자체를 인정하지 않는다. 다
시 말해, 역차별이란 지금까지 과거의 차별로 인해 다수민이 반사

이익, 즉 기득권을 누려왔는데 이것의 일부를 양보한 것에 지나지 않기 때문에 차별이라고 할 수 없다는 것이다. 적극 평등인사정책은 고의로 다수에게 불이익을 주는 것이 아니며 소수 집단에게 과거의 보상 혹은 치료를 하는 과정에서 다수가 반사적 불이익을 받는 것이기 때문에 기존의 악의적인 차별과는 구별이 된다고 할 수 있다. 1982년 '권리와 자유에 관한 캐나다 헌장'은 "평등을 실현하기 위하여 지금까지 불이익을 당해온 사람들에 대하여 우선적으로 취급하여 불이익의 정도를 줄이는 적극 평등인사정책은 차별의 개념에 포함되지 않는다"라고 규정하고 있다(신용자 1993, 111). 그리고 현세대가 가해 당사자가 아니기 때문에 보상 책임이 없다는 주장에 대해서도 현재 다수민이 향유하는 부와 지위라는 것이 자신들의 노력으로만 얻은 것이라기보다 이전 세대 소수 집단의 희생 위에 축적된 것이다 라고 반박한다. 따라서 현재의 구조를 계속 유지하는 것은 과거 불의의 결과가 현재에까지 지속하게 하는 것으로 소수 집단을 지속적으로 희생시키면서 다수민의 기득권을 보호하는 것이라고 비판한다.

이러한 논란에도 불구하고 적극 평등인사정책이 어떤 집단의 성원들에게 일정한 손해를 주는 것이 사실이기 때문에 역차별의 문제를 최소화하는 것이 적극 평등인사정책의 성패의 관건이 된다. 역차별의 문제를 최소화하는 방법으로는 다음과 같은 것이 있다. 첫째, 적극 평등인사정책으로 야기되는 사회적 부담을 한 집단에 집중시킬 것이 아니라 사회 전체로 분산시키는 것이 필요하다. 예를 들어 해고와 같은 역차별의 고통이 개인에게 집중되며 그 강도도 엄청난 분야보다는, 채용·승진·입학과 같이 고통이 상대적으로 작고 분산되는 분야를 주로 활용할 필요가 있다(이향순 1997, 32). 둘째, 엄격한 할당제보다는 '목표설정제' 등과 같은 유연한 방안을 선호할 필요가 있다. 할당제는 고용 및 인사상 달성해야 하는 혹은 초과하지 말아야 하는 고정된 수 혹은 %을 부과하는 것으로, 자격을 가진 사람의 수와 무관하게 지역의 인구에 따라 수가 확정되며 이를 고용주가 채우지 못하면 제재를 받게 된다. 반면, 목표설정제는 필요로 하는 결원(vacancies)의 수와 노동시장에서 자격을 갖춘 지원자의 수를 예상하여 적정한 소수집단 고용 수준을 계획하기 때문에, 만약 고용주의 과오 없이 필요한 자리가 나지 않거나 자격을 갖춘 지원자를 발견하지 못하여 목표를 달성하지 못한다 하더라도 제재를 받지 않게 된다(Nigro & Nigro 1994, 212-213). 이처럼 목표설정제는 개인의 능력을 먼저 판단의 기초로 삼기 때문에, 역차별의 비판뿐만 아니라 실적제의 원칙과도 부합하는 장점을 가진다.

3) 실적제의 훼손 문제

적극 평등인사정책은 타고난 특성에 의해 분류된 집단 신분에 의한 인사정책으로, 인사정책의 중요한 원칙인 실적제(merit system)를 훼손한다는 비판을 받는다(Peterson 1994, 96). '실적주의'는 동일한 능력 및 자질을 가진 사람에게는 동일한 기회를 주어야 한다는 것을 의미하며, 인사행정의 기준으로 개인이 지니고 있는 능력·적성·자격·실적(achievement, merit)에 의한다는 것을 의미한다(박동서 1994, 79-81). 이러한 실적주의를 사회 전반으로 일반화하게 되면 '능력주의'(Meritocracy)가 된다. 능력주의란 사회적 지위나 가치가 타고난 재능과 노력의 총화인 능력에 의해 결정된다는 것을 의미한다(Young 1986, 19-20).

그러나 이러한 실적주의 또는 능력주의는 전근대적인 신분제적 제한이나 정실주의를 배격하고 모든 사회구성원이 법 앞의 평등이라는 절차적 평등을 보장하는 것이긴 하지만, 결과적으로 그 자리에 능력에 근거한 새로운 계급제도를 대체하였다는 비판을 받고 있다(강정인 1991, 7-8). 만일 실적주의 또는 능력주의에 의해서만 채용, 승진 등의 인사가 이루어진다면 오랜 사회적 차별, 혹은 장애와 같은 육체적인 한계를 가지는 소수 인종 및 민족, 여자, 장애인 등과 같은 소수집단들은 항상 저임금과 고용불안에 시달릴 수밖에 없고 경제적·사회적으로 최하층에 처하게 될 것이다. 이 같은 문제를 해결하기 위해 실적제의 소극적·중립적 태도를 뛰어넘어 사회 소수집단을 적극적으로 활용하는 것이 적극 평등인사정책이라고 할 수 있다. 따라서 실적주의와 적극 평등인사정책 사이에는 일정 정도의 갈등을 존재한다고 할 수 있다.

그럼 이와 같은 적극 평등인사정책과 실적제의 딜레마 문제를 어떻게 해결할 것인가? 먼저 실적(merit)의 개념의 확대가 필요하다. 인사행정에서 실적이라고 하면, 채용의 경우 시험 성적이라 할 수 있고, 승진·교육 등과 경우에는 근무평정 등이라 할 수 있는데 이들은 계량화되기 쉽다는 특징을 가진다. 그러나 이러한 평가된 실적이 그 사람의 실제 실적을 얼마나 나타내는지에 대해서는 의문의 여지가 있다. 따라서 쉽게 계량화하기 힘든 실적 요소를 평가에 포함하는 노력이 필요하다. 예를 들어 채용의 경우 응시자가 여자나 장애인이라면 그 자체로 여자나 장애인의 애로를 이해한다는 점을 실적으로 인정할 수 있다. 이렇게 되면 장애인 됨, 여성됨이 일종의 자격증이 될 것이고, 이러한 자격증을 가진 지원자를 우선해서 선발하는 것은 실적제에 위반되지 않는다고 할 수 있다(이향순 1997, 37-38).

그리고 적극 평등인사정책과 생산성의 상관관계에 대한 보다 구체적이고 체계적인 분석을 필요하다. Bruce & Williams(1997, 224-227)

는 적극 평등인사정책과 생산성과는 부정적인 관계보다 긍정적인 관계가 보다 더 많다고 주장하고 있다. Lewis (1997, 479-489)는 미국 연방공무원의 1990년에서 1995년까지의 인사기록을 분석하여 공무원의 생산성에 대한 평가라 할 수 있는 근무평정(performance appraisal)이 인종에 따라, 성별에 따라 어떻게 상이한가를 조사하였다. 적극 평등인사정책의 비판자들의 논리는 백인남성의 근무평정이 높기 때문에 승진이 빠르고 보수도 많이 받는다는 것이지만, 분석결과는 그렇지 않은 것으로 나타났다. 오히려 백인여성 공무원이 백인 남성공무원보다 명확히 높은 근무평정을 받은 것으로 나타나 적극 평등인사정책이 실적제를 심각하게 훼손한다는 비판은 과장된 것임을 밝히고 있다.

4. 적극 평등인사정책의 대상

적극 평등인사정책의 대상 집단(target groups)은 사회적으로 차별에 시달리는 사회 소수집단(social minority)이다. 사회 소수집단에 대한 정의는 학자들마다 다양한데 다음과 같은 특징을 공유한다 (Wertieb 1985, 1047-1063; Roberts 1996, 312). 첫째, 소수집단의 성원들은 다수집단과 구별되는 특성을 공유하는데, 이러한 특성은 사회적으로 결점(a defect)으로 치부된다. 둘째, 소수집단 성원들은 다수집단에 비해 열등한 지위를 가지며 편견·차별·착취 등의 불평등한 처우에 시달린다. 셋째, 자발적인 의사에 의해 소수집단 성원으로 가입하는 것이 아니다. 넷째, 소수집단 구성원은 집단 연대감 (solidarity)과 정체성(identity)을 가지며 이를 중심으로 집단세력화

한다.

　이러한 특징을 가지는 사회 소수집단은 국가마다, 시기마다 상이
하므로 가변적인 특성을 지닌다. 가장 일반적으로는 소수 인종 및
민족, 여성, 장애인, 재향군인 등이 대표적이며, 그 이외에도 특정
종교(레바논), 특정 지역 거주자(인도), 비영어권 출신자(호주, 인도)
등을 대상으로 하기도 한다(Faundez 1994, 34; Hodges-Aeberhard
& Raskin 1997; Kirton & Greene 2008, 8).

　적극 평등인사정책의 대상 집단 선정과 관련해서 문제가 되는 것
은 정책의 혜택이 사회에서 불이익을 받는 집단이나 계층이 아니라
크게 불이익을 받지도 않았고 혜택도 그다지 필요 없는 이들에게
돌아가는 것이다(Faundez 1994, 35). 적극 평등인사정책의 혜택을
중상층 출신의 여성이 누린다는 비판이 대표적인 예라고 할 수 있
다. 본 절에서는 적극 평등인사정책의 적용 대상이 될 수 있는 사
회 소수집단으로 어떤 것들이 있을 수 있는 지를 한국의 실정을 고
려하면서 검토하도록 한다.

1) 소수인종 및 소수민족

　대부분의 국가들은 단일 인종 혹은 민족으로 구성되기보다는 다
인종·다민족 국가이기 쉽다. 경우에 따라서 소수 인종 및 민족 문
제가 심각한 사회문제가 되는 경우도 왕왕 있는데 이 경우에 적극
평등인사정책이 유효한 정책대안이 될 수 있다. 실제로 인종 및 민
족 문제가 심각한 국가에서는 사회적 권력 및 자원 배분에 할당제
와 같은 비교적 엄격한 적극 평등인사정책이 도입되는 경우가 허다
하다. 미국, 남아프리카 공화국, 짐바브웨, 레바논, 인도, 말레이시아
등이 그 대표적인 예가 될 수 있다(Innes 1993; Hodges-Aeberhard

& Raskin 1997). 한국은 세계적으로 드문 단일 인종·단일 민족국가로 인종·민족 차별 문제는 없다고 할 수 있으므로, 인종 혹은 민족이라는 집단을 근거로 적극 평등인사정책을 시행하기는 적절하지 못하다.

다만 해마다 증가하고 있는 외국인 노동자의 경우 미래의 인종·민족적 소수집단화 할 수 있는 가능성이 있으므로 주의가 필요하다. 영국을 비롯한 유럽 각국의 경우 2차 세계대전 직후만 해도 소수 인종·민족의 문제가 심각하지 않았지만, 1960-1970년대 경제성장기에 부족한 산업인력을 외국인 노동자로 보충하는 과정에서 대거 입국한 외국인 노동자들과 그들의 자손이 소수인종·민족으로 자리 잡으면서 현재 심각한 사회문제로 떠오르고 있다. 한국의 경우 현재 심각한 상태에 있는 외국인 노동자에 대한 부당 대우와 차별 관행 등에 대해서는 인권 및 노동권 차원에서 정부의 적극적인 대처가 필요하다(송병준 1997, 1-27; 석현호 외 1998).

2) 여 성

여성의 사회적 차별은 비단 한국에서만 문제가 되는 것이 아니다. 오랜 여성운동의 역사를 가지고 있어 여성의 차별 문제가 개선된 선진국에서도 주요한 사회문제로 인식되고 있으며 이에 대한 정책적 대응을 끊임없이 취하고 있다. 특히 소수인종 및 민족에 비해 여성은 적극 평등인사정책의 대상으로 나중에 포함되었지만 현재 가장 중요한 정책대상이자 그 효과가 가장 분명하게 나타나고 있다.

한국은 특히 남존여비(男尊女卑)의 전통적인 유교사상과 가부장제도라는 문화적 토양 위에 빠른 근대화로 인한 남녀차별적인 구조적 모순까지 더해서 정치·경제·사회문제·교육 등에서 여성이 심각한 사회적 차별에 시달리고 있다. 특히 고용영역에서는 여성차별이 일반화되어 있다고 할 수 있다.[22] 김미경(1999, 275-276)은 고용영역에서의 여성차별이 초기의 배제적인 수평적 차별(노동시장에서의 모집 및 채용에의 원천적 배제)에서 이제는 분절적인 수직적 차별(노동시장의 고용과정에서 발생되는 승진, 임금, 직종 및 직급분리 차별)로 변화하고 있다고 주장한다.

이러한 여성의 차별적 상태를 극복하기 위해 'UN여성차별철폐협약'에서는 "남성과 여성사이의 사실상의 평등을 촉진할 목적으로 국가가 채택한 잠정적 특별조치는 차별로 보지 아니 한다. ……대우의 평등이라는 목적이 달성되었을 때 이러한 조치는 중지되어야 한다"(제4조), "교육, 경제, 정치 및 고용에의 여성참여를 증진하기 위한 적극적 조치, 우선대우, 또는 쿼터제와 같은 임시적 특별조치를 보다 많이 활용할 것을 권고한다"라고 규정하고 있다. 이러한 국제사회의 요구에 따라 1989년 4월 1일 「남녀고용평등법」 개정시 차별의 예외로서 "현존하는 차별을 해소하기 위하여 국가, 지방자치단체 또는 사업주가 잠정적으로 특정성의 근로자를 우대하는 조치를 취하는 것을 차별로 보지 아니 한다"(제2조의 2 제3항)라는 규정을 두었다. 또한 「여성발전기본법」 제6조는 '잠정적 우대조치'라는 표제로 "국가 및 지방자치단체는 여성의 참여가 현저히 부진한 분야에 대하여 합리적인 범위 안에서 그 참여를 촉진하기 위하여 관계법령이 정하는 바에 따라 잠정적인 우대조치를 취할 수 있다"라는 규정을 두고 있다. 그리고 1998년 2월 개정된 동법 시행령 제3조에서 "여성특별위원회 위원장은 법 제6조의 규정에 의한 잠정적 우대조치의 도입을 위하여 여성의 참여가 현저히 부진한 분야에 관

---

22) 김태일과 김경아(1995, 251-279)의 남녀 임금 격차에 관한 연구에 따르면, 남성의 임금을 100으로 할 때 여성의 임금은 1984년 44.7, 1992년 56.1이다.

한 조사를 실시하고, 그 결과를 대통령에게 보고하여야 한다"라고
규정하고 있다. 마찬가지로 「남녀차별금지 및 구제에 관한 법률」
제8조는 "다른 법률에 규정된 남녀평등을 촉진하기 위한 잠정적 조
치 등은 이 법에 의한 남녀차별로 보지 아니 한다"고 규정하고 있
다(김엘림 1999, 93-98).

 이러한 입법의 취지에 따라 "공무원의 여성채용목표제"가 도입되
게 된다. 1995년 10월 문민정부의 대통령자문기구였던 '세계화추진
위원회'는 "여성사회참여 10대 과제"를 제안하게 되는데 힘입어,
1995년 12월 12일 개정된 「공무원임용시험령」과 1996년 3월 23일
개정된 「지방공무원임용령」에서 한시적인 여성채용목표제의 실시근
거를 마련하였다. 여성채용목표제의 목적은 여성의 공직임용기회를
확대하기 위하여 연도별 채용목표율에 따라 시험실시단계별로 선발
예정인원의 일정비율이상을 여성으로 합격시키는 것이다. 당시 「공
무원임용시험령」과 「지방공무원임용령」을 근거로 국가공무원은 '총
무처 예규'(1995. 12. 22.)를, 지방공무원은 '내무부 지침'(1996. 4. 4.)
을 시달하여 1996년부터 2000년까지 한시적으로 5급 행정·외무고
시와 7급 행정·공안직·외무행정직의 공개경쟁 채용시험을 대상으
로 '여성채용목표제'를 실시하도록 하였다.

 1999년 4월 13일 행정자치부는 공직부문 여성의 대표성 제고를
위해 채용부문에서 현재 시행중인 여성채용목표비율을 연차적으로
상향 조정하고, 여성채용목표제를 2002년까지 연장하고 2000년부터
기술직까지 확대하며, 목표율을 상향 조정하여 7급 25%, 9급 20%로
하되, 5급은 20%로 유지할 '여성공무원 발전기본계획'을 발표하였
다.23) 그리고 구체적인 행정지침으로 "여성채용목표제 실시지침"(행

---

23) 그 이전까지의 여성 고용목표율은 1996년 10%, 1997년 13%, 1998년
   15%, 2000년 20%로 매년 상향되었다.

정자치부 예규 제17호, 1999. 4. 21.)을 시달하였다. 이 지침은 공무원
시험령 제111조의 3의 규정에 의한 여성채용목표제를 구체적으로
실행하기 위하여 여성채용목표제가 적용될 시험의 종류를 정하고,
시행에 필요한 여성채용목표비율, 합격자결정방법 기타 운영사항을
정하고 있다. 여성채용목표제의 대상이 되는 시험의 종류는 ① 행
정고등고시, 외무고등고시, 기술고등고시, ② 7·9급 공개경쟁채용
시험, ③ 행정자치부장관이 실시하는 제한경쟁특별채용시험이다. 다
만 교정직렬·소년보호직렬·보호관찰직렬은 제외하며, 채용인원이
10명이상인 시험단위여야 한다. 시험실시단위별 여성채용목표인원
은 시험실시단계별 합격예정인원에 다음의 여성채용목표 비율을 곱
한 인원수로 한다.

<표 2.1> 여성채용목표인원

년도 계 급	2000년	2001년	2002년
5급 이상	20%	20%	20%
6 · 7급	20%	23%	25%
8 · 9급	20%	25%	30%

자료: http://www.pcwa.go.kr/

　　시험시행방법은 남·여 구분 없이 시험실시후 성적순에 의하여
선발예정인원만큼 합격자를 결정한다. 여성합격자가 목표비율이상
인 경우에는 여성채용목표제를 적용하지 않고, 여성합격자가 목표
비율미만인 경우에는 과락을 면하고 하한성적24)25) 이상인 여성 중

---

24) 하한 성적은 5급의 경우 합격선에서 −3점, 6급 이하의 경우 합격선에
　　서 −5점이다.
25) 채용목표율은 1996년 10%, 1997년 13%, 1998년 15%, 2000년 20%로 매
　　년 상향되었다. 시행방법은 5급은 −3점, 7급은 −5점까지 합격선을 낮

에서 성적순에 의하여 목표미달인원만큼 추가합격 처리하도록 한
다. 그리고 1·2차 시험 모두에 위의 방법을 적용하여 합격자를 결
정한다. 여성채용목표제는 1996년 1월 1일부터 2002년 12월 31일까
지 시행하되, 기술고등고시, 7·8급 공개경재채용시험의 기술직 및
행정자치부 장관이 실시하는 제한경쟁특별시험의 기술직에 대해서
는 2000년 1월 1일부터 적용한다.

3) 장애인

신체적·정신적 장애로 인해 정상적인 사회생활을 하는 것이 어
려운데다, 경제적·사회적으로 열악한 처지에 놓이기 쉬운 장애인
의 복지 증진을 목적으로 하는 국가 정책이 장애인 정책이다. 그리
고 그 중에서 특별히 장애인을 직업 생활을 통해 자연스럽게 사회
에 통합하고자 하는 것이 장애인고용정책이라 할 수 있다. 그러나
한국에서 장애인에 고용 정책은 1990년 이전까지 일부 기업의 동정
심과 장애인 자신의 자구노력 그리고 사회단체의 직업알선 노력에
의지하여 왔다. 그러다 1989년 12월 16일 「장애인고용 촉진 등에
관한 법률」이 국회를 통과되면서 장애인고용정책이 획기적인 전환
을 맞게 되었다(한국노동연구원 1996). 이 법에 의해 장애인의 고용
을 전문적으로 담당할 기관으로 '한국장애인고용 촉진공단'을 설립
되었고, 동법 시행령에서 상시고용인원이 300인 이상인 사업장에
대해 2% 이상의 장애인고용의무를 부과하고 이를 이행치 못하는

추어서 목표비율만큼 여성을 추가로 합격처리하는 방식이다. 이에 따라
1996년에 실시된 제30회 외무고등고시에서는 여성이 1명 추가 합격하
였고(합격자 41명 중 여성 4명 합격), 제40회 행정고등고시에서는 여성
2명이 추가 합격하였으며(합격자 192명 중 여성 19명 합격), 7급 행
정·공안·외무행정직 공채시험에서는 여성이 16명 추가 합격하였다
(합격자 280명 중 여성 25명 합격).

경우 노동부가 매년 정하는 부담금을 납부하도록 하고 있다(동법 제35·38조). 또한 장애인고용실적이 뛰어난 사업장에 대해서는 지원금과 장려금을 지급하고 장애인의 직업 환경 개선을 위한 자금을 무상 지원하거나 저리 융자함으로써 장애인고용을 촉진시키려 하고 있다(동법 제37조). 그러나 고용 촉진공단이 설립되고 장애인고용 촉진법과 그 시행령이 공표된 지가 10년이 지났지만 장애인고용 촉진 효과에 대한 평가는 전반적으로 부정적이다. 나머지 장애인고용 정책에 관한 자세한 논의는 제2편의 사례연구로 미루도록 한다.

4) 소외 지역출신자

어떤 국가에서든지 지역 간의 차이와 경쟁은 자연스러운 것이지만, 이러한 수준을 뛰어넘어 특정 지방의 특권과 차별, 그리고 출신지 지연을 매개로 하여 지배와 피지배관계가 고착되게 될 때 이를 '지역주의'(regionalism)이라고 한다(황태연 1997, 19-21). 이러한 지역주의는 정치적 헤게모니를 잡고 있는 패권 지역의 출신자가 그 사회의 최상층직을 차지하는 반면 소외된 지역 출신자들은 사회적 차별에 의해 사회 하층직에 영속적으로 처하게 한다. 이 같은 지역주의와 소외 지역출신자의 차별 문제는 후진국에서뿐만 아니라 선진국에서도 흔히 발견되고 있다. 영국의 경우 북아일랜드·웨일즈·스코틀랜드가, 프랑스의 경우 옥씨타니·브레따뉴·꼬르시카가, 스페인의 경우 카탈로니아·바스크·안달루시아 등이, 이탈리아의 경우 남부이탈리아 지역이 대표적인 예이다. 이러한 지역주의와 지역차별 문제는 인종 혹은 민족 문제와 맞물려 있는 경우가 흔한데 이렇게 되면 갈등의 강도가 보다 심해진다.

한국에서도 이와 같은 지역문제가 존재하는 것이 사실이다. 특히

1960년대 이후 영남 출신의 정치군인들이 쿠테타로 정권을 잡은 후 오랜 군부독재체제를 거치면서 정권을 안정화하기 위한 방편으로 영남 출신을 우대하고 다른 지역 출신을 차별하면서 지역문제가 심각하게 고착되었다. 그 결과 정부 내 고위직의 경우 영남출신이 과대대표 되고, 반면 호남출신 및 기타 지역출신이 과소대표 되는 문제가 심각했다(유종해 1990; 양형일·이태일 1993; 박경호 1993). 이에 따라 1997년 12월 제15대 대통령선거에서 호남출신의 김대중 후보는 지역차별에 해소하기 위한 제도적 장치를 마련할 것을 대통령 공약을 내세웠다. 그리고 대통령 당선 이후에 국민회의 한화갑 의원 등 여야의원 45명이 1982년 2월 14일 임시국회에 사법시험, 행정고시 등 9개 국가고시의 합격자를 지역별 인구비례로 선발하는 '국가 인재의 지역간 균등등용촉진방안'을 제출하기도 하였고(임두택 1998, 38-47; 「조선일보」 1998. 3. 6., 1), 제2건국 범국민추진위원회 (대표 공동위원장 변형윤)는 인사·예산·지역균형개발을 위한 '지역차별금지법'을 추진하기도 하였다(「문화일보」 1999. 5. 7., 1). 그러나 이런 노력에도 불구하고 김대중 정부는 과거와는 정반대로 고위직에 호남출신 우대에 대한 비판이 높았다.

과거에는 <표 2.2>에서 보듯이 경상도, 서울 출신의 경우는 높은 대표성을 보이고, 전라도, 강원도, 경기도는 낮은 대표성을 보였음을 알 수 있다. 그러나 정권이 바뀌자 고급 관료들의 지역별 구성이 완전히 달라지게 되였고, 이제 이전에 차별 받았다고 주장했던 호남출신의 편중인사를 걱정해야할 지경에 이르렀다(「조선일보」 1998. 3. 4., 5; 「조선일보」 1998. 3. 5, 39).

<표 2.2> 정책관료의 출신지별 분포(1988년 현재)

내 용 \ 지 역		서울	경기	강원	충청	전라	경상	기타[1]
출신지역별 인구(%)		14.1	11.9	5.2	14.7	20.5	30.9	2.7
전체부처 (3급 이상)	출신지별 분포(%)	38.8	6.3	1.6	11.7	9.1	28.0	4.5
	인구대비	2.8	0.5	0.5	0.8	0.4	0.9	1.7
경제부처[2] (5급 이상)	본적지별 분포(%)	27.9	6.0	6.0	13.9	16.6	29.7	3.4
	인구대비	2.0	0.5	0.5	0.9	0.8	1.0	1.3

주: 1) 기타는 이북 및 제주 등을 포함한다.
　　2) 경제기획원, 재무부, 상공부 및 건설부
자료: 박경효(1993, 713).

다음 <표 2.3>은 현 정부의 1급 이상 고위공직자 출신지 현황을 김영삼 정부와 비교한 것으로 고위 공직자의 호남출신의 독주와 영남출신의 몰락을 그대로 보여준다. 따라서 지역에 따라 고용 및 인사상의 차별현상이 엄존하는 것이 분명한 한국 사회에서 영향력이 큰 핵심고위직 관료를 중심으로 지역적 배분을 고려하는 적극 평등인사정책의 적용은 의미가 있다. 그러나 적극 평등인사정책이란 원래 영속화된 사회적 불평등의 상황을 타파하고자 하는 목적을 가지는데, 지역에 따른 차별의 문제는 정권이 바뀌면 크게 그 양상을 달리하는 것이므로 그 적용에 신중을 기하여야 할 것으로 보인다.

<표 2.3> 김영삼 정부와 현 정부의 고위공직자의 출신지역 분석

	차관급(대상 36명)			1급(대상 53명)		
	김영삼정권	현 정권	증감	김영삼 정권	현 정권	증감
호남	1	10	+9	7	20	+13
강원·이북	1	4	+3	1	1	0
충청	4	6	+2	16	7	-9
제주	1	1	0	0	0	0
서울·경기	12	7	-5	6	8	+2
영남	17	8	-9	23	17	-6

자료: 「중앙일보」 1998. 10. 19, 4.

출신지역과 관련해서 적극 평등인사정책을 적용할 수 있는 또 다른 대상은 낙후된 농어촌 출신자이다. 한국은 과거 수십 년 동안 급격한 산업화와 도시화를 통해 농업국가에서 산업국가로 성장하였다. 이 과정에서 도시와 농어촌과의 경제 격차가 커지게 되었고, 경제적 측면 외에도 정치·문화·교육적 측면에서도 커다란 간격을 가지게 되었다. 이렇게 낙후된 농어촌의 실정은 앞으로 농어촌 출신자에게 영속적인 사회적 불평등의 원천이 될 수 있다. 따라서 입학과 고용 등에서 낙후된 환경에서 성장한 농어촌 출신자에 대해 우선적으로 대우하는 조치를 고려할 수 있다. 실제 대학 입학시험 중에는 농어촌 특별전형을 실시하고 있는 그 좋은 예이다.

5) 국가유공자 및 재향군인

국가유공자 및 재향군인을 적극 평등인사정책의 대상으로 하는 것에 대해 문제를 제기할 수 있다. 국가유공자 및 재향군인의 경우 과거의 차별을 이유로 고용 및 인사상의 우선 대우를 하는 것이 아니라 이들의 공로에 대한 보상이기 때문에 다른 적극 평등인사 대상 집단과는 구분된다. 그러나 원인이 상이하더라도 고용 및 인사상의 우선 대우가 없다면 차별적 상황에 빠지는 것은 동일하기 때문에 미래의 차별을 막는다는 측면에서 적극 평등인사정책의 대상에 포함된다(Mani 1999, 524). 실제 외국의 경우에도 국가유공자 및 재향군인을 가장 연원이 오래된 적극 평등인사정책 대상 집단으로 파악하고 있다(Faundez 1994, 34).

한국에서는 일제 식민지 시대, 한국 전쟁, 베트남 전쟁참전, 오랜 남북대치 상황으로 인해 오래 전부터 국가유공자와 재향군인에 대한 우선 대우제도가 도입되어 왔었다. 현재 국가보훈처에서는 국가를 위해 공훈을 세웠거나 희생한 독립유공자(순국선열, 애국지사), 국가유공자(전몰·전상·순직·공상군경, 순직·공상공무원 등), 그 외 국가보훈대상자(참전군인, 제대군인, 고엽제 후유증, 반공귀순상이자)와 그 유족 혹은 자녀의 명예로운 생활의 유지·보장되도록 각종 보상과 예우(보상금지급, 교육보호, 취업보호, 의료지원, 대부지원, 그 외 지원)를 하고 있다(http://www.pvaa.go.kr/).

이를 위해 1984년 8월 2일 기존의 '군사원호대상자자녀교육보호법', '원호대상자정착대부법', '군사원호대상자임용법', '군사원호대상자고용법', '국가유공자등특별원호법', '군사원호보상급여금법', '군사원호보상법' 등을 통폐합하여 법률 제3742호로 「국가유공자예우 등에 관한 법률」(이하 국가유공자예우법)이 제정되었다. 동법에서는 국가유공자나 그 유족에게 보상금 지급, 교육보호, 취업보호, 의료보호, 대부, 기타 양로·양육·운송시설이용·고궁 등의 이용보호·주택의 우선분양 등의 우선적 처우를 규정하고 있다. 이러한 우선적 처우 중에서 가장 중요한 것은 취업보호로, "국가유공자·상이

군경 및 전몰군경의 유가족은 법률이 정하는 바에 의하여 우선적으로 근로의 기회를 부여 받는다"는 헌법 제32조 제6항에 근거를 두고 있다. 구체적으로 고용비율과 채용시험에 있어서의 가산점 부여의 형태로 나타나며, 이는 전형적인 적극 평등인사정책의 특징을 지닌다(김영환 1991, 230).

동법 제31조 제1·2항에서는 국가·지방자치단체 및 교육기관과 일상적으로 1일 20인 이상을 고용하는 공·사기업체 또는 공·사단체는 그 직원을 채용할 때 취업보호대상자를 일정한 비율이 범위 안에서 우선하여 채용하도록 규정하고 있다. 구체적으로 국가·지방자치단체·국공립학교의 기능직 공무원은 정원의 20%, 사립학교는 교원을 제외한 직원은 정원의 10%를 우선 고용하여야 한다(동법 시행령 제47조 1·2항). 그리고 일상적으로 1일 20인 이상을 고용하는 공·사기업체 또는 공·사공단의 경우 3-8%의 범위 안에서 취업보호대상자의 능력에 상응하는 직종에 고용하여야 한다. 그리고 우선적 고용과 관련하여 국가보훈처장은 업체에 대하여 취업보호대상자를 지정하여 고용명령을 내리거나, 취업을 희망하는 취업보호대상자를 지정하여 업체에 취업할 것을 통지할 수 있다(동법 제32·33조).[26]

6급 이하의 국가 또는 지방공무원 및 기능직 공무원의 모든 직급과 업체 등의 신규채용사원의 모든 직급에 있어서 채용시험을 실시하는 경우 취업보호대상자가 응시한 때에는 필기시험의 각 과목별 득점에 각 과목별 만점의 10%를 가산하며, 필기시험에 갈음하여 실

---

26) 국가보훈처장의 고용명령을 따르지 아니한 자에게 과태료처분을 규정하였으며, 업체가 취업보호대상자의 고용에 관한 사항을 신고하지 아니하거나 허위로 신고한 경우에도 과태료를 부과할 수 있다(동법 제86조). 이 같은 과태료처분은 강행력 측면에서 여러 고용의무제도 중에서도 가장 강력한 것이어서 사업주의 입장에서는 가장 부담스럽게 생각하고 있다(H사 인사팀 과장면접).

시하는 실기 또는 면접시험의 득점에 이를 가산하여야 한다(동법 제34조; 동법 시행령 제54조).[27] 그 외에도 국가보훈처장은 「근로자 직업훈련촉진법」 및 「기능대학법」에 의하여 직업교육훈련을 실시하는 기관에 취업보호대상자를 추천하여 직업교육훈련을 받게 해야 하는데 직업교육훈련기관은 일정비율 안에서 국가보훈처장이 추천한 자를 우선하여 선발하여야 한다(국가유공자예우법 제38조; 동법 시행령 제58조; 「근로자직업훈련촉진법」 제10조).

6) 중고령자

인구고령화에 따른 노인인구 증가가 현대사회의 심각한 사회문제로 떠오르고 있다. 국제연합(UN)은 65세 이상을 고령인구로 보며 한 국가의 고령인구 비중이 7%를 넘으면 '고령화 사회'로 파악한다. 주요 선진국의 경우에는 1960년도 이전에, 일본의 경우에는 1970년도에 고령화 사회에 진입했으며, 한국의 경우 2001년에 예상했으나 고령화 추세가 예상보다 빨라 2000년에 고령화 사회에 진입했다(「중앙일보」 2001. 9. 26., 1; 「동아일보」 2000. 7. 11., A30). 이처럼 고령인구의 비중이 증가하면 이의 부양을 위한 사회의 책임이 증가하게 된다. 고령인구 부양을 위해 연금과 같은 사회보험과 사회부조를 강화해야 하는데 경기가 좋고 노동력의 생산성이 높고 부양을 맡게 될 젊은이가 많은 경우에는 문제가 되지 않지만, 요즘처럼 전세계적으로 경기가 좋지 않고 부양을 맡게 될 젊은이들이 급속히 줄어들어 상황에서는 노년인구의 복지의존도가 커다란 부담으로 다가온다. 따

---

27) 법개정 전에는 이 같은 가산점 제도가 소정의 복무기간을 마치고 전역되는 제대군인에게도 적용되어, 2년 이상의 복무기간을 마치고 전역된 제대군인은 5%, 2년 미만인 경우는 3%를 가산하였다(개정 전 국가유공자예우법 제70조; 동법 시행령 제89조). 그러나 헌법재판소의 군가산점 위헌판결로 본 조항이 삭제되었다.

라서 선진국에서 고령자의 취업 장려정책을 추진하고 있다. OECD 국가들은 정년연장, 은퇴 후 사회보장 급여수준의 삭감, 고연령층 노동의 재고용과 부분은퇴의 장려, 고령층의 교육훈련 프로그램 강화 등을 추진하고 있다(박경숙 2000).

그러나 한국의 경우 고령자에 대한 고용문제도 문제지만, IMF 외환위기를 거치면서 40-50대 중령자(中齡者)의 실업과 재취업의 어려움이 심각한 실정이다. 경기가 어려워지자 감원의 일순위로 50대 중령자가 목표가 되었고 이렇게 직장에서 밀려난 뒤에도 젊은 인력만 선호하는 사회적 풍토 하에서 재취업 또한 쉽지 않아 이중고에 시달리고 있다(「조선일보」 2001. 2. 6., 1·3).[28] 40-50대 중령자의 고용 문제는 이들이 자식들의 양육과 교육 등으로 소득주기상 가장 많은 지출을 필요한 시점에 있다는 점에서 보다 심각한 사회문제화할 개연성을 가진다.

따라서 고령자와 40-50대의 중령자가 적극 평등인사정책의 대상이 될 수 있다.[29] 한국에서 중고령자에 대한 고용정책은 1991년 제정된 「고령자 고용 촉진법」으로 구체화되고 있다. 이 법의 주요 내용은 다음과 같다(장지연 2000, 33-41).

첫째, '기준고용률'을 정하여 사업주의 고령자 고용을 촉구하고 있다. '기준고용률'이란 "사업장에서 상시고용 하는 고령자의 비율"로서 현재 시행령에서는 전체 상시근로자의 3%를 기준고용률로 정하

---

28) 1995년 2만 8000명이던 40-50대 실업자는 1996년 6배 가까이 늘어난 16만 2000명까지 늘어났다. 2000년 12월의 경우는 8만 6000명에 달한다. 1997년 9월 13%였던 40-50대 실업률이 2000년 6월엔 20%까지 상승했었다.

29) 「고령자고용 촉진법」 시행령에서 55세 이상을 '고령자'로 정의하고 50-54세를 '준고령자'로 정의하고 있다. 따라서 법적으로는 중고령자를 50세 이상의 인구를 지칭하는 것으로 볼 수 있다. 그러나 미국의 「고용상 연령차별금지법」은 40세 이상의 모든 인구를 대상으로 하고 있다.

고 있다. 즉, 상시 300인 이상의 근로자를 사용하는 사업장의 사업주는 3% 이상의 근로자를 55세 이상의 고령자로 고용하도록 노력하여야 한다. 둘째, 사업주가 기준고용률을 초과하여 고령자를 추가로 고용하는 경우에는 「조세감면규제법」이 정하는 바에 따라 조세를 감면해 주고 예산범위 안에서 일정기간 고용지원금을 지급할 수 있도록 하고 있다. 셋째, 고령자 및 준고령자의 취업에 적합한 직종을 선정하여 채용권장 및 홍보하도록 하고 있다(동법 제15조). 1992년부터 1997년까지 3차에 걸쳐 고령자가 근무하여도 생산성에 차이가 적고, 노동 강도 및 산업재해의 위험이 낮은 직종 및 고령자의 신체적·정신적 특성에 부합되는 직종 등 비교적 단순 노무직종 중심으로 60개 직종을 선정·운영해 왔다. 그리고 1999년에는 고령자의 경력과 능력을 활용할 수 있는 전문·기술직 중심의 17개 직종을 추가 선정하여 현재 총 77개 적합 직종에 대해 채용권장 및 홍보를 강화하고 있다. 그리고 국가 및 지방자치단체, 정부투자기관, 정부출연기관의 장은 그 기관의 적합 직종에 고령자와 준고령자를 우선적으로 채용하여야 하며, 채용현황을 매년 노동부 장관에게 제출하여야 한다(동법 제16조; 동법 시행령 제5조). 넷째, 정부가 구인·구직 정보를 수집하고 고령자의 취업을 알선할 의무가 있음을 명시하고 있다. 이를 효율적으로 수행하기 위하여 고령자 고용정보센터를 운영할 수 있으며, 무료 직업소개사업의 허가를 받은 비영리법인이나 공익단체를 고령자 인재은행으로 지정하고 소요경비를 지원할 수 있다. 다섯째, 노동부 장관은 고령자의 고용을 촉진하기 위하여 직업능력개발훈련과 안전·보건에 관한 내용 등 적응훈련을 실시하도록 조치하여야 한다. 여섯째, 사업주가 근로자의 정년을 정하는 경우에는 그 정년이 60세 이상이 되도록 노력하여야 한다. 특히 상시 300인 이상의 근로자를 사용하는 사업장의 사업주로서 정년을 현저히 낮게 정한 경우

에는 노동부 장관이 정년연장에 관한 계획을 작성하여 제출할 것을
요청할 수 있다. 또한 정년퇴직한 자가 그 사업장에 다시 취업하기
를 희망하는 때에는 재고용하도록 노력하여야 하며, 이때 퇴직금이
나 근속기간 정산에 있어서 종전의 근로기간을 제외할 수 있으며,
임금의 결정도 종전과 달리할 수 있다.

「고령자 고용 촉진법」은 고령자 고용 촉진시책의 종합적인 추진
을 정부의 책무로 부여하고, 사업주에게 기준고용률을 부과하고 이
를 초과하여 고령자를 고용한 사업주에 대하여 지원금을 지급하도
록 하는 등 고령자의 고용안정을 도모하기 위한 정신을 명시하고
그 방법을 강구하고 있다는 점에서 그 의의를 찾을 수 있다. 그러
나 동법은 일본의 경우처럼 고령자의 의무고용을 명시하고 있지 않
으며, 기준고용률 이행계획과 정년연장계획을 제출하게 할 수 있다
는 조항은 아직까지 한번도 시행된 적이 없어서 법 정신이 지향하
는 바를 현실 속에서 구현하지 못하고 있으며, 이행계획을 실천하
지 않을 경우에도 제재수단이 없어서 계획서 제출을 시행한다고 하
더라도 그 효과성이 의문시되는 형편이다(김옥암 1995, 125-126면;
장지연 2000, 64-69).

7) 기타 적용대상

적극 평등인사의 정책대상은 시간과 공간에 따라 변화하는 특성
을 가지고 있다. 지금까지는 정책대상에 포함되지 않았지만 정책
환경의 변화에 따라 새로운 정책대상이 등장할 수도 있다. 따라서
한국에서 적극 평등인사정책의 대상 집단은 시대의 변천에 따라 변
화하리라 예상된다.

근래에 사회적 차별로 인해 고용 및 인사상에 차별사례로 거론되

는 것은 질환자에 대한 채용상의 비합리적 차별이다. 다시 말해, 민간기업뿐만 아니라 정부기관에서도 채용 전 신체검사를 통해 간염보균자 등과 같은 직무에는 그다지 큰 영향을 미치는 못하는 질환자를 채용 및 인사상의 차별하는 경우가 빈번한데, 이 같은 차별은 과학적 근거 없이 노동의 권리를 제한하는 것으로 비판받고 있다. 따라서 채용 전 신체검사에 의한 부당한 취업차별을 금지하는 것도 적극 평등인사정책의 한 종류가 할 수 있으므로 사소한 질환자 또한 적극 평등인사정책의 대상이 될 수 있다(「주간동아」 2001. 3. 1., 44-45; 「주간동아」 2001. 4. 19., 42-43).

그리고 외국에서는 동성애자에 대한 고용 및 인사상의 차별 문제가 수십 년 전부터 사회문제화 되어 이 문제도 또한 적극 인사평등정책의 한 부문으로 다루어지고 있다.30) 한국에서는 동성애자에 대한 차별문제가 아직까지는 커다란 사회문제화 되지 않은 상태이지만 앞으로 수년 내에 인사정책에서 중요한 쟁점으로 대두하리라 예상된다. 구체적으로 근래 자신이 동성애자임을 밝힌(coming out) 연예인이 인사상의 불이익을 받아 사회적 논란을 일으켰던 '홍석천 사건'과 남성에서 여성으로 성전환을 한 연예인이 사회적으로 주목을 받았던 일련의 사건 등을 통해 이와 같은 변화의 단초를 읽을 수 있다(「조선일보」 2000. 9. 26.; 「조선일보」 2001. 1. 31.; 「조선일보」 2001. 3. 29.).

---

30) Kirton & Greene(2000, 8)은 적극 평등인사정책의 대상으로 성(gender), 인종(race), 장애(disability), 연령(age), 그리고 성적인 취향(sexual orientation) 등 5가지로 제시하고 있다. 이처럼 근래 미국과 유럽에서 gay와 lesbian에 대한 정책적 관심이 높아지고 있다.

제3장 적극 평등인사정책의 기본 가치와 접근법

사회적 차별과 불평등에 관한 연구는 사회과학 분야의 오래된 연구주제로써 지금도 학술연구와 실무에서 많은 논의가 이루어지고 있다. 사회학에서는 '사회계층' 혹은 '사회계급' 이론을 중심으로, 법학에서는 '공정 절차'와 '동등 보호'의 법리적 논리를 중심으로, 정치학에서는 '정치적 정의'(공정성, justice)의 개념을 중심으로 논의가 전개되고 있다. 그리고 행정학에서는 정치・행정일원론적 전통에서의 '사회적 대표성' 혹은 '대표관료제'의 논의와 신행정학에서의 '사회적 형평성' 논의를 중심으로 논의가 전개되었다. 본 절에서는 사회적 대표성과 사회적 형평성과 관련된 논의를 중심으로 적극 평등인사정책의 이론적 고찰을 모색한다.

1. 적극 평등인사정책의 기본 가치(1): 사회적 대표성

1) 사회적 대표성의 의의

과거와 현재의 오랜 사회적 차별로 고통 받는 소수집단 및 계층에 대한 처우를 향상시키려는 정부 정책의 정당화의 논리 중의 하나가

'사회적 대표성'(社會的 代表性, representativeness)이라는 가치이고, 이를 구체화한 것이 '대표관료제'(代表官僚制, representative bureau-cracy)라고 할 수 있다. 이 같은 사회적 대표성과 대표관료제의 관념은 현대 민주주의 정치이론에서 시작된다. 현대 정치는 그 성격상 대의제 민주주의(혹은 간접 민주주의)의 특성을 가질 수밖에 없다. 따라서 이론적으로는 현대 대의제 민주주의 국가의 모든 정치제도, 즉 입법부, 행정부, 사법부의 모든 기관들은 국민대표성을 확보해야 하고 이를 토대로 국민에 대해 책임을 져야 한다(양형일·이태영 1993, 343). 그런데 국민이 직접적으로 참여하여 자신의 의사를 표시하는 선거에 의해 선출되는 입법부와 행정부의 선출직은 국민대표성을 확보하고 있다고 할 수 있지만, 공개시험에 의해 임용되고 평생 복무를 보장받는 행정부와 사법부의 관료들은 국민의 대표성을 반드시 가진다고 할 수 없다. 그뿐만 아니라 현대국가가 행정국가화 되면서 행정부의 관료집단은 광범위한 재량권을 가지게 되면서 정책결정과 집행과정에서 관료들의 영향력은 더욱 커지게 되었다. 이러한 상황에서 대표관료제는 정부 관료제에 민주주의의 원리를 도입하여 사회 내의 모든 집단을 공정하게 대응할 수 있게 하고, 동시에 방만해지기 쉬운 관료제 권력을 견제하는 내부통제 기법으로 개발되었다.

대표관료제란 말을 처음으로 사용했던 Kingsley(1944, 282-283)는 대표관료제를 "사회 내의 지배적인 세력들을 그대로 반영하는(mirror) 관료제"라고 정의하였다. 보다 구체적으로 대표관료제는 "모든 사회집단들이 한 나라의 인구 전체 안에서 차지하는 수적 비율에 맞게 관료조직의 직위들을 차지해야 한다는 원리가 적용되는 인사제도로서, 정부가 인구 구성 면이나 정책지향 면에서 사회전체의 축도(縮圖: cross-section)를 포용하는 것"이라고 정의할 수 있다(오석홍 1993, 324; 오석홍 1994, 24). 다시 말해, 대표관료제는 그 사회를 구성하는 모든 주요 집단으로부터 인구비례에 따라 관료를 충원하고, 그들의 정부 관료제 내의 모든 직무분야와 계급에 비례적으로 배치함으로써 정부 관료제가 그 사회의 모든 계층과 집단에 공평하게 대응하도록 하는 인사제도이다(강성철 외 1996, 58-68).

이렇게 정부 관료제에서 사회적 대표성을 고려한 충원 및 인사를 실시하는 것은 다음 세 가지 측면에서 중요하다(Wise 1990, 567-579). 첫째, 현대사회에서 가장 큰 고용주가 정부이기 때문에, 노동시장에서 불리한 처지에 놓여 있는 소수집단 성원들에게 정부부문의 고용을 제공하는 것은 실질적인 경제력 기반을 제공한다는 측면에서 사회전반에 미치는 파급효과는 대단하다. 둘째, 정부부문의 고용은 외적인 보상 이상의 의미를 가지기 때문에 중요하다. 사람들은 공직을 수행하는 것으로부터 자아실현의 경험을 하기도 하고(Rawls 1971, 84), 자신의 직업을 정부부문과 비교하여 평가하는 등 정부부문을 자신의 처지를 평가하는 척도로 사용하기도 한다. 셋째, 정부부문의 고용은 경제적 측면에서의 기회뿐만 아니라 실질적인 정치적인 대표의 기회를 제공한다는 점에서 중요하다. 현대 민주주주의 체제는 그 규모로 인해 다원주의적 성격을 띨 수밖에 없다. 그러나 다원주의 체제 하에서 관료제는 전문화된 소수고객만을 우대하며 조직화 능력을 부족하고 정치적·경제적 자원을 가지고 있지 못한 소수집단을 차별하게 마련이다(Frederikson 1980, 7; Dahl 1982, 26).[31] 따라서 사회적으

---

31) Dahl(1982, 64-78)은 다원주의 민주주의의 결점을 다음과 같이 들고 있다. 첫째, 비조직화된 집단 혹은 계층에 비해 조직화된 집단 혹은 계층이 우월한 지위를 이용하여 '정치적 불평등 고착화' 하는 문제를 가진다. 둘째, 이익집단들은 국민의 관심사를 파편화하고 국민이 이제껏 공유하는 하였던 공공 이익을 무시할 수 있게 하여 '시민의식의 해체' 한다. 셋째, 조직화되지 못한 다수 국민들에게 장기적인 이익을 가져다주는 대안보다는 소수의 조직화된 국민들의 단기이익에 봉사하는 대안을 채택하게 하는 '공공의제의 왜곡문제'를 낳는다. 넷째, 기업, 노동조합, 각종 이익집단들은 중요한 정책결정 과정에서 국민의 대표라 할 수 있

로 '불리한 처지의 사람'(the less advantaged)을 효과적으로 지원하는 '형평성 지향의 관료제'가 필요하다(Hart 1974, 4). 따라서 정부 관료제로 하여금 그 사회의 모든 계층과 집단을 정치적으로 대표하게 한다면, 정부 관료들은 자신의 출신 배경 혹은 집단의 이익을 적극적으로든 아니면 상징적으로든 대변하게 되어 다원주의의 폐해를 어느정도 완화할 수 있게 된다. 특히 국가의 거시적인 정책 틀을 결정하는 정부 내의 고위직 관료들의 영향력이 크기 때문에 고위직 관료 구성에서의 평등은 대단히 중요한 의미를 가진다.

그 외에도 대표관료제는 관료의 국민에 대한 대응성과 책임성을 향상시키고, 국가적인 차원에서 인적자원을 효율적으로 관리하게 하며, 차별 받는 사회 소수집단을 사회에 통합함으로써 이들의 반사회적 행위를 감소시킨다(Kranz 1976, 108-115). 그리고 지식·기술 등을 배울 수 있는 기회가 사회집단 간에 불평등하게 배분되어 있는 상황에서 실적주의는 결과적으로 사회 소수집단에 대한 차별적인 효과를 가져오게 하는데 대표관료제는 이러한 실적주의의 폐단을 시정하고 기회평등을 적극적으로 보장한다는 의의도 있다(오석홍 1993, 325-326).

2) 대표관료제 이론

사회적 대표성은 단일한 성격을 가지고 있지 않으며, 정부 관료제 이론의 관점에서 네 가지 대표관료제 모형으로 범주화할 수 있다(Mosher 1968, 10-14; Mitchell 1997, 161-163).

첫째, '수탁자 대표'(受託者 代表: Trustee Representation) 모형은 관료제를 다양한 이익을 반영하는 시민사회의 갈등을 조정하고 국가의

는 입법부와 행정부의 통제를 받지 않고 자신의 이익을 추구하여 국민의 기본권을 침해하는 '최종통제의 양도' 문제를 낳는다.

보편적 이익을 수호하는 수단으로 파악했던 Hegel 관점에 따라 관료제를 중립적이고 공정한 관료상을 전제한다. '수탁자 대표'에 따르면 관료는 다원주의 사회의 다양하고 경쟁하는 이익집단의 요구로부터 초연하여 공익의 관점에서 행동하는 것으로 가정된다. 이는 전통적인 관료제 모형으로 정치·행정이원론의 기본이 된다. 그러나 이 모형은 비록 외면적으로는 합리적으로 보일지는 몰라도 현실적으로 관료들은 자신의 이익을 추구하는 존재이며 행정행위에는 가치가 개입될 수밖에 없다는 점을 간과하고 있다고 비판할 수 있다.

둘째, '위임자 대표'(委任者 代表: Delegate Representation) 모형은 관료를 철저하게 자신을 임명한 사람의 이익을 위하여 행동한다고 본다. '위임자 대표' 모형은 일종의 '주인-대리인'(principal-agent) 모형으로 대리인인 관료들이 자신을 임명한 주인인 정치인이 결정한 정책을 정확하게 해석하여 집행한다는 것이다. '엽관주의'(spoil system) 하에서는 '위임자 대표'의 특성이 명확하게 나타날 수 있다. 그러나 선거에 의해 주기적으로 교체되는 정치인들이 실적주의와 직업 관료제를 근간으로 평생 복무를 원칙으로 하는 관료들을 완전히 통제한다는 현실적으로 불가능하다.

셋째, '적극적 대표'(積極的 代表: Active Representation) 혹은 '지위 대표'(地位 代表: Status Representation) 모형은 자신이 대표하는 것으로 가정되는 집단의 이익과 욕구를 표현하기 위해 관료들이 적극적으로 행동한다고 전제한다. 이러한 적극적 대표는 일반 국민들에게 정부에 참여할 기회를 제공하고, 소수집단이 영향을 받게 되는 프로그램을 자신들이 직접 통제할 수 있는 기회를 제공하며, 관료제가 그들이 봉사하는 국민의 모습을 보다 닮을 수 있게 하기 때문에 국가통치(governance)의 다양성(diversity) 개념에 부합한다는 의의를 가진다. 그러나 정책과정에서 나타나는 관료들의 성향과 행태는 자신의 계급적 특성보다는 주로 임용 후에 습득된 교육·훈 련, 조직 내 인간관계, 직무상의 경험 등에 의해 결정되는 것으로 알려져 있다(Meier 1975, 526-542; Meier & Nigro 1976, 458-469).

넷째, '소극적 대표'(消極的 代表: Passive Representation) 혹은 '상징적 대표'(象徵的 代表: Symbolic Representation) 모형에서는 관료제의 인적 구성이 전체 사회의 인구 구성의 특성, 즉 출신지역, 전직(前職), 아버지의 직업, 교육, 가족의 소득, 가족의 사회계급, 인 종, 종교 등과 같은 특성을 반영하는 것에 불과하며, 관료들은 자신 이 속한 집단을 위해 사회의 의사결정과정에 적극적으로 참여하기 보다는 단지 상징적으로 대표하는 수준에 불과한 것으로 파악한다. 그러나 소극적 대표 혹은 상징적 대표 모형은 관료들의 막강한 재 량적 권력을 이해하지 못하며, 실제로 관료는 실제 출신 집단 혹은 계급에 보다 동정적이며 그들의 이익을 대변하려는 의지가 있음에 도 이를 무시하고 있다고 비판할 수 있다.

현실의 관료제는 이들 모형의 이념형보다는 네 모형의 혼합의 모 습에 가까울 것이다. 특별히 적극적 대표와 소극적 대표 중에서 어 느 것이 더 현실에 적절한가 논란의 대상이 되기도 하였다. 그러나 Thompson(1976, 212-218)은 어느 대표가 더 현실에 타당한가를 따 지는 소모적인 논쟁보다는 어떤 상황에서 소극적 대표가 적극적 대 표로 원활히 연결되어지는 지를 분석하는 것이 보다 실용적이라고 주장한다. 소극적 대표가 적극적 대표로 쉽게 연결되는 상황은 다 음과 같다. 첫째, 사회에서 소수집단의 자존감(self-respect)의 이데올 로기가 고조되고 소수집단 이익의 증진을 위한 압력이 존재할 때 연결은 보다 가능성이 높아진다. 둘째, 소수집단 출신의 관료가 자 신의 출신 집단의 복리와 관련된 쟁점을 다룰 때 연결의 가능성이 보다 높아진다. 셋째, 소수집단 단체나 연합이 조직 내에 존재할 때 연결의 가능성이 보다 높아진다. 넷째, 소수집단 출신 관료가 재량권을 가진 직무(특히 하위직일 때)를 차지할 때 연결의 가능성이 보다 높아진다. 다섯째, 소수집단의 출신 구성원들이 서로 밀접한 거리에서 일하고 있을 때 연결의 가능성이 보다 높아진다.

2. 적극 평등인사정책의 기본 가치(2): 사회적 형평성

1) 사회적 형평성과 Rawls의 정의 이론

정책결정과 집행을 명확히 구분하였던 전통적인 정치·행정이원론과는 달리 정치·행정일원론에서는 공공행정을 입법부, 사법부, 선출직의 정책결정의 수준보다는 낮은 수준에서 이루어지는 정책결정과 관리의 혼합이라 규정하면서, 정치와 행정은 별개의 분리된 것이 아니라 연속선상에 존재한다고 보았다(Appleby 1949, 25). 이와 같은 정치·행정일원론은 1960년대 말과 1970년대 초 미국의 사회적 변화와 행정학의 정체성 및 지적 위기 상황 속에서 '신행정학'(New Public Administration)으로 발전하였다(Marini 1971; Waldo 1971; Frederickson 1980, 13).

Frederikson(1980, 6)은 "행정은 무엇이며, 그 목적과 근거가 무엇인가?"란 질문에 대해 전통적 행정학은 '업무들을 능률적이고 경제적으로 조정하는 관리'라고 답하는 반면, 신행정학은 이러한 목적에다 '사회적 형평성'을 덧붙인 것이라고 정의한다. 신행정학에서 강조한 사회적 형평성은 Rawls(1971)의 정의 이론(Theory of Justice)의 영향을 크게 받았다(Hart 1974, 3-11; Harmon 1981, 139; Opotow 1996, 24; 김항규 1995). Rawls의 정의 개념이 사회적 형평성 개념과 어떻게 연결되었는지를 고찰하는 것은 적극 평등인사정책의 기본적인 논리를 이해할 수 있다.

Rawls는 Hobbs, Locke, Rousseau의 전통에 따라 사회계약설의 입장에서 '공정으로서의 정의'(justice is fairness)의 원칙을 도출하였다. 먼저, 그는 정의의 원칙에 대한 필요성이 생기게 되는 '배경적 조건'을 '정의의 여건'(condition of justice)이라 하고 이를 객관적 여건과 주관적 여건으로 구분한다(Rawls 1971, 126-127). '객관적 여건'이란 사회의 자원이 희소하다는 것이고, '주관적 여건'이란 사회 구성원들이 이기심을 가지고 있는 존재일 뿐만 아니라 서로 상이한 목적체계를 가지고 있다는 것을 말한다. 또한, 그는 사회 계약의 당사자들이 여러 대안들 중에서 어떤 대안을 선택하게 될 때 갖추어야 할 '자격요건'을 '원초적 입장'(original position)이라 하였는데, 이는 사회 계약을 통해 합의된 원칙을 정의롭게 하는 역할을 한다. 원초적 입장은 당사자들의 인지상의 조건으로서 '무지의 베일'(veil of ignorance)과 동기상의 조건으로서 '상호 무관심적 합리성'(mutually disinterested rationality)으로 구성되어 있다(Rawls 1971, 136-150). '무지의 베일'은 사회 계약의 당사자들이 자신과 소속된 사회의 특수 사정에 무지함을 의미한다. 즉, 당사자는 무지의 베일에 의해 자신이 처한 사회적 지위나 형편 그리고 자신이 타고난 천부적 재능 등에 대해서, 자신이 무엇을 선이라고 생각하는가에 대한 가치관과 자신의 심리적 경향성에 대해서, 나아가 자신의 사회가 처한 특정 여건, 즉 정치적·경제적 상황이나 문명 및 문화의 수준에서도 무지하며, 심지어는 자기가 어느 세대에 속해 있는가에 대해서도 무지하다는 것이다. 여기에서 당사자에게 허용되는 지식이 있다면 자신이 이러한 무지의 상태에 있다는 그것뿐이다. 이렇게 무지의 베일을 가정하는 이유는 계약 당사자들이 앞의 지식을 알게 될 경우 서로 갈등을 일으키며 그들의 사회적·자연적 여건들을 그들 자신에게 유리하게 하려는 유혹을 받게 되어 정의로운 결론을 도출할 수 없기 때문이다. '상호 무관심적 합리성'이란 계약의 당사자들은 합리적인 인간이며 그들은 이타적인 존재도 아니고 그렇다고 해서 다른 사람에게 손해만 입히기 위한 일념에 자신의 손해를 감내하는 파괴적인 시기심에 가득 찬 존재도 아니라는 것이다.

요컨대, 정의의 여건 하에서 계약에 참여하는 당사자들은 서로에게 무관심하고 자신의 이익을 최대한으로 추구하고자 하는 합리적인 자들이며, 무지의 베일에 의해 자신에 관련된 특수한 사정들에 무지함으로써 그들이 채택할 특정 사회체제 아래서 그들의 처지가 어떻게 될지 모르는 불확실한 상황하에서 결정에 참여하게 된다. 그런 상황에서는 순수절차적 정의가 실현될 뿐만 아니라, 원초적 입장에 있는 사람들은 자신이 최악의 상태에 처하게 될지 모르기 때문에 타인의 선(善)까지도 고려하는 결과에 이르게 되어 거기에서 합의되는 내용은 정의로울 것이라는 것이다.

정의의 여건과 원초적 입장 하에서 사회구성원들은 사회계약을 하게 되는데, 이를 통해 사회협동체를 규제하는 다음과 같은 두 가지의 '정의의 원칙'(the principle of justice)을 도출하게 된다(Rawls 1971, 302). '정의의 제1원칙'은 평등한 자유의 원칙이라고 할 수 있는데, 이 원칙에 따르면 개개인은 다른 사람들의 유사한 자유와 양립할 수 있는 한도 내에서 광범위한 기본적 자유에 대하여 동등한 권리를 갖는다. '정의의 제2원칙'은 사회적·경제적 불평등의 허용 기준을 제시하는 것으로 사회적·경제적 불평등은 다음 두 원리를 만족시켜야 한다. 첫째, '차등의 원리'로, 정의에 맞는 축적의 원리32)와 양립하는 범위 내에서 불이익을 받는 사람들(the less advantaged)의 편익을 최대화하여야 한다는 것이다. 둘째, '공정한 기회균등의 원리'로, 사회적·경제적 불평등은 그 모체가 되는 직위와 직무가 모든 사람에게 균등하게 공개되어야 한다는 것이다. 이상과 같은 Rawls의 정의 원칙이 어떠한 논리적 추론과정을 거쳐 도출되는지를 간단히 요약하면 다음 <그림 3.1>과 같다.

<그림 3.1> Rawls가 제시한 정의의 원칙의 도출 과정

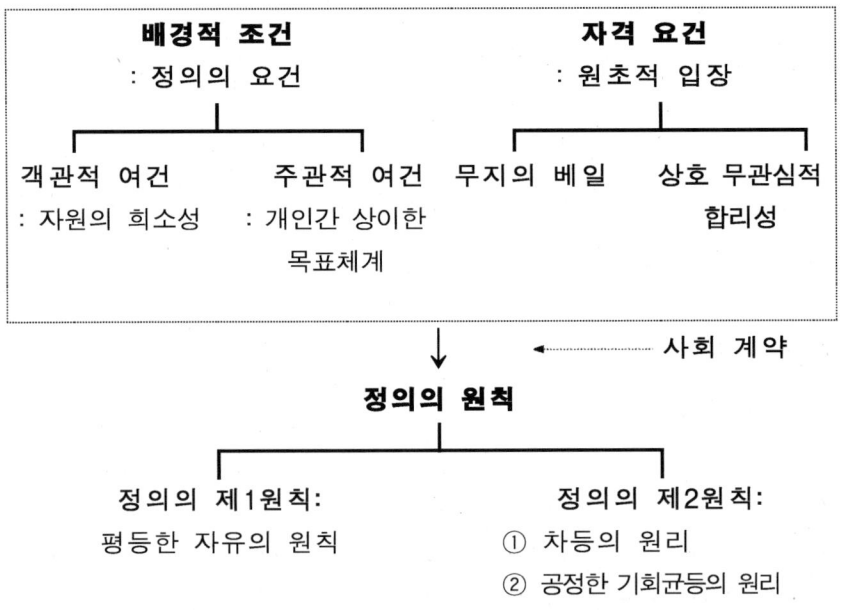

자료: Rawls(1971)와 김항규(1995)의 논의를 그림으로 정리.

---

32) 정의에 맞는 축적의 원리란 그 사회에서 사회 협동의 모든 산물 중 어느 정도까지를 사회구성원에의 분배되지 않고 설비나 생산수단에의 투자, 교육에의 투자 등의 형태로 장래 세대의 복지를 위해 유보 내지 축적하는 것이 적절한가를 규정하는 원리를 말한다.

Rawls의 '공정으로서의 정의'의 개념은 행정학에서 논의하는 사회적 형평성의 개념에 직접적인 영향을 미쳤다(Harmon 1982, 138-142). 특히 정의의 제2원칙은 어떤 사회에서 정당성을 인정받을 수 있는 불평등의 기준이 무엇인지를 밝혀주어 평등(equality)과 구분되는 형평성(equity)의 개념을 명확하게 해준다. 형평성은 평등의 개념으로부터 파생된 것이긴 하지만 평등보다 훨씬 포괄적인 의미를 함축하고 있는 개념이다. 형평성은 공정하고 이성적이라고 믿을 만한 충분한 근거가 있을 때에는 절대적 평등으로부터 벗어나는 것까지도 가능하다는 의미까지 내포하는 것이며, 사회전체적인 자유와 축적의 원리의 한도 내에서 이루어지기 때문에 사회 전체적인 효용 혹은 복리를 가져오기 때문에 공리주의와도 양립이 가능하다. 이 같은 이유 때문에 Rawls의 정의 이론은 사회적 형평성 개념을 명확하게 해줄 뿐만 아니라 사회적 형평성을 향상시키기 위한 국가정책 중의 하나인 적극 평등인사정책에 철학적·이념적 정당성과 실제 적용과정에서의 기준을 제공한다고 할 수 있다(Hart 1974, 9-10)

2) 사회적 형평성의 복합이론

Opotow(1996, 19-24)가 "정의의 범위란 공정성에 대한 우리의 심리적인 경계"(The scope of justice is our psychological boundary for fairness)라고 하는 것처럼, 사회적 형평성 또한 그 개념이나 범위가 절대적인 기준에 의해 확정되기 어렵고 상황에 따라 변화하는 성격을 가진다. 사회적 형평성은 ① 정책 대상 집단이 혜택을 받고 있다고 인식될 때, ② 갈등의 심각성(conflict severity)이 낮을 때, ③ 낮은 갈등의 조건하에서 그 범위가 확대된다. 반면 ① 정책 대상 집단에게 해롭다고 여겨질 때, ② 갈등의 심각성이 높을 때, ③ 높은 갈등의 조건하에서는 그 범위가 축소된다(Opotow 1996, 19-24). 예를 들어 여성과 장애인과 같은 사회적 소외집단의 처우를 개선하려고 도입된 정책이 그 실효성이 낮고, 그 정책으로 인해 사회적 갈등이 증폭되어 그 갈등이 사회 기반을 뒤흔드는 것일 때는 오히려 그 사회의 사회적 형평성의 범위는 축소될 것이다. 반면 정부 정책의 실효성이 높고, 정책 도입에 대한 사회적 합의가 존재하여 사회적 대립과 갈등이 크지 않을 때는 사회적 형평성의 범위는 확대된다고 할 수 있다.

위에서 보듯 사회적 형평성은 개념적으로도 일의적이기 보다는 대단히 다의적이면서도 복합적인 특성을 가진다고 할 수 있다(Walzer 1983, 3-6).[33)] Frederikson(1980, 6-12)은 '사회적 형평성'(social equity) 개념에 정부서비스 제공에 있어 '평등'(equality), 공공관리자들의 의사결정과 사업수행에 있어 '책임성'(responsibility), 공공관리에서 현상유지보다는 '변화'(changes), 조직의 요구보다는 시민의 요구에 대한 '대응성' (responsiveness)을 포함하는 것으로 파악한다.[34)]

그리고 Frederickson(1990, 228-237)은 Douglas Rae의 평등 개념을

---

33) Walzer(1983)는 일원적이고 획일적인 정의론에 대해 반대하고 복합적 평등론을 주장한다. '복합적 평등론'(complex equality)이란 사회생활의 여러 영역이 가지는 독자성과 고유성을 존중하여 각 사회의 각 영역에서 분배되는 재화의 사회적 의미에 따라 상이한 분배의 기준, 이유, 주체가 다원적으로 적용되어야 한다는 것이다. 이처럼 다원적·복합적 성격을 가지는 사회적 형평성을 여러 기준에 따라 다양하게 유형화할 수 있다(Skedsvold & Mann 1996, 15; Opotow 1996; Hopkins 1980, 131; Chitwood 1974, 29-35; 박종민 1997, 153-196; 석현호 1997, 21-27; 송근원·김태성 1995, 209-211). Miller(1996, 203)는 사회적 형평성을 구성하는 평등을 네 가지, 즉 '존재론적 평등'(ontological equality), '조건의 평등'(equality of condition), '기회의 평등'(equality of opportunity), '결과의 평등'(equality of outcome)으로 구분하고 있다.
34) Frederikson은 사회적 형평성을 구성하는 가치를 달성하기 위해 다음 <표 3.1>과 같은 구조적 수단과 관리적 수단이 있다고 주장한다.

도입하여 "사회적 형평성의 복합 이론"(Compound Theory of Social Equity)을 제시한다. 특히 '집단 간 평등'(Block Equality)과 '분절 간 평등'(Segmented Equality) 개념은 형평성 향상을 목적으로 설계된 정책대안을 분석하고 평가하는 좋은 기준을 제공한다(Wise 1990, 567; Newman 1994, 277; Miller, Kerr & Reid 1999, 219).

'집단 간 평등'은 전체적 접근(holistic approach)을 하는 것으로 집단 혹은 계층사이에서의 평등을 요구한다. 예를 들어 그 사회의 여성의 비율이 절반이라면 공무원 사회에서도 남성과 여성공무원이 절반씩 되는 것이 집단 간 평등에 부합하는 것이라고 할 수 있다. 그러나 집단 간 평등에만 초점을 두게 되면 소외된 사회집단의 상황을 낙관적으로 평가할 수 있다는 문제가 있다. 왜냐하면 집단 간 평등과 관련한 분석은 '총계 자료'(aggregated data)를 사용하기 쉬운데, 총계 자료는 외형상의 평등이나 대표성을 파악하기는 쉽지만

<표 3.1> 사회적 형평성의 가치, 구조적 수단, 관리적 수단

극대화 가치	구조적 수단	관리적 수단
대응성	− 분권화 − 계 약 − 일선 관료제의 주민 통제	− 고객과의 규칙적인 상호작용 − 이익집단 및 소수집단에 대한 대응적 관리 − 훈 련
참 여	− 지방의회의 권한 강화 − 중첩적 조직구조 − 결정과정에의 직원 참여	− 중요 결정과정에 직원 및 주민의 참여를 강조하는 윤리 개발 − 조직발전 훈련
사회적 형평	− 재원의 공정배분 − 서비스의 계급 간 동등 배분	− 형평성을 강조하는 직업윤리 규약 − 소수집단의 권리를 인정하는 관리원칙
주민선택	− 서비스 생산의 대안 형태 − 중 첩 − 계 약	− 공공서비스의 생산 및 전달에 독점 감소
행정 책임	− 분권화 − 위 임 − 성과목표	− 일반적인 기준에서뿐만 아니라 사회계급에 따른 효과성과 성과의 측정

자료: Frederikson(1980, 35).

보다 중요한 문제를 간과하게 할 수 있기 때문이다. 예를 들어, 총 계자료는 정부 내 전체공무원에서 여성공무원이 얼마이고 그 대표 성이 얼마인지만 고려할 뿐이며, 영향력이 큰 직위에 여성공무원의 대표성이 얼마인지를 간과하여 정부 내 성별 분리현상을 은폐할 수 있다.

반면, '분절간 평등'은 모든 조직 내의 다양한 분절 혹은 범주에 서의 평등을 요구한다. 예를 들어 정부 내의 직종과 직급 모두가 하나의 분절이 될 수 있다. 따라서 분절적 평등은 집단 간 평등이 파악하지 못하는 다양한 직위 수준, 정책 영역에서의 평등 및 대표 성을 분석할 수 있게 하여 직위와 정책영역에서의 분리현상을 분석 할 수 있게 한다.

요컨대, 사회적 형평성의 논의가 집단 간 평등에만 초점을 두게 될 때 '유리 천정'(glass ceilings)과 '유리벽'(glass walls) 문제가 발 생한다(Newman 1994, 277). '유리 천정' 문제는 여성이나 소수집단 이 조직 내의 일정한 직위 이상을 승진하지 못하는 것으로, 고위직 에서 여성이나 소수집단의 과소대표 되는 문제라고 할 수 있다. 반 면, '유리벽' 문제는 여성이나 소수집단의 고용이 직종 혹은 직무 간에서 차이가 나는 것을 설명하는 것으로, 보다 많은 보수와 사회 적 명성을 누리는 직종 혹은 직무에서 여성이나 소수집단이 과소대 표 되는 문제라고 할 수 있다. 다시 말해 '유리 천장'과 '유리벽' 문 제는 소수집단 출신이 명목적으로는 고용되지만 권한과 책임이 낮 은 하위직과 비전문직에 집중되는 관행, 즉, "명목상의 차별철폐 관 행"(tokenism) 문제를 의미한다(Levine 1974, 240). 따라서 진정한 사회적 형평성을 달성하려 한다면 조직 전체의 외면적인 평등과 함 께 조직 내의 상하위직에서의 불평등과 직종 간의 불평등과 같은 세부적인 사항들까지 고려하여야 한다. 이렇듯 Frederickson의 "사

회적 형평성의 복합이론"은 집단 간 평등뿐만 아니라 분절간 평등
이 이루어질 때 진정한 형평성이 성취된다는 사실을 보여준다.

3. 적극 평등인사정책의 접근법

이상과 같은 가치 논의와 연결하여 적극 평등인사정책은 크게 소극
적인 기회평등(opportunity equality)에 기반하는 '자유주의적'(liberal)
접근법과 적극적인 사회적 대표성과 결과평등(outcome equality)에
기반하는 '급진주의적'(radical) 접근법으로 구분할 수 있다(Jewson &
Mason 1986, 307-334). 그리고 여기에 더하여 근래 신관리주의적 입
장에서 '다양성 관리'(managing diversity) 접근법이 새롭게 논의되고
있다(Kirton & Greene 2000, 99-104; Kossek & Lobel 1996, 1-19;
Golembiewski 1995, 1-24; Thomas, Jr., 1990, 107-117).

1) 자유주의적 접근법(Liberal Approach)

(1) 가치와 전략

자유주의 접근법은 고전적 자유주의의 정치적 이상인 '기회의 평
등'(equality of opportunity)을 기본적인 가치로 삼고 있다. '기회의
평등'이란 인간이 소망하는 목적을 추구하는 과정상의 기회를 똑같
이 해준다는 개념이다. 이러한 개념에 따라 인간들은 어떤 인위적
제약 없이 자신의 가치관과 능력에 따라 직업을 선택하고 지위를
획득할 수 있다. 따라서 기회의 평등과 자유 사이에는 근본적으로
갈등이 존재하지 않는다. 자유주의 접근법에서 기회의 평등이라는

목적을 달성하는데 크게 두 가지 전략이 있다.

첫째, 기회평등의 최소한의 여건을 조성하는 것으로 모든 사회적 편견과 차별에 반대하는 '反차별' 조치이다(최병선 1992, 576). 이 같은 '反차별' 조치의 구체적인 예로는 다음과 같은 것들이 있다 (Innes 1993, 9-10). ① 조직 내의 모든 공식적인 차별을 철폐한다. 인종 간 화장실, 식당 등의 시설에서 분리라든지, 직장에서 성별에 따른 급여와 승진에 대해 차별 등을 예로 들 수 있다. ② 공식적인 차별 철폐의 자리에 비공식적인 차별이 대체되지 않도록 한다. ③ 규칙이 모든 구성원들에게 동등하게 적용되도록 한다. ④ 직원 선발과 승진 과정에서 차별이 존재하지 않도록 한다. ⑤ 모든 구성원들이 상관에게 동등하게 의견을 개진할 기회를 갖도록 한다. ⑥ 조직 내 인간관계 모임에 모든 구성원들이 참여할 수 있게 한다. ⑦ 급여외 수당(fringe benefits)의 차별을 제거한다. ⑧ 직무와 관련한 명목상의 차별철폐조치가 고착화되지 않도록 한다.

둘째, 소극적인 성격을 지니고 있는 반차별 조치에서 나아가 정부가 기회의 평등 달성의 보다 나은 여건을 마련하고자 하는 '긍정적 조치'(positive action)이다. '긍정적 조치'는 노동시장의 자유로운 작동과 능력주의적 경쟁을 저해하는 방해물을 제거하려는 노력을 의미한다(Kirton & Greene 2000, 102). 구체적으로 긍정적 조치는 고용 및 인사관리에서 사람의 능력과 실적으로만 평가하고 피부색·성별·장애 등과 같은 사회 편견적 요인으로부터 자유로울 수 있는 절차와 제도를 도입하고 이를 훈련시키는 것에서부터, 시장에서 경쟁할 수 있는 자격과 능력을 배양하는 채용 전 교육·훈련과 재직훈련 등에 이르는 다양한 방법이 존재한다.

(2) 평 가

자유주의 접근을 취하는 학자들로는 경제학 지적 배경을 가지고 있는 인적자본이론 및 합리적 선택이론가들이 대표적이다. 신고전파 노동경제학의 전통에 서 있는 이들은 노동시장도 다른 시장과 마찬가지로 임금을 매개로 노동의 공급과 수요가 균형을 찾아간다고 가정한다. 그리고 한 국민경제 안에서는 하나의 동질적인 노동시장이 존재하며 분절화 된 부분시장이 존재하는 것을 인정하지 않는다(이각범 1989, 9-17). 이 같은 관점에서 보면 소수집단의 고용 및 인사상의 차별과 불평등은 전적으로 노동의 공급자인 소수집단 개인의 자격과 능력 부족에서 기인하는 당연한 결과로 결론지을 수 있다. 따라서 정부의 개입은 비합리적인 편견과 차별 관행을 제거하는 것과 기회의 평등을 위한 교육·훈련으로 한정되고, 그 외에 부분은 자격과 능력을 향상시키려는 개인적 노력에 강조점을 두게 된다.

실제로 소수인종·여성·장애인 등과 같은 소수집단출신 중에서 구조화된 장벽을 극복하고 사회적으로 성공하는 경우를 종종 발견할 수 있다. 그러나 이러한 사회적 차별에 대한 개인적 해결은 Hirshman(1970)이 이야기한 '탈출'(exit)에 해당하는 것으로 불평등한 사회구조를 그대로 놔둔 개인적인 계급 상승에 불과한 것이다. 그러나 문제는 개인이 사회적으로 구조화된 지위설정(positioning)으로부터 완전히 자유로울 수는 없다는 점이다. Hirshman(1970)이 이야기한 '항거'(voice)만이 성공할 경우 사회구조를 직접적으로 개선하는 데 기여할 뿐이다. 따라서 사회학-정치경제학적 접근을 하는 학자들은 사회에 만연한 차별 관행과 불평등이 소수집단 개인의 무능력에서 기인하는 것이 아니라 사회적 편견과 차별, 그리고 분리로 특징지어지는 사회구조적인 모순 때문이라고 비판한다(Kirton & Greene 2000, 7-8).

2) 급진주의적 접근법(Radical Approach)

(1) 가치와 전략

앞에서 살핀 대로 기회의 평등은 과정상의 기회만을 똑같이 해주는 것 일뿐 결과 혹은 산출의 평등을 반드시 보장해주는 것은 아니다. 기회의 평등 논리에 따르면 사회적 불평등은 개인의 선택과 능력의 반영으로 합리화가 될 수 있다. 그리고 개인적인 노력에 의한 상향이동을 강조하여 불평등한 사회구조에 반대하는 집단적 노력은 정당성을 상실하게 된다.

반면, 급진주의 접근법은 사회적 차별과 불평등이 소수집단의 개인적 무능력이나 단순한 노동시장의 왜곡 때문이 아니라 사회적으로 구조화된 모순 때문이라고 파악한다. 따라서 이들은 공정한 절차를 획득하려는 '기회의 평등'뿐만 아니라 궁극적인 보상의 평등한 배분을 보장하는 '결과의 평등'(equality of outcome or result)과 '사회적 대표성'(social representativeness)이라는 가치까지 획득하려고 한다. '결과의 평등'은 모든 사람을 똑같이 취급하여 삶들의 욕구나 능력의 차이에 관계없이 사회적 자원을 똑같이 분배하는 것을 의미한다. 따라서 결과의 평등은 자유의 관념과 갈등을 일으킬 여지가 있다. 완전한 결과의 평등은 이제껏 존재하지도 않았으며 현실적으로 존재할 수도 없지만, 소득재분배를 목적으로 하는 사회복지정책들은 결과의 평등을 부분적으로 반영하고 있다고 할 수 있다. '사회적 대표성'은 앞 절에서 살핀 대로 사회 내의 모든 계층과 집단의 이익을 공정하게 대응할 수 있도록 사회적으로 중요한 직위를 비례적으로 배분하는 것을 의미하는 것으로 단순한 기회의 평등을 뛰어넘어 궁극적인 평등 가치를 추구하는 것으로 볼 수 있다.

결과의 평등과 사회적 대표성 가치를 주장하는 급진주의 접근에서는 사회적 차별과 불평등을 개인의 노력으로 극복할 수 없는 구조화된 모순으로 파악하기 때문에 이에 대한 집단적 대응이 유효적절한 대안이라고 주장한다. 따라서 '결과의 평등'과 '사회적 대표성'의 가치를 충족시키기 위한 정부의 직접적인 개입을 의미하는 '긍정적 차별'(positive discrimination) 전략을 제안한다. '긍정적 차별'은 소극적이고 배제적인(exclusionary) 특징으로 인해 사회적 차별과 불평등 문제를 적극적으로 다루지 못했던 자유주의 접근과는 달리, 사회의 궁극적인 평등을 달성하기 위해 불이익을 받는 소수집단에게도 평등한 배분이 이루어질 수 있도록 전통적인 실적제적 고용 및 인사상의 관행에 반하는 적극적인 노력이라고 할 수 있다(Carnevale & Housel 1995, 243-246; Kirton & Greene 2000, 103). 긍정적 차별 전략의 구체적인 방법으로는 고용과 인사상의 각종 우선 대우와 할당제 등과 같은 것들이 있다.

(2) 평 가

급진주의 입장을 취하는 학자들은 미시적인 경제학보다는 보다 거시적인 사회학과 정치경제학 지적 배경을 가지고 있다. 이들에게는 주류 경제학자들이 주장하는 것처럼 노동시장이 균일하지도 않으며, 자율적인 조정기능을 갖춘 것도 아니다(이각범 1989, 9-17). 현실의 노동시장은 비교적 안정적인 노동조건과 높은 임금수준의 '일차부문'(primary sector)과 불안정하고 불리한 노동조건과 낮은 임금수준의 '이차부문'(secondary sector)으로 구조적으로 분절되어 있으며 이 분절은 영속적이고 고착화된 성격을 가지고 있어 시장에 의해 자율적으로 조정되어지지도 않는다. 이러한 이차부문을 주로 구성하는 문제집단이 소수인종·여성·장애인·외국인 노동자 등과 같은 사회적 소수집단이라고 할 수 있다. 따라서 급진주의 입장에서 볼 때 사회차별의 관행과 불평등은 개인적인 문제가 아니라 구조적인 시장실패 혹은 사회모순이라고 파악할 수 있어 집단적인 대응이 유효성을 인정받을 수 있게 되고, 정부의 보다 적극적이고 공격적인 정책 대응이 정당성을 얻게 된다.

그러나 급진주의 접근은 자유주의 접근과 마찬가지로 사회 소수집단을 생산성을 결한 문제집단으로 파악한다는 점에서 동일하며, 다만 이 문제를 개인적 차원에서 보지 않고 사회구조적 차원으로 인식하여 국가가 적극적으로 대응한다는 점이 다를 뿐이다. 따라서 급진주의 입장에 서게 되면 적극 평등인사정책은 '가부장적' 국가가 사회적 약자인 사회 소수집단에게 더 많은 고용 및 인사상의 기회를 제공하려는 시혜적인 노력으로 의미가 축소되고 말 위험이 있다. 이에 따라 소수집단에게는 무능력자·의존자·비경제자·미성숙자라는 낙인이 찍히게 되고, 보호자·인도자인 정부와 기업은 과도한 재정적 부담이 떠안게 된다.

3) 다양성 관리 접근법(Managing Diversity Approach)

(1) 가치와 전략

1980년대 말부터 1990년에 접어들면서 학문적 조류의 변화에 따라 적극 평등인사정책 또한 탈규제, 유연성, 신관리주의, 인적자원관리를 강조하는 방향으로 초점이 바뀌게 된다. 즉, 이러한 시대적 요구의 반영하여 '다양성 관리'(managing diversity) 접근법이 등장하게 된 것이다. '다양성 관리'란 용어는 Johnston & Packer(1988)의 보고서 *Workforce 2000*에서 처음으로 사용되었는데, 이들은 미국 노동계에서 이질성이 증가하고 있으며 2000년대가 되면 백인 남성은 신규노동자 중에서 소수에 불과할 것이라고 전망하면서 다양해진 노동력의 관리가 행정학과 경영학의 주요 주제가 될 것이라고 예측하였다. Ingraham & Rosenbloom(1990, 216-217) 또한 사회의 고령화 현상, 체제의 구조적 변화에 따른 계층 간 불평등과 빈곤의 심화 등으로 인한 사회 소수집단의 증가하고 있는데 이에 대한 인사정책적 대응이 중요하다고 주장한다.

'다양성'이라는 개념은 이렇듯 노동력이 다양한 인적 구성을 가질 것이라는 전제하는 것이다(Koss다 & Lobel 1996, 2; Golembiewski 1995, 7). 다양성은 성별, 연령, 배경, 인종, 장애, 작업 스타일 등과 같은 가시적 혹은 비가시적 차이점(differences)들로 구성된다. 그리고 이러한 차이점이 모든 사람들을 가치로운 존재로 여기게 하고, 자신의 재능을 완전히 사용하게 하며, 조직의 목표와 일치하는 생산성 높은 환경을 만들 것이라는 전제에 기초하고 있다(Kandola & Fullerton 1994, 8). 이러한 관점에서 관리자는 차이점을 부인하거나 제거하려고 하지 말고 오히려 차이점을 인정해야 한다는 것이다. 관리자는 상이한 사회 집단의 포용(inclusion)을 촉진할 수 있는 작업 환경을 조성하여 모든 사람들이 자신의 방식으로 조직에 기여할 수 있도록 만들어야 한다. 이제 차이점은 부정적인 것으로 여겨지는 것이 아니라 문화적 배경, 성별, 연령, 상이한 경험에 기초한 직원의 내재적인 강점으로 인식되어야 한다는 것이다. 그래서 차이점은 상이한 관점과 접근을 이끌어낼 수 있게 하여 조직에 유익을 끼치는 것으로 긍정적으로 이해되고 억압하기보다는 오히려 조장해야 하는 것으로 파악되어진다(Kirton & Greene 2000, 109-110).

다양성 관리의 구체적인 수단으로는 '다양성 확대'(diversity enlargement), '다양성 감수성'(diversity sensitivity), '문화 감사'(cultural audits) 등이 있다(Kossek & Lobel 1995, 3-4). '다양성 확대'는 조직에서 상이한 인종적 혹은 문화적 배경을 가진 개인의 대표성을 확대하는 것이다. '다양성 감수성'은 문화적 거리감의 존재를 확인하고 훈련을 통해 구성원 개인들이 문화적 차이에 관해 알게 하는 것이다. '문화 감사'는 소수집단의 진보를 막는 것들이 무엇인지를 확인하여 이를 시정하려는 노력을 말한다.

(2) 평　가

'다양성 관리' 접근을 하는 학자들은 사회적 차별과 불평등 문제에 보다 실용적인 접근을 하는 행정학과 경영학 지적 배경을 가지고 있다. 이들은 사회 구성의 동질성(homogeneity)이라는 전제에 서있던 자유주의 접근과 급진주의 접근과는 달리 이질성(heterogeneity)을 강조하면서 양 접근의 연결을 모색하였다. 이들은 자유주의 접근에 대해서는 생산성이라는 유일한 기준으로 능력의 서열을 매기고 사람을 평가하여 인간능력의 다양성을 무시하고 있다고 비판하였고(강정인 1991, 22-25), 급진주의 접근에 대해서도 적극 평등인사정책을 국가의 시혜적 노력으로 의미를 축소시킬 뿐 아니라 집행과정에서 구체적인 정책수단, 조직, 절차에 관한 논의를 결하고 있다고 비판하였다.

다양성 관리 접근은 적극 평등인사정책을 미래의 변화에 적응하여 조직의 성과를 증진시키는 인적자원 관리정책으로 파악한다. 이렇게 될 때 사회적 차별과 불평등의 문제를 개인적인 수준으로만 이해하지 않고 사회구조적인 문제로 이해할 수 있고, 사회의 다양성에 긍정적인 가치를 부여할 수 있으며, 단순히 시혜적인 정부정책이 아니라 전체 조직의 성과 증진에 도움이 되는 '관리'(management)적인 원리, 수단, 절차 등을 갖추고 있는 정책으로 이해될 수 있다. Kossek & Lobel(1996, 3)은 다양성 관리 접근이 사회적 차별 장벽을 제거하여 개인의 생산성을 증가시킬 수 있는 기회를 제공하고 다양한 고객의 요구를 반영하게 하여 대응성과 유연성을 극대화하며, 조직 내부적으로 창의성, 문제해결력, 작업집단 응집력, 의사소통 등을 증진시킨다고 주장한다.

다양성 관리 접근이 이상과 같은 장점이 있지만 실제 적용에서는 실패하는 경우가 왕왕 있는 데 그 원인은 다음과 같은 것들이 거론되고 있다. 첫째, 차이와 이질성의 가치를 인정하고 이를 활성화하려는 다양성 관리의 성공은 이를 지지하도록 조직 문화의 변화를 이끌어 낼 수 있느냐에 달려 있다. 그렇지만 충분한 조직문화의 변화를 이끌어 내는 일은 결코 쉬운 일이 아니다. 둘째, 다양성 관리는 다른 하위정책체계와 유기적이고 체계적인 연결이 모색되어야 기대하는 효과를 거둘 수 있다. 그러나 대부분의 경우 다양성 관리의 개념은 부분적이고 분절적으로 도입되어 실시되기 때문에 전통적인 관리와 혼재된 어정쩡한 모습이기 쉽고 기대하는 효과 또한 달성하기 어렵다.

이상과 같이 적극 평등인사정책에는 세 가지 접근법이 존재하며, 실제 도입된 정책은 이 세 가지 접근법의 혼합의 모습으로 나타난다(<표 3.2> 참고). 따라서 적극 평등인사정책은 보다 광범위하고 복잡하며 다국면적인 특성을 가지는 것으로 이해할 필요가 있다(Kirton & Greene 2000, 104). 그리고 어떤 접근의 입장에 서있느냐에 따라 실제 정책과정에서 상이한 특성과 산출을 낳는다고 할 수 있다. 다음은 이 같은 이론적 논의를 바탕으로 적극 평등인사정책의 정책과정에 대해 분석하고자 한다.

<표 3.2> 적극 평등인사정책의 접근법

접근법	가 치	전 략	수 단
자유주의적	기회의 평등	反차별	反차별 규정, 고용 및 인사의 절차상 평등
		긍정적 조치	채용 전 훈련, 재직 훈련, 특별 과정 등의 관리상의 평등기회 향상
급진주의적	결과의 평등 사회적 대표성	긍정적 차별	고용 및 인사상의 우선 대우, 할당제
다양성 관리	조직목적과 연계된 평등	다양성에 가치 부가	다양성 확대 조치, 다양성 감수성 훈련, 문화 감사를 통한 문화 변화

자료: Kirton & Greene(2000, 205-206)를 참고하여 재작성.

제4장 적극 평등인사정책의 정책과정

공적 부문에서든 사적 부문에서든 가장 중요한 선택의 설계라고 할 수 있는 정책은 인간의 존엄성(human dignity) 향상을 궁극적인 목적으로 한다(Lasswell 1951, 5·10). 이러한 정책이 결정되어 그 본래의 목적을 달성하기까지는 문제의 발생단계에서부터 정책형성, 그 정책의 집행, 집행결과에 대한 평가, 평가결과의 환류 등과 같은 일련의 과정을 밟게 되는데 이러한 일련의 연속과정을 '정책과정'(policy process)이라고 한다(최봉기 1988, 15-17). 그런데 이 중 정책형성과 정책집행은 정책결정과 직접적인 관계가 있다. 정책집행을 역동적·반동적 과정을 거쳐 '일상화'(routinization) 또는 '관리'(management) 단계로 넘어가기 직전까지의 과정이라고 한다면 집행과정도 정책결정과정으로 취급할 수 있다. 왜냐하면 집행과정에서 사업결정이나 단위사업 결정을 포함하여 갖가지 구체적인 결정이 이루어지는 동시에 정책형성 및 채택과정에서 미비 된 점들을 수정·보완하기 때문이다. 따라서 정책결정은 정책형성 및 정책채택 과정뿐만 아니라 집행과정까지도 모두 포함한다고 할 수 있다(김형렬 1997, 13-33; Lindblom 1980, 104).

본 장에서는 정책과정론의 입장에서 적극 평등인사정책의 결정과 집행과정상의 특성을 분석하고, 적극 평등인사정책 연구에서 적용 가능한 분석틀을 도출하고자 한다. 여기에서는 쟁점이 정부의제로 채택되는 형성과정뿐만 아니라, 정책이 일상화 또는 관리 단계로 넘어가기 직전까지의 집행과정까지도 정책결정과정으로 파악한다. 그리고 그 이후의 일상화 또는 관리 단계를 순수하게 정책집행으로 파악하여 분석하고자 한다.35)

1. 적극 평등인사정책의 결정과정

한 사회에서 만연하는 차별의 관행은 일종의 '시장실패'(market failure)라고 할 수 있다(Wolf, Jr., 1988; 최병선 1992, 43). 따라서 한 사회의 차별과 분리는 저절로 해소될 수 있는 성질의 것이 아니며 정부는 사회적 차별의 관행을 저지하고 사회적 형평성을 향상시키기 위해 적극적으로 개입하여 정책적 대응을 할 필요가 있다.

이처럼 소수집단에 대한 사회적 차별 문제는 사적으로 해결할 수 없는 공공 문제(public problems)라 할 수 있으며 이것이 사회적 논쟁의 대상이 될 때 쟁점(issues)화가 된다. Cobb & Elder(1983, 82)가 말하듯이 쟁점은 희소한 지위나 자원의 분배와 관련된 문제를 놓고 집단 간에 일어나는 갈등이라 할 수 있기 때문에, 사회적 차별에 맞서는 적극 평등인사정책의 결정과정에서 차별 관련 쟁점이 확산되는 쟁점화 과정이 매우 중요하다(송근원·김태성 1995, 44-45). 왜냐하면 사회적 차별과 관련된 쟁점은 그 당사자가 조직화 및 자원동원 능력이 부족한 사회 소수집단인 까닭에 쟁점화가 쉽지 않으며 공식적인 정부 의제로 채택되기는 더욱 쉽지 않기 때문이다.

---

35) 정책결정과 집행의 통합 연구는 크게 '결정-집행' 접근법과 '집행-결정' 접근법으로 나눌 수 있다(최종원 1998, 185-188). '결정-집행' 접근법은 정책결정과정에서의 특징적인 국면들이 정책집행에 어떠한 영향을 주게 되는지를 고찰하는 것이다. 반면 '집행-결정' 접근법은 우선 집행과정에서 나타나는 변수들을 중심으로 정책집행의 문제점의 원인을 분석한 후, 그러한 원인이 나타나게 된 이유가 정책결정과정의 어떤 원인에 기인하는 지를 살펴봄으로서 정책집행과 정책결정의 연계성을 밝히는 것이다.

1) 적극 평등인사정책의 정책 환경

정책 환경은 어떤 정책행위의 요구가 정치체계에 전달되는 원천이자 통로인 동시에 정책결정자가 할 수 있는 일의 범위에 대해 제약을 가한다(Anderson 1984, 22). 또한 정책 환경은 정책이 결정되는 과정에서 예기치 못한 뜻밖의 사건으로 '촉발기제'(triggering mechanism) 혹은 '환경적 반응자'(circumstantial reactors)의 역할을 담당한다(Cobb & Elder 1984, 84). 이러한 이유 때문에 정책연구에서 가장 우선적으로 정책 환경의 특징을 분석하게 된다. 정책 환경은 지역적으로는 국내적 정책 환경과 국외적 정책 환경으로, 내용적으로는 정치·경제·사회·문화·자연적 환경으로 구분할 수 있다. 적극 평등인사정책과 관련된 중요한 정책 환경은 다음과 같은 것들이 있다.

(1) 국외 정책 환경

첫 번째 국외 정책 환경으로 국제기구의 선언과 조약을 들 수 있다. 적극 평등인사정책과 관련해서는 국제연합(UN), 국제노동기구(ILO) 등의 선언, 결의, 규정이 대단히 중요한 역할을 담당하고 있다. 국제연합은 1945년 제정된 'UN헌장'에서 인종, 언어, 종교, 성 등에 의한 차별 없는 모든 사람의 인권과 기본적 자유의 존중을 명시하고 있다. 또한 1948년 '국제인권선언' 제23조 제2항에서 "어떠한 차별도 없이 모든 사람은 동일노동에 대한 동일임금을 받을 권리가 있다"고 규정하고 있다(김태용·양승주 1993, 22). 국제노동기구는 전세계 노동자의 사회적·경제적 복지를 발전시키는 목적으로 국제적인 노동기준이 되는 '국제노동규약'(International Labour Code)을 형성하고 있다(장기봉 1989, 159-160). 이 규약에는 기본적 인권,

고용·훈련 정책, 노동조건, 사회보장, 산업관계, 기타 사회문제 등에 관계되는 '협약'(convention)과 '권고'(recommendation)의 형태로 나타나며, 현재 5,000건 이상의 비준을 받았다. 각 규약을 찬성투표한 회원국들이 반드시 비준할 법적 의무는 없지만, 국제노동기구 헌장에 의해 총회에서 채택된 모든 규약을 그들의 입법부에 심의를 위하여 제출하여야 할 의무가 있다. 그리고 어떤 조약이 비준되면 그 비준 국가는 그것의 실시에 관하여 주기적으로 국제노동기구에 보고하여야 한다. 적극 평등인사정책과 관련된 국제노동기구의 규약으로 '동일가치노동에 대한 남녀근로자의 동일보수에 관한 협약'(제100호, 1951)과 '권고'(제90호, 1951), '고용 및 직업에 있어서 차별협약 및 권고'(제11호, 1958), '장애인 직업재활 권고'(제99호, 1955), '장애인 직업재활과 고용협약'(제159호, 1983), '장애인 직업재활과 고용 권고'(제168호, 1983) 등이 있다(http://www.ilo.org).

두 번째 국외 정책 환경으로는 타국가의 정책으로부터의 영향을 들 수 있다. 일군의 학자들은 사회정책의 역사적 발전과정을 '확산과정'(diffusion processes)으로 설명하기도 한다(Wilensky 1992, 31-35). 즉, 어떤 혁신적 사회정책의 도입과 정착이란 타국 정책의 모방과정의 결과라는 것이다. 이러한 확산에는 혁신적인 제도가 인근 국가에 확산되는 '공간적 확산'(spatial diffusion)과 어떤 지도적 국가로부터 추종국가들에게 위계적으로 전달되는 '계층제적 확산'(hierarchical transmission)이 있다.

적극 평등인사정책 또한 혁신적인 사회정책의 일환으로 도입되는 경우가 많은데, 중요한 도입 원천은 인접국이나 지도적 국가의 정책모방으로 '확산과정'의 특성을 보여준다. 영국의 'Positive Action' 혹은 'Positive Discrimination'을 영연방 국가들인 남아프리카공화국, 인도 등에서 도입한 것이며, 미국의 'Affirmative Action'을 인접국인

캐나다에서 도입한 것 등이 대표적인 예이다. 한국의 사회보장제도
의 경우도 인접국인 일본의 것을 많이 참조하였는데36) 적극 평등인
사정책 또한 일본의 제도로부터 많은 영향을 받았다.37)

2) 국내 정책 환경

정책과정에 영향을 미치는 국내 정책 환경으로는 크게 정치적 환
경과 사회경제적 환경을 들 수 있다(Anderson 1984, 24). 적극 평등
인사정책과 관련해서 중요한 정치적 환경에는 정치문화, 집권세력
의 이념적 성향, 정치적 사건 등이 중요하다. 정치문화는 정부가 무
엇을 해야 하며, 어떻게 운영되어야 하는가에 관한 가치·신념·태
도, 시민과 정부 간의 관계를 말하는데, 가치지향적 성격을 강하게
내포된 적극 평등인사정책의 성패에는 사회적 차별에 대한 국민들
의 정치문화적 정향이 결정적인 영향을 미치게 때문에 대단히 중요
하다.

또한 적극 평등인사정책은 시장지향적인 이념보다는 복지지향적
인 이념을 가진 정치세력이 집권할 때 도입·제도화에 유리한 환경
이 조성된다. 미국의 경우 지지기반이 도시의 빈곤층, 흑인, 히스패
닉, 여성 등인 민주당은 대체로 적극 평등인사정책을 확대하는 반
면, 백인 중산층의 지지를 받는 공화당은 적극 평등인사정책을 후
퇴하거나 시행에 미온적 태도를 취한다. 이에 따라서 미국의 적극

---

36) 정무권(1993, 507)은 한국의 사회보장제도가 일본의 것을 많이 참조한
이유를 권위주의적 국가체제 하에서 관료제는 외부로부터의 직접적 압
력이 그다지 크지 않기에 그들이 쉽게 획득할 수 있는 과거에 이미 법
적으로 제정이 되어 조직 지식이 남아 있는 '정책유산'(policy legacy)
을 우선적으로 고려했기 때문이라고 본다.
37) 한국의 대표적인 적극 평등인사 관련 입법이라 할 수 있는 「장애인고용
촉진 등에 관한 법률」, 「남녀고용평등법」, 「고령자 고용 촉진법」 등의
제정과정에서 일본의 입법을 상당 부분을 차용하였다고 평가되고 있다.

평등인사정책은 민주당 정부에 의해 주도적으로 시행되고 발전되었다(이향순 1997, 58).

정치적 사건은 사회문제가 쟁점화 되게 하는 '촉발장치'의 역할을 담당한다. 이 같은 정치적 사건은 평상시에는 힘든 기득권의 이익에 반하는 정책까지도 도입할 수 있게 하기 때문에 중요한 의미를 갖는다. 미국의 경우 1960년대와 1970년대 대도시의 흑인폭동이 민권법과 제정과 적극 평등인사정책 발전에 커다란 영향을 미친 것을 예로 들 수 있다.

종래에는 적극 평등인사정책과 같은 사회정책이 정치적 환경에 의해 크게 영향을 받는다고 생각했지만, Dawson & Robinson(1963, 265-289)은 산업화, 도시화, 소득과 같은 요인이 정책에 더 큰 영향을 미친다는 사실을 밝혀내어 사회경제적 환경의 중요성을 강조했다. 이런 점에서 적극 평등인사정책의 도입은 그 사회의 다양화와 경제 수준의 고도화와 같은 사회경제적 환경에 크게 영향을 받는다고 할 수 있다.

2) 적극 평등인사정책의 정치상황

정부 정책은 사회의 희소한 자원을 재분배하는 것이라 할 수 있으므로 이로 인해 누군가는 편익을 얻고 다른 누군가는 비용을 지불해야 한다. 여기에서 편익(benefit)이란 정책이 채택될 때 사람들이 누리게 될 물질적 혹은 비물질적 만족을 의미하고, 비용(cost)이란 정책이 채택될 때 사람들이 감당해야 할 물질적 혹은 비물질적 부담을 의미한다. 이러한 편익과 비용의 배분에 관한 논의과정을 '정치'(politics)라 할 수 있다(Wilson 1986, 429). 따라서 어떤 정부 정책도 그 결정·집행과정에는 편익과 비용을 배분하는 특징적인 정치 상황이 존재하기 마련이다. 적극 평등인사정책 또한 편익과 비용을 배분하는 특징적인 정치 상황이 존재한다고 할 수 있으며, 이를 이해하는 것은 적극 평등인사정책의 특성을 이해하는데 중요한 기반을 제공한다.

본 절에서는 Wilson의 모형을 바탕으로 적극 평등인사정책이 처하는 정치 상황의 특징을 분석한다. Wilson(1986, 429-430)은 정부 정책에 따른 비용과 편익이 넓게 분산(widely diffused)되어 있는지, 혹은 좁게 집중(narrowly concentrated)되어 있는지를 기준으로 네 가지 정치 모형을 구분하고 있다(<표 4.1> 참고). 여기에서 비용과 편익이 넓게 분산되어 있다는 것은 비용과 편익이 많은 사람들에게 확산되어 있으며 그 정도가 높지 않는 것을 의미하며, 좁게 집중되어 있다는 것은 상대적으로 작은 수의 개인 또는 집단에게 제한되어 있으며 그 정도가 대단히 높다는 것을 의미한다.

<표 4.1> 정책의 특징에 따른 정치 상황

		인지된 비용	
		넓게 분산	좁게 집중
인지된 편익	넓게 분산	대중적 정치 (majoritarian politics)	창도적 정치 (entrepreneurial politics)
	좁게 집중	고객 정치 (client politics)	이익집단 정치 (interest-group politics)

자료: Wilson(1986, 430)

첫째, 정책으로 인해 발생할 비용이 이질적인 불특정 다수인에게 분산되어 전반적으로 부담을 적게 느끼는 반면, 그 편익이 대단히 크며 동질적인 소수에 귀속되는 '고객 정치'(client politics) 상황이다. 이 상황에서는 큰 이익을 얻게 되는 소수 집단은 대단히 빠르게 정치 조직화되며 자신들의 이익을 제도적으로 보장받을 수 있도록 정치적 압력을 행사하게 된다. 그러나 비용을 지불하는 상대편은 다수이긴 하지만 정치세력화하지 못하고, 비용 또한 큰 것이 아니기 때문에 별 도전 없이 이러한 상황을 받아들이기 쉽다.

둘째, 정책으로부터 예상되는 비용과 편익이 모두 소수의 동질적 집단에 국한되고 그것의 크기도 대단히 크다고 할 수 있는 '이익집단 정치'(interest-group politics) 상황이다. 이 상황에서는 편익을 얻는 집단이든 비용을 지불하는 집단이든 모두 조직화와 정치행동의 유인을 강하게 갖고 있고 조직적 힘을 바탕으로 서로의 이익확보를 위해 서로 첨예하게 대립하게 된다.

셋째, 정책으로 인한 비용과 편익이 쌍방 모두 이질적인 불특정 다수에 미치나 개인 혹은 집단으로 보면 그 크기가 작은 '대중적 정치'(majoritarian politics) 상황이다. 이 상황에서는 어느 누구도 정부 정책으로부터 특별히 큰 이익이나 큰 손해를 보는 것이 아니기 때문에 정책을 강력하게 요구하거나 반대하는 집단이 존재하지 않는다. 따라서 이런 정책이 현실적으로 정부의 공식의제로 설정되는 것이 쉽지 않다.

넷째, 정책으로 발생하는 비용은 소수의 동질적 집단에 집중되어 있고 그 편익은 대다수에 넓게 확산되는 '창도적 정치'(entrep-reneurial politics) 상황이다. 환경오염 규제나 자동차 안전 규제와 같은 정책들이 이러한 정치상황에 놓여 있다고 할 수 있다. 그러나 이와 같은 정책들은 편익을 얻을 집단이 불특정 다수로 조직화되어 있지 않은 반면, 비용을 지불해야 하는 집단들은 권력자원을 충분히 가지고 있고 잘 조직화되어 있기 때문에 정부의 공식 정책으로 채택되기가 쉽지 않다.

그럼 적극 평등인사정책은 어떤 정치적 상황에 놓여 있는 것일까? 먼저 적극 평등인사정책으로 인해 직접적으로 편익을 얻는 측은 소수 인종, 여성, 장애인 등과 같은 사회 소수집단인데 이들은 정치적 자원이 부족하며 조직화되지 못한 특징을 가진다. 그리고 간접적으로는 사회적 형평의 증가로 인한 사회적 갈등 감소의 편익을 사회전체가 누린다고 볼 수 있다. 따라서 편익이 넓게 분산되어 있다고 평가할 수 있다. 반면, 비용을 지불하는 측은 기업이나 정부 기관에 집중될 수도 있고, 다수 인종 및 민족, 남성, 정상인과 같은 사회적 다수자에게 분산될 수도 있다. 따라서 적극 평등인사정책은 윌슨의 분류에 따를 경우 '창도적 정치' 혹은 '대중적 정치'의 특성을 가진다(최병선 1992, 415-418). 다시 말해, 만일 민간 기업이나 정부 기관에 강제적인 고용할당과 같은 정책수단을 사용하게 된다면 비용 부담자가 기업이나 정부기관으로 집중되므로 '창도적 정치'의 특성이 강하고, 다수 인종 및 민족, 남성, 비장애인과 같은 사회적 다수자에게 비용이 전가되게 된다면 비용이 분산된다고 할 수 있으므로 '대중적 정치'의 특성이 강하다고 할 수 있다.

적극 평등인사정책이 처하는 정치상황의 특징으로 인해 적극 평등인사정책이 공식적인 정부정책으로 채택되는 것은 논리적으로 쉽지 않아 보인다. 그런데도 근래 들어 적극 평등인사정책과 관련된 입법들이 속속 제정되거나 강화되고 있다.[38] 이처럼 적극 평등인사

---

[38] 최근에 적극 평등인사정책과 관련된 입법 중 중요한 것은 다음과 같다. 장애인의 경우 1990년 「장애인고용 촉진법」이 제정되었고 동법은 2000년 「장애인고용 촉진 및 재활법」으로 전면 개정 되었다. 여성의 경우 1987년 「남녀고용평등법」이 제정되었으며, 1999년에는 「남녀차별금지 및 구제에 관한 법률」이 제정되어 고용, 교육, 공공서비스 제공 및 이용, 법과 정책의 집행에 있어 남녀차별을 금지하고 여성 피해자의 권익을 더욱 보호하도록 하고 있다. 그리고 중고령자의 경우 1991년 「고령자 고용 촉진법」이 제정되었다.

정책이 정부 정책으로 채택되게 하는 배경은 다음과 같다(최병선 1992, 131-134). 첫째, 국내외에서 일어나는 사회 소수집단과 관련된 충격적인 사건과 같은 정치적 계기로 인해 사회적 차별에 대한 국민의 인식이 증가하고 정치인이 이에 대해 관심을 가지게 될 때, 전반적인 정치문화의 변화와 함께 적극 평등인사정책이 채택될 가능성이 높아지게 된다.

둘째, 진보적 이념 지향의 정당이 정권을 획득하는 정권변동기에는 비용을 부담하는 조직화된 집단들의 저항을 뛰어넘어 적극 평등인사정책이 채택될 가능성이 높아지게 된다. 이 같은 정권변동기에는 기존의 정치경제적 질서에 대한 반성이 일게 되고 새 정권 또한 참신한 모습을 보여 주기 위해 이 같은 혁신적인 정책의 채택에 적극적이게 된다.

셋째, 이상의 배경보다 더 중요한 것으로 '정책창도자'(policy entrepreneurs)의 활동이다. 정책창도자는 사회문제, 정책, 정치상황을 연결하여 일반대중을 위해서 쟁점을 만들어 내며 이것을 정부에 전달하는 중개의 역할을 담당하게 된다(Kingdon 1984). 적극 평등인사정책처럼 편익을 얻는 소수집단이 조직화가 미약하고 동원능력이 부족할 때는 비조직화 되거나 무관심한 대중을 위하여 적극적으로 행동하는 사람이나 집단, 즉 '정책창도자'의 역할이 특별한 중요성을 가진다. 이 같은 정책창도자에는 강력한 리더십과 혁신적인 아이디어를 가진 대통령이나 정부인사[39], 국회의원, 시민단체 혹은 시민단체의 리더, 여론을 선도하는 언론기관 등이 포함될 수 있다. 따라서

---

39) 정부의 장관은 개인적 충성, 정책 전문성, 정치적 업적 등에 의한 임명 되며 공식적으로 정책을 확정하는 권한을 가지지 못하지만 때로는 개인적 능력에 따라 대통령의 정책결정 과정에서 커다란 영향력을 행사하기도 한다(Thompson 1994, 395-409). 이러한 관료를 '창도적 관료' (entrepreneurial bureaucrat)라 한다.

적극 평등인사정책 결정과정에서 정책창도자가 누구인지를 분석하는 것이 참여자 관계 분석에서 핵심적인 부분이라고 할 수 있다.

3) 적극 평등인사정책 결정과정의 참여자 관계

정책결정과정은 궁극적으로 정책 참여자 간의 "상호작용적 통제과정"(interactive control process), 즉 "권력 다툼"(play of power)이라 할 수 있다(Lindblom 1980, 71). 따라서 정책과정과 관련된 집단으로 정책결정과정에서 실제적인 활동을 전개하는 주체인 정책참여자(policy participant) 간의 역동적 상호작용을 분석하는 것이 정책결정의 역학을 이해하는 데 있어 관건이 된다. 정책참여자는 정부 내 참여자와 정부 외 참여자로 크게 구분할 수 있으며, 자기가 속한 조직의 목표나 이해관계가 어떠한 것이냐에 따라 자신의 입장이 결정한다(Allison 1971, 171-172).

구체적인 정책결정과정의 참여자는 대통령－비서실, 의회－정당, 행정부(관련 부서), 사법부, 여러 이익집단 등을 들 수 있으며, 정책의 종류와 유형에 따라 그 정책과정을 주도하는 참여자가 상이하며 참여자 간의 상호작용의 성격 또한 달라진다. 이런 점 때문에 송근원·김태성(1995, 64)은 사회문제를 적극적으로 확산시켜 공중의제화 하는 정책과정의 참여자가 누구인지에 따라 '대통령 의제', '의회 의제', '법원 의제', '선거 의제', '정당 의제', '언론 의제', '이익단체 의제'로 분류하기도 한다. 적극 평등인사정책은 희소한 사회의 자원의 배분을 둘러싸고 강력한 정치적 갈등을 내포하고 있어 다양한 이익들의 대립과 갈등을 특징으로 하는 정치적 형성과정을 거친다고 할 수 있다. 따라서 적극 평등인사정책의 연구에서 정책참여자들의 역동적인 상호작용을 파악하는 것이 중요하다.

(1) 대통령과 대통령 비서실

Dye(1981, 47)는 적극 평등인사정책과 같은 민권(civil right)과 관련된 정책은 다원주의 모형보다는 엘리트 모형이 보다 적절한 의사결정모형이라고 본다. 이런 점에서 적극 평등인사정책의 결정과정에서 대통령이 미치는 영향은 대단히 크다고 예측할 수 있다. 실제 미국의 경우 대통령의 이데올로기적 지향에 따라 적극 평등인사정책의 정책결과가 판이하게 다르게 나타나고 있다(Naff & Crum 2000, 98-110). 구체적으로 민주당의 Cater 대통령 시기에 '평등고용기회위원회'는 엄격한 숫자화 된 목표와 시간표를 가진 '결과-지향적 접근법'(result-oriented approach)을 도입할 것을 규정하였지만, 공화당의 Reagan과 Bush 대통령 시기에는 명백하게 불균형이 존재할 경우에만 목표를 설정하도록 적극 평등인사 규정이 완화되었다. 그러나 민주당 Clinton 대통령 시기에는 다시 모든 공공기관에 과소활용을 치유할 수 있는 명확하고 수치화된 계획을 규정하여 적극 평등인사정책을 강화하였다.

한국에서 대통령은 공식적으로 행정부의 수반으로서의 지위뿐만 아니라 국가원수로서의 지위를 동시에 지닌다. 그리고 대통령은 국회 및 정당의 견제 기능이 미약한 집권적인 정치문화로 인하여 공식적인 권한 이외에도 막강한 비공식적인 권력을 누리고 있다. 따라서 한국의 정책결정과정에서 현직 대통령은 어떤 참여자와도 비견할 수 없는 막강한 영향력을 행사한다고 할 수 있다(정정길 1989, 174-176).

대통령 비서실은 대통령의 주변에서 대통령을 보좌하는 참모조직이다. 한국의 대통령 비서실의 참모들은 정책결정과정에서 절대적인 영향력을 행사하는 대통령을 직접 접촉하기 때문에 공식적·비공식적으로 정책결정 과정에서 중요한 역할을 담당한다(정정길 1989, 183-185; 조석준 1991, 43). 대통령 비서실은 특히 일선 부처·기관 간의 이해가 대립되고 전문기술적인 면에서 객관적으로 어느 부처의 주장이 옳은 것인지 쉽게 판단이 되지 않는 경우에 이들의 입장이 정책결정에 결정적인 영향을 미치는 경우가 많다. 따라서 가치갈등을 내포하고 있어 부처 간의 입장이 첨예하게 대립하기 쉬운 적극 평등인사정책의 결정과정에서 대통령 비서실의 영향력이 클 것으로 예상되며 비서관들의 이념적 성향과 실제 역할을 검토할 필요가 있다.

(2) 국회 − 정당

현대 민주주의 국가에서 국회는 국민의 대표기관이자 정책의 구체적인 산물이라고 할 수 있는 법률을 제·개정하는 입법기관으로 정책결정에 중요한 행위자이다. 그러나 정책과정에서 국회의 역할은 국가에 따라 큰 차이가 있다. 미국과 같은 국가는 의회의 소관 상임위원회, 민간의 이익집단, 관료조직이 '철의 삼각'(iron triangle)을 형성하여 정책결정과정에 막강한 영향력을 행사한다. 반면 한국은 오랜 권위주의 정권 하에서 국회의 기능이 미약하였다고 할 수 있다. 그러나 민주화의 진전과 더불어 정책결정에서 국회의 기능이 정상화되고 있는 추세이다. 적극 평등인사정책 입법과 관련되어 있는 국회 환경노동상임위원회, 국회 보건복지상임위원회와 그 소속 국회의원들의 역할이 특별히 중요하다.

사회 내의 수많은 이익을 결집하는 기능(interest aggregation)을 수행하는 정당은 현대 대의 민주국가의 정책결정과정에서 국회의원 개인보다 훨씬 큰 영향력을 행사한다(Almond & Powell 1980, 93-94).

특히 집권당(여당)은 스스로 정책을 입안하는 경우는 물론, 행정부가 마련한 정책안에 대한 당정협의과정에서, 그리고 법안의 국회통과과정에서 매우 중요한 역할을 담당한다(안병영 2000, 19). 그런 점에서 정책결정과정에 참여하는 정당, 특히 집권당의 정치적 이념과 특성을 이해하는 것이 필요하다.

(3) 행정 부처

행정부 관료의 공식적 권한은 정치조직인 대통령과 의회가 결정한 정책을 정치적 중립성과 전문성에 입각하여 충실히 집행하는 것이다. 그러나 오늘날 대부분의 국가가 당면하고 있는 많은 복잡한 사회문제의 해결에는 고도의 전문성과 기술성을 요구되고 있어 이러한 능력을 구비하고 있는 행정부의 관료들이 정책과정 전반에 걸쳐 광범위한 재량권을 가지면서 커다란 영향력을 행사하고 있다. 구체적으로 정치인들은 일반적으로 추상적이고 선언적이기 쉬운 법안에만 관심을 두기 쉽고 일단 법이 통과되면 구체적이고 기술적 문구를 담는 시행령이나 시행규칙 작성에는 상대적으로 소홀하다. 그런데 실제 정책과정에서 중요한 부분은 이러한 법의 구체화 부분이라고 할 수 있으며 이 부분에서 관료의 역할은 절대적이다(안병영 2000, 20). 또한 정책이 실제 집행되는 과정에서 법과 시행령을 해석하고 이를 적용하는 데 미치는 관료의 영향력은 심대하다(Medeiros & Schmitt 1977, 7).

행정부 관료제는 각 부처마다 이해관계가 상이하고 사회문제를 바라보는 관점이 다르기 때문에 각 부처를 통합적 실체가 아니라, 상호 상이한 이해관계를 가진 다수 부처들로 구성되는 매우 복잡한 존재라고 할 수 있다. 따라서 정책결정을 둘러싸고 부처 간에는 긴

장과 갈등, 이해조정과 타협 등 동태적인 과정이 전개된다. 적극 평
등인사정책과 정책과정과 관련된 행정 부처들로는 예산을 담당하는
재정경제부·기획예산처, 노동과 복지와 관련된 노동부·보건복지
부, 인사와 관련된 중앙인사위원회·행정자치부, 입시 관련 사무를
관장하는 교육부, 여성관련 사무를 관장하는 여성부, 행정사무를 조
정하는 국무총리실 등이 있으며, 이들의 입장이 조금씩 상이하다.40)

(4) 사법기관

사법부의 기본임무는 법률에 의한 판결이지만, 사실상 국가 정책
의 방향과 구체적인 업무내용까지 직·간접으로 결정하는 포괄적인
역할을 담당하고 있다(김형렬 1990, 52). 특히 전통적으로 사법부의
독립이 잘 이루어져 있는 미국과 같은 국가에서는 사법심사권을 통
해 입법부와 행정부의 행위에 대한 위헌 여부를 심사하여 무효를
선언할 수 있는 권한을 가지고 있으며, 일정한 행정 행위를 직권으
로 명령할 수 있다(Anderson 1984, 33-34). 특히 미국의 적극 평등
인사정책은 사법부의 판결과 명령을 통해 발전해왔다고 해도 과언
이 아닐 정도로 사법부의 기여는 지대하였다. 한국은 지금까지 사
법부의 독립성이 보장되지 못하여 정책결정 역할을 충분히 수행하
지 못하였고, 경제우선적 사회 풍토에 따라 인권 및 복지관련 판결
에서 보수적인 입장을 견지해 왔다. 그러나 사회의 민주화와 인권

---

40) 한국에서 경제관련 부처들은 전통적으로 재분배정책에 관여해 왔으며,
보건복지부, 노동부 등의 복지정향적 부처보다 더 많은 영향력을 행사
해 온 것으로 평가되고 있다. 제3공화국 이후 경제성장 제일주의에 따
라 정부 내에 상대적으로 높은 위상을 점하였던 경제기획원, 상공부 등
경제관련 부처들은 재분배정책의 수립에까지 적극적으로 개입하여 복
지정향 부처와의 힘겨루기에 승리함으로써 경제계의 입장을 옹호해왔
다고 할 수 있다(정무권 1993, 506).

및 복지에 관한 인식의 변화에 따라 적극 평등인사정책 관련한 사건에서 사법부의 긍정적인 역할 확대가 기대된다.

(5) 이익집단

이익집단(interest group)은 집단구성원들의 공통 이익의 증진을 목적으로 활동하는 집단으로 정치체계에서 '이익표출'(interest articulation) 기능을 담당한다(Almond & Powell, Jr. 1980, 91-92). 이익집단들이 추구하는 '이익'(interest)은 '지배 이익'(Dominant Interest), '억압된 이익'(Repressed Interest), '도전하는 이익'(Challenging Interest) 세 가지로 구분할 수 있다(Alford 1975). '지배이익'은 제도화된 틀로 현존하는 권력구조를 반영하는 이익이고, '억압된 이익'은 불이익을 받고 있으면서도 그것에 대해 이해하지 못하는 사람들의 이익이며, '도전하는 이익'은 미래에 변화에 관심을 가지고 있으며 이로 인해 이익을 얻을 사람들의 이익이다.

본 절에서는 이익집단을 일반 시민단체, 소수집단 단체, 경제인 단체, 노동자단체, 언론으로 구분하려고 한다. 일반 시민단체와 노동자 단체는 '도전하는 이익', 소수집단 단체는 '억압된 이익'에, 경제인 단체는 '지배이익'에 주된 관심을 가지고 있다고 할 수 있다. 마지막으로 언론은 자신의 이념적 관점과 논지에 따라 어느 이익에 관심을 가지는가가 결정된다고 할 수 있다.

첫째, 소수집단 단체는 사회 소수집단의 억압된 이익을 대변하는 이익집단이다. 사회 소수집단은 자신들이 받는 불이익에 대해 정확하게 이해하지도 못하거나 안다고 하더라도 이러한 상황을 변화시키려는 의지와 능력을 가지지 못하기 때문에 이들의 억압된 이익을 대변할 수 있는 이익집단이 절실히 필요하다. 대표적인 사회 소수집단이라

할 수 있는 여성과 장애인을 대변하는 여러 단체들이 그 예이다.41)

둘째, 일반 시민단체는 소수집단 단체보다는 훨씬 다양하고 포괄적인 대상과 문제에 관심을 가지고 그들이 지향하는 사회를 지향하는 유무형의 활동을 전개한다. 그들은 '억압된 이익'에도 관심이 있지만 미래의 보다 근원적이면서도 구조적인 변화에 보다 더 큰 관심이 있다. 한국에서 전국경제정의실천연합, 정치참여연대, YMCA, 기독교윤리실천연합 등이 그 대표적인 예이다.

셋째, 노동자들의 이익을 대변하는 노동자 혹은 노동조합 단체들은 적극 평등인사정책에 대해서 이중적 태도를 취할 가능성이 있다. 여성과 장애인 등과 같은 사회 소수집단에 대한 우대조치에 대해 노동자 단체는 이념적인 이유로 인해 겉으로는 이를 옹호하는 태도를 취한다. 하지만 내면적으로 이들 단체가 다수 정상 남성노동자 위주로 구성되어 있기 때문에 사안에 따라서는 이 같은 정책을 적극적 찬성을 하기는 쉽지 않을 수 있다. 한국에서 전국적인 노동자단체로는 한국노동조합총동맹, 민주노동조합총동맹, 전국교직원노동조합 등이 대표적이다.

넷째, 기업인 단체는 기업들의 이익을 대변하여 기업에 유리한 법률을 옹호하고 기업에 불리한 법률과 규제는 철폐되어지도록 노력하는 이익집단이다. 기업인 단체는 대표적인 경제적 기득권을 옹호하는 이익집단이며 적극 평등인사정책의 비용부담자라고 할 수 있기 때문에, 결정을 직·간접으로 반대하는 입장에 견지하며, 결정이 되더라도 그 정책이 유명무실하게 되게끔 방해한다. 다시 말해 이들은 적극 평등인사정책이 '무의사결정'(non-decision making) 상황에 빠지게끔 적극적으로 혹은 소극적으로 유도한다. 한국에서는

---

41) 미국의 경우 흑인운동의 대표적인 단체로써 1909년 설립된 '유색인종 진보를 위한 전국연합'(NAACP: National Association for Advancement of Colored People)을 꼽을 수 있다(이신행 1994, 71-88).

경제 5단체, 즉 '전국경제인연합회', '한국경영자총협회', '대한상공회의소', '한국무역협회', '중소기업협동조합' 등이 대표적이다.

다섯째, 오늘날 언론기관은 '제4의 정부'라고 할 만큼 막강한 영향력을 행사하고 있다. 따라서 언론으로부터 투입되는 지지와 요구는 정책결정과정에서 중요한 역할을 담당한다. 특히 적극 평등인사정책의 결정과정에서 사회적 차별을 받는 소수집단에 대한 언론의 관심과 보도는 사회적 차별 문제가 사회적 쟁점으로 떠오르고 정부 의제로 채택되는 데 매우 중요하다. 이상과 같이 적극 평등인사 정책과정에 참여하는 행위자의 관계를 간단히 정리하면 다음 <그림 4.1>과 같다.

<그림 4.1> 적극 평등인사정책의 참여자 관계

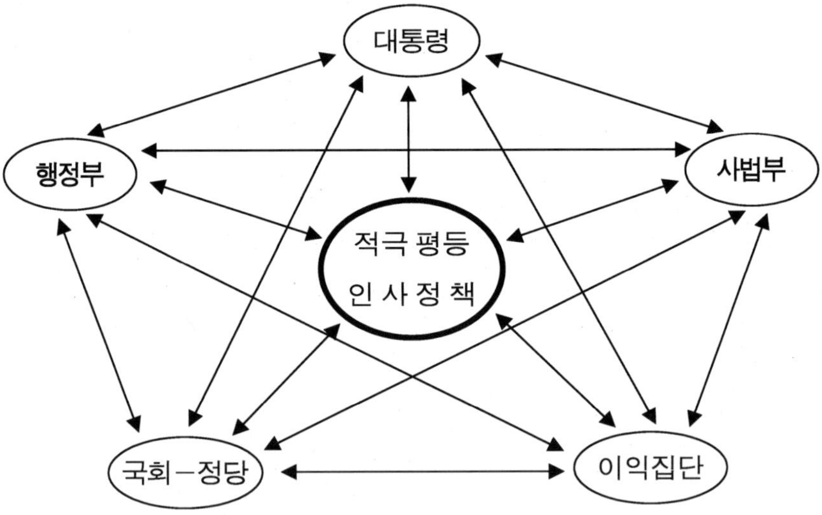

4) 적극 평등인사정책 결정과정의 무의사결정

적극 평등인사정책은 강력한 소득재분배적 특성으로 인해 정책과정에서 수혜자와 비용부담자 간의 갈등의 소지가 많다. 그런데 수혜자인 소수인종, 여성, 장애인 등과 같은 사회 소수집단은 조직화되지 못하고 자원동원력이 떨어지는 반면, 비용부담자인 기업과 정부기관은 조직화의 동기가 강할 뿐만 아니라 자원동원력도 뛰어나다.

이 같은 특징으로 인해 적극 평등인사정책의 정책과정에서는 "사회에 현존하는 이익과 특권의 분배상태를 변화시키고자 하는 요구를 표현조차 되기 전에 질식시키거나 은폐시키거나, 또는 그러한 요구가 의사결정의 장에 접근하기도 전에 소멸시키거나, 또는 이러한 모든 노력이 실패하는 경우 정책과정의 결정 및 집행단계에서 제거 또는 파괴시켜 버리는" 무의사결정(non-decision making)이 나타나게 된다(Bachrach & Baratz 1970, 44). 구체적으로 비용 부담자인 기업 등의 기득권자들은 적극 평등인사정책이 정부의 공식 정책으로 채택되지 못하도록 직·간접적 방해하며, 설령 정책으로 채택되더라도 구체적인 집행과정에서 유명무실하게 왜곡하게 하여 정책의 원래 취지를 달성치 못하게 한다. 따라서 적극 평등인사정책은 정책과정에서의 정부의 '활동'(action)뿐만 아니라 '비활동'(inaction)에도 특별한 관심을 가져야 한다(DiNitto & Dye 1983, 1-3).

정책결정과정에서 쟁점화를 막는 무의사결정의 구체적인 형태를 Cobb & Elder(1983, 169-170)는 두 가지 기준, 즉 공격 초점이 집단인지 아니면 쟁점인지, 공격이 직접적인지 아니면 간접적인지에 따라 네 가지 유형으로 분류한다(<그림 4.2> 참고).

<그림 4.2> 정책결정과정에서의 무의사결정 전략

	집단지향적	쟁점지향적
직접적	집단 직접공격(Attack Group) 전략	쟁점 무력화(Defusing of Issue) 전략
간접적	집단 흠집 내기(Undermine Group)전략	쟁점 모호화(Blurring of Issue) 전략

자료: Cobb & Elder(1983, 170)

첫 번째 쟁점화를 막는 방해전략은 쟁점과는 무관하게 반대집단을 직접적으로 공격하거나 그 집단의 지도자를 직접적으로 비난하는 것이다. 그러나 적극 평등인사정책의 경우 동성애자와 같은 아직 사회통념이 용인하지 않는 소수집단에게는 직접적인 공격이 가능하지만, 오랜 사회적 차별에 시달린 것이 분명한 소수인종, 여성, 장애인 등과 같은 소수집단을 직접적으로 공격하기 쉽지 않다. 반면 소수집단의 지도자에 대해서는 그 이념적 성향, 행태 등을 이유로 직접적으로 공격하는 방법은 가능하다.

두 번째 쟁점화를 막는 방해전략은 집단에 초점을 두어 공격하긴 하지만 직접적이지 않고 간접적으로 공격하는 방법이다. 다시 말해 직접적으로 집단을 비난하거나 공격하는 것이 아니라, 간접적으로 그 집단의 지지기반을 깎아 내거나 그 집단의 지도자를 회유영입(co-opt) 하는 방법을 사용하는 것이다. 미국에서는 1960년대 흑인폭동이 심각해지자 흑인단체의 흑인지도자들을 영입하는 방법을 사용하였다.

세 번째 쟁점화를 막는 방해전략은 쟁점에 초점을 두어 이를 직접적으로 공격하는 방법이다. 그러나 적극 평등인사정책 쟁점을 직접적이면서도 전면적으로 비판하는 것은 사회적인 반대에 부딪치기 쉽고 도덕적 비난까지 감수해야 하기 때문에 어렵다. 그보다는 적극 평등인사정책 쟁점의 정당성은 인정하면서도 그것의 절박성과 불가결성은 부인하는 방법이 보다 현실적이다. 구체적으로 실질적인 입법과 집행의 제도화를 미루면서, 상징적인 보상과 조치를 통해 '명목상의 차별철폐조치'(tokenism) 관행을 유지하는 것이 대표적인 예라고 할 수 있다.

네 번째 쟁점화를 막는 방해전략은 쟁점을 간접적으로 공격하거나 아니면 아예 대결을 회피하는 방법이다. 사회적 차별에 대한 과거의 정보가 불충분하다거나 또는 단순히 어떤 결론에 도달하기 전에 보다 많은 사람들과 상의할 필요가 있다는 구실로 연기를 정당화하는 방법들이 그 예라고 할 수 있다.

적극 평등인사정책의 결정과정에서 네 가지 무의사결정 전략 모두가 사용될 수 있다. 그러나 사회 소수집단을 직접적으로 공격하거나 흠집 내는 전략과 사회적 차별 쟁점을 직접적으로 공격하는 전략은 실제로 사용하기 어렵다. 왜냐하면, 이 같은 집단이나 쟁점을 직접적으로 공격하는 전략은 오히려 사회적 약자에게 동정적이기 쉬운 여론을 악화시키는 역효과를 불러올 수 있으며, 사회적 차별 쟁점에 대한 국민적 관심을 고조시켜 창도적 정치인들이 입안활동에 나설 수 있기 때문이다. 따라서 기업들은 간접적인 집단의 흠집 내기 전략이나 쟁점 모호화 전략에 나서게 된다. 구체적으로 본질적인 문제와 관련이 없는 소수집단의 행태를 간접적으로 비난하거나, 일부 소수집단의 인사를 회유영입 하여 소수집단 내부의 갈등을 부추기는 방법이 동원될 수도 있고, 사회적 차별에 관한 쟁점에 대해 전반적인 부분에서는 동의를 하면서도 실제 실행에서는 이런저런 구실을 붙여 난색을 표하는 방법이 사용될 수도 있다.

2. 적극 평등인사정책의 집행과정

법령의 통과와 같은 정책결정보다 실제 정책수단으로 정책을 효과적으로 집행하는 것이 더 어려운 문제라고 할 수 있다(Nakamura & Smallwood 1980, 25). 적극 평등인사정책은 또한 입법적 과정을 통해 결정되면 자동적으로 집행되는 것이 아니며, 정책수단, 조직구조, 집행절차 등과 같은 효과적인 집행과정의 뒷받침을 받을 때 기대하는 정책목표를 달성할 수 있게 된다. 그런 점에서 적극 평등인사정책의 집행과정에 대한 분석이 절실히 필요하다. 담당 부처의 시행령 결정과 같은 것들도 집행과정으로 파악할 수 있지만, 본 절에서는 이러한 부분까지 정책결정의 영역에 포함시키고 정책집행을 '일상화' 또는 '관리' 영역으로만 한정지으려고 한다.

1) 적극 평등인사정책의 정책수단

적극 평등인사정책은 입법의 형태로 결정이 되고 나면 이를 구체적인 정부 프로그램으로 집행되게 된다. 이 같은 프로그램은 구체적인 정책수단으로 나타나므로 이에 대한 이해가 집행과정 연구에서 중요하다. '정책 수단'(policy instruments)이란 정책목표를 달성하기 위하여 정부기관이 사용할 수 있는 각종의 수단을 말한다(Howlett 1991, 2). Salamon(1981, 8 · 256; 1989, 14)은 정부 프로그램이 수없이 많지만 이를 수행하기 위하여 사용하는 정책 수단은 몇 가지로 요약될 수 있고, 특징 또한 알려져 있어 정책수단을 통해 정부 프로그램을 어느 정도 예측할 수 있다고 주장한다. 따라서 정책분석의 단위를 정부의 개별 사업이나 정책에서부터 정부정책의 보편적인 도구 혹은 수단으로 옮길 필요가 있으며 이를 '집행수단 접근법' 또는 '집행도구 접근법'이라 한다.

Etzioni(1964, 59-60)는 조직이 사용할 수 있는 통제 수단을 다음과 같은 세 가지 분석적 범주로 분류하였다. 첫째, '강압적 권력' (coercive power)을 사용하는 '물리적(physical) 통제수단'으로 물리적 형벌을 사용하거나 그렇게 하겠다고 위협하는 것이다. 둘째, '공리적 권력'(utilitarian power)을 사용하는 '물질적(material) 통제수단'으로 재화와 용역과 같은 물질적 자원의 배분하는 것이다. 셋째, '규범적 권력'(normative power)을 사용하는 '상징적(symbolic) 통제수단'으로 상징적인 보상 및 박탈을 분배하거나 조작하는 것이다. 이 같은 Etzioni의 통제수단 분류는 정책수단을 분류하는데 기본적인 논리를 제공해 준다고 할 수 있다.[42] 본 연구는 Etzioni의 논리를 기본으로 하고 다른 학자들의 논의를 보충하여 적극 평등인사의 정책수단을 네 가지로 분류하려고 한다. 구체적으로 강압적 권력을 사용하는 물리적 수단으로써의 '명령 수단', 공리적 권력을 사용하

---

42) 정책집행과 관련하여 정책수단접근법을 제안하는 학자들의 정책수단(혹은 정책도구)의 분류를 살펴보면 다음과 같다. Hood(1973, 1-7)에 의하면 정부는 '정보', '권한', '재정', '조직'의 네 가지 자원을 가지고 사회를 모니터하고 그 행태를 변화시키기 위하여 사용한다고 주장한다. Elmore (1987, 174-186)는 정책수단 또는 도구로 '법령'(mandate), '유인'(inducement), '능력형성'(capacity-building), '체제변화'(system-changing)로 4가지로 분류하면서 이들의 상호결합을 '전략'이라고 주장한다. Salamon (1989, 14-23)은 소위 자원접근방법(resources approach)을 택하여 정책수단을 '정부의 직접적 시행'(direct government), '보조금'(grants-in-aid), '지급보증'(loan guarantees), '조세감면', '규제', '공기업'의 여섯 가지로 분류하였다. Schneider & Ingram(1990, 510-529)은 '권위도구'(authority tools), '유도수단'(incentive tools), '능력수단'(capacity tools), '상징수단'(symbolic and hortatory tools), '학습수단'(learning tools)으로 분류한다. Balch (1980, 188-191)은 정보전략, 촉진전략, 규제전략, 유인전략으로 분류한다. 전영평(1995, 285-290)은 장애인고용 촉진정책의 전략으로 '처벌의 전략', '보상의 전략', '교육 및 상담의 전략', '정보제공의 전략'으로 분류하였다.

는 물질적 수단으로써의 '유인 수단', '능력형성 수단', 상징적 권력을 사용하는 '상징 수단'으로 분류하여 분석한다.

(1) 명령 수단

명령수단은 특정 대상에게 특정한 행위를 하도록(혹은 하지 말도록) 지시하거나 그렇게 할 수 있도록(혹은 하지 말게 하도록) 필요한 권한을 부여하기 위한 정책수단이다(Schneider & Ingram 1990, 514). 이러한 명령수단이 법령과 할당제·목표설정제의 형태로 나타난다.

가. 법 령

적극 평등인사정책의 가장 기본적인 정책수단이 사회적 차별을 금지하거나 적극 평등인사조치를 명령하는 법령의 제정이다. 적극 평등인사정책과 관련된 법령의 형태는 각 국가마다 다양한 형태를 띠게 되는데 대부분 국회의 입법과 행정부 명령의 형태를 띤다(Faundez 1994, 27-32).[43] 적극 평등인사정책에서 법령이 갖는 효용성은 다음과 같다. 첫째, 입법과정을 거치면서 국가적 토론과정이 거치게 때문에 국민들의 수용력이 높다. 둘째, 국회에서의 심도 깊은 검토과정은 법을 집행하고 해석하는 데 유용한 가이드라인을 제시하게 된다. 셋째, 법은 국회에서 주기적으로 재검토되는 과정을 가진다(Faundez 1994, 29).

---

43) 피지, 인도, 말레이시아, 나미비아, 캐나다 등과 같은 국가들은 헌법에 적극 평등인사정책에 관해 규정하고 있다. 그러나 헌법에 적극 평등인사정책을 규정하고 있다 하더라도 이것이 반드시 효과적인 집행을 보장하는 것은 아니다. 미국, 호주 등과 같이 대부분의 국가들은 헌법에 적극 평등인사정책을 규정하고 있지 않지만, 입법과 행정, 그리고 사법부의 판결을 통해 역동적인 발전을 이루었다.

　구체적으로 신규채용, 보수, 훈련, 승진, 해고 등에 있어서 개인의 능력, 성적 등 직무와는 무관한 불합리한 근거에 의한 차별을 금지하는 법을 제정하여 소수집단 구성원들이 이런 차별로부터 보호를 받을 수 있도록 할 수 있다. 그러나 법령은 사회적 차별을 금지하는 효과가 미약하다는 결점을 갖고 있다(최병선 1992, 578-581). 특히 특정인에 대한 고용차별이 그 기업 또는 정부기관의 관행으로 자리 잡고 있는 체계적 차별에 속하지 않는 한 차별을 당하였다고 주장하는 측에서 차별사실의 존재를 입증하는 일이 대단히 어렵다. 따라서 사회적 차별을 다루는 입법에 있어서 차별여부를 입증하는 책임, 즉 '거증책임'(擧證責任, burden of proof)을 누구에게 부여하느냐가 대단히 중요하다. 또한 보통 입법 그 자체가 강행성을 가지지 않기 때문에 차별금지 입법이 실효성을 가지기 위해서는 법원의 판결이 차별의 희생자에게 유리한 방향으로 이루어지고 법원의 처벌과 명령의 강도가 커야 한다.

　미국의 적극 평등인사정책은 미국 국민은 누구나 법률에 의한 평등한 보호를 받는다는 헌법 수정조항 제14조와 인종·피부색·종교·성·출생국적에 근거한 어떠한 고용상의 차별도 받지 않는다는 1964년 「민권법」을 기본적인 법률적 근거로 삼고 있다. 그 외에도 1963년의 「평등임금법」, 1964년 「고용상 연령차별금지법」, 1972년 「평등고용기회법」, 1973년 「재활법」, 1974년 「베트남 참전용사 지원법」 등이 적극 평등인사정책과 관련한 법률이다. 한국의 경우에도 1987년 「남녀고용평등법」, 1990년 「장애인고용 촉진법」, 1991년 「고령자 고용 촉진법」, 1999년 「남녀차별금지 및 구제에 관한 법률」 등이 있다.

나. 할당제와 목표설정제

가장 일반적으로 소개되어 있으며 가장 효과적인 적극 평등인사

120

정책의 정책수단은 소수집단 구성원들의 고용 및 인사상 대우에 일정한 기준 혹은 쿼타를 정하고 이를 지키지 못할 때 벌칙을 가하는 '할당제'(quota system)이다. 이러한 할당제는 법령의 규정으로 강제되는 경우가 대부분이다. 그러나 할당제는 할당의 기준이 정치적 과정을 통해 정해지므로 사회적 동의를 끌어내기가 쉽지 않고, 기업으로부터 자율경영을 저해하는 불필요한 규제라는 비판을 받기 쉽다. 또한 엄격한 할당제는 자격을 갖추지 못한 소수집단 출신자가 특혜대우를 받게 되므로 실적제의 원칙에 반하며, 사회적 다수집단의 사람의 입장에서는 자신의 잘못이 없음에도 과거 조상의 잘못을 보상하기 위해 자신이 희생되는 것이고, 소수집단 출신이 아니라는 이유만으로 자격이 있으면서도 비합리적으로 차별을 받는 것이 되므로 '역차별'이라 비판할 수 있다.

그래서 요즘 미국에서는 할당이라는 말보다 '목표'(goals)라는 말을 더 선호한다. 할당제는 고용 면에서 달성해야 하는 혹은 초과하지 말아야 하는 고정된 수 혹은 %를 부과하는 것으로, 자격을 가진 사람의 수와 무관하게 지역의 인구에 따라 수가 확정되며 이를 고용주가 채우지 못하면 제재를 받게 된다. 반면, 목표설정제란 필요로 하는 결원(vacancies)의 수와 노동시장에서 자격을 갖춘 지원자의 수를 예상하여 적정한 소수집단 고용 수준을 계획한다. 따라서 만약 고용주의 과오 없이 필요한 자리가 나지 않거나 자격을 갖춘 지원자를 발견하지 못하여 목표를 달성하지 못한다 하더라도 제재를 받지 않게 된다(Nigro & Nigro 1994, 212-213)[44]. 할당제가 실적

---

[44] 미국 연방계약감독국(OFCCP)의 적극 평등인사정책 가이드라인에서는 "goals is targets reasonably attainable by means of applying good faith effort to make all aspects of the entire affirmative programme work"라고 규정하여, 목표설정제가 '경직적인 할당'과는 부합되지 않음을 명확하게 기술하고 있다.

제의 원칙과 모순 될 가능성이 많지만, 목표설정제는 개인의 능력을 먼저 판단의 기초로 삼기 때문에 실적제의 원칙과도 부합될 수 있다.

한국에서 고용상의 할당제는 꽤 역사가 오래되었고 일반의 예상보다 폭넓게 도입되어 실행되고 있다. 첫째, 일본의 식민통치 하에서 오랜 독립전쟁, 한국전쟁, 베트남전쟁, 그리고 남북대치의 특수상황 속에서 독립투사와 그 후손 그리고 전사·전상 군경 및 그 유족에 대한 보훈 측면에서의 고용 할당제도가 있어 왔다. 국가유공자나 그 유족의 경우 국가·지방자치단체 및 교육기관과 1일 20인 이상을 고용하는 공·사기업체 또는 공·사단체는 일정한 비율의 범위 안에서 이들을 우선하여 채용하게 하고 있다(「국가유공자예우법」제31조 ①, ②). 구체적으로 국가·지방자치단체·국공립학교의 기능직 공무원은 정원의 20%, 사립학교는 교원을 제외한 직원은 정원의 10%, 그리고 1일 20인 이상을 고용하는 공·사기업체 또는 공·사공단의 경우 3-8%의 범위 안에서 취업보호대상자의 능력에 상응하는 직종에 고용하여야 한다. 둘째, 본격적인 사회 소수집단에 대한 고용 및 인사상의 할당제도의 도입은 1990년 장애인고용 촉진법에 의한 장애인 의무고용제도가 할 수 있다. 장애인의 경우 상시고용 300인 이상의 기업체에 장애인 2%의 고용 할당을 의무화하고 있으며 이를 어겼을 경우 고용부담금을 납부토록 강제하고 있다(「장애인고용 촉진법 및 재활법」제24조). 셋째, 고령화 추세에 따라 중고령자의 노동력의 사장을 막고 국가의 고령인구 부양의 부담을 덜기 위한 중고령자 고용할당이 있다. 상시 300인 이상의 근로자를 사용하는 사업장의 사업주는 기준고용률 3% 이상의 근로자를 55세 이상의 고령자로 고용하도록 노력하여야 한다(「고령자 고용 촉진법」시행령 제3조). 넷째, 여성의 경우 1996년부터 공무원의 여성의 공직임용

기회를 확대하기 위하여 시험실시단계별로 선발예정인원의 일정 비율이상을 여성으로 합격시키는 여성채용목표제를 수립하여 실행하고 있다(행정자치부 예규 제17호). 2001년 현재 5급 공무원은 20%, 6·7급 공무원은 23%, 8·9급 공무원은 25%의 채용목표가 설정되어 있다. 그리고 2002년에는 5급 공무원 20%, 6·7급 공무원 25%, 8·9급 공무원 30%의 채용목표를 계획하고 있다.

(2) 유인 수단

유인 수단은 대상 집단의 정책에 대한 순응을 유도하거나 협조를 증진시키기 위해 유형적인 혜택이나 불이익을 부여하는 정책수단이다(Schneider & Ingram 1990, 515). 이러한 유인 수단에는 '정부 구매 및 정부 계약'과 '보조금' 제도 등이 있다.

가. 정부 구매 및 정부 계약

적극 평등인사정책에서 정부기관 자체에서 모범을 보이는 것이 중요하지만, 정부 스스로가 아니더라도 정부가 갖고 있는 구매력과 영향력을 적절하게 행사할 수도 있다. 구체적으로 '정부구매'(government procurement) 또는 '정부계약'(government contract)을 통한 유도방법이 그것이다(Baram 1982, 109-136). 구체적으로 말하면, 정부에 납품을 하거나, 정부 공사에 참여하는 등 정부와 계약관계를 맺고 있는 일정 규모 이상의 기업을 대상으로 정부가 정한 일정한 기준 이상으로 사회 소수집단 출신자의 고용기준을 충족시키지 못한다면 정부와의 계약에 참여할 수 없도록 하여 자발적인 참여를 유도하는 방법이다.

정부계약 방법은 언뜻 보기에는 별 효과가 없어 보일지 모르지만, 수많은 기업들이 정부와의 계약관계 속에서 기업 활동을 하고 있는 현실을 감안하면 그 파급효과가 상당히 크다. 미국에서 이 방법이 대통령 행정명령으로 연방정부 수준에서만 이루어지고 있는데, 1986년 현재 미국 연방정부와 계약관계를 맺고 있는 기업만도 약 20만개, 여기에 고용된 근로자수는 약 3천만 명에 이른다(Greer 1987, 542-543).

미국의 경우 적극 평등인사 의무에 순응하지는 않는 계약자는 정부계약의 취소와 일시연기, 그리고 다른 공공 계약건에 참여를 배제하는 등의 강력한 제재를 사용한다. 이러한 적극 평등인사 순응 여부를 조사하고 이를 어겼을 경우 순응을 강제하는 기관으로 연방계약감독국(OFCCP)이 있다(Faundez 1994, 38-39). 한국에서는 아직 이러한 방법이 도입되고 있지 않으나, 이 방법은 법률의 제정과 같은 복잡한 절차 없이 간단한 명령이나 규칙으로도 도입이 가능하다는 장점이 있다. 또한 그 한국의 전체 경제에서 정부부문이 차지하는 비중이 대단히 큰 점을 생각해 볼 때 파급효과가 상당히 큰 집행수단이라고 할 수 있다.[45]

나. 보조금

보조금은 기업이 사익 추구를 하는 영리단체라는 것을 전제로 재정적 지원을 통해 적극 평등인사정책을 유도하는 것이다. 구체적으로 정부가 소수집단의 고용을 증진하기 위해 일정 기준 이상 이들을 고용하는 기업에게 고용지원금 또는 고용 장려금 등의 보조금을 지급하는 것과 각종 융자를 통한 재정적으로 지원하는 것이 있다.

보조금은 강제성을 가지는 명령 수단과는 달리 정책집행자와 대

---

[45] 조달청의 2001년 계획된 조달 규모는 20조원에 달한다(http://www. pps.go.kr).

상자 간의 갈등을 유발하지 않으며, 대상자의 행태 변화를 이끌어 낼 수 있다는 장점을 가진다. 그러나 이 수단의 핵심은 보조금의 크기가 정책대상자의 행태 변화를 유인하기에 충분한 것이어야 한 다는 것이다. 그렇지 않으면 행태 변화에 따른 비용이 편익보다 커 서 순응을 포기하게 될 것이다. 또한 순응하는 기업에 제공되는 보 상이 정책의도와 무관한 다른 목적에 이용되지 않도록 관리하는 것 이 필요하다(이곤수 2000, 82)

(3) 능력형성 수단

Schneider & Ingram(1990, 517-519)은 개인·집단·기관 등이 정 책이 요구하는 활동을 하고 결정을 내릴 수 있도록 필요한 교육·훈 련, 정보 등을 제공하는 것을 능력수단(capacity tools)라고 했다. 여 기에서도 교육·훈련과 정보 제공을 합하여 '능력형성 수단'이라고 하고자 한다. 교육·훈련 수단은 능력을 직접적으로 신장시켜 소수 집단의 고용을 증진시키는 것이라면, 정보 수단은 능력의 신장과는 관계는 없지만 유효적절한 정보로 소수집단의 고용을 증진한다는 점에서 간접적인 능력형성 수단이라 할 수 있다.

가. 교육·훈련

교육·훈련은 정부가 미래의 인적자원에 대한 투자의 목적으로 개인과 기관에 대해 재정적 지원을 제공하는 것이다. 다시 말해 소 수집단의 고용 증진을 공공기관이나 기업의 행태변화에 의존하는 것이 아니라 소수집단 출신자의 능력의 향상을 위해 지원하는 방법 으로 이루고자 한다. 이는 '인적 자본'(human capital) 모형에 이론 적 기초를 두는 것으로 노동시장에서 소득의 격차는 교육, 학력의 차이에 기인한다는 가정을 받아들이는 것이다.

　교육·훈련은 소수집단 출신자들이 능력과 기술을 먼저 갖추는 것이기 때문에 이들 자신이 떳떳할 수 있고, 국가 전체적으로는 자격을 갖춘 유용한 인력이 확보하게 되므로 경쟁력 향상에 도움이 되는 투자를 한 셈이 되며, 역차별 문제와 실적제 파괴와 같은 문제도 피할 수 있어 여러 가지 측면에서 유용하다. 그리고 현 정부에서 주장하는 소위 '생산적 복지' 이념과도 일맥상통하는 것이라고 할 수 있다(대통령비서실 삶의 질 향상 기획단1999, 71-89). '생산적 복지' 이념의 주요 구성요소로 '소극적 복지' 혹은 '소극적 노동시장정책'과 대비되는 '적극적 노동시장정책'이다. 이는 국가가 노동력의 수급에 미리 관여하여 이를 조절하여 실업을 사전적으로 예방하는 사전적·능동적 정책을 말한다. 이러한 적극적 노동시장정책에는 정부의 직접적 고용창출(job creation), 고용알선을 위한 공공 고용서비스(public employment service), 훈련 프로그램(job training), 이동성 촉진을 위한 직무재배치(job replacement) 등이 있다.

나. 정보 수단

　정보 수단은 정부가 소수집단 출신자와 기업에게 고용과 관련된 구체적이고 정확한 정보를 제공하여 소수집단의 고용을 증진시키는 것이다. 이를 통해 소수집단 구직자는 단순히 취업알선의 서비스만 받는 것이 아니라 자신의 종합적인 직업 잠재력에 대한 객관적인 평가를 바탕으로 자신의 희망과 능력에 적절한 직장에 관한 정보를 얻게 된다. 또한 기업은 소수집단 근로자에 대한 잘못된 사회적 편견을 바로 잡게 되고, 근로자 고용에 대한 정보비용을 감소시킬 수 있게 된다. 이 같은 정보제공 수단이 성공하기 위해서는 무엇보다도 정확한 정보의 개발 및 제공을 가능하게 하는 충분한 예산과 전문 인력이 확보될 필요가 있다.

정보 수단에는 정확한 정보의 개발 및 제공을 하는 것과는 대조적인 수단도 포함될 수 있다. "불리한 정보의 공개 금지"도 적극 평등인사정책의 중요한 정책수단이다(최병선 1992, 585-587). 이 수단은 취업대상자들이 자기에게 불리한 정보의 공개요구에 응하지 않아도 되도록 개인의 사적 권리를 보다 철저히 보장함으로써 사회적 차별을 막고자 하는 목적을 가진다. 이 수단을 옹호하는 논리에 따르면 직무수행능력과 관계없는 질문을 해야 할 필요도 없고 또 그것에 답해야 될 이유도 없다는 것이다. 여성 직행수행능력과 관련이 없는 용모가 중요한 취업기준이 되는 것을 막기 위해 지원서류에 사진을 부착하는 것을 금지하거나, 출신 지역, 종교에 따른 취업상의 차별을 막기 위해 지원서류에 본적 표기, 종교 표기를 금지하게 하는 것이 가능하다. 또한 직업수행과 직장생활에 직접적인 문제가 없는 질병에 따른 차별을 막기 위해 지원서류에 병명표기와 강제 신체검사를 금지할 수 있다(「주간동아」 2001. 3. 1., 44-45); 「주간동아」 2001. 4. 19., 42-43).

(4) 상징 수단

지금까지의 정책수단은 물질적이고 물리적인 특성을 가지는 것인 반면 상징 수단은 비물질적이고 비물리적인 특성을 가진다. 상징수단은 정책과 관련된 사람들의 행위 여부는 각자의 신념이나 가치에 따라 결정된다고 전제한다(Schneider & Ingram 1990, 519-521). 이러한 전제에 따른다면 정책의 성패는 사람들의 신념과 가치를 어떻게 정책에 우호적으로 만드느냐에 크게 영향을 받는다고 할 수 있다. 이와 같은 상징수단을 정책집행의 관점에서는 '공공관계'(public relations)로 주로 다루어진다. 공공관계는 정책집행에 관련된 모든 공중에게 정책의 내용을 이해시킴으로써 이들의 지원을 얻어 정책의 효율성을 달성하기 위한 계획된 노력이라고 할 수 있다(김형렬 2000, 600).

상징수단의 대표적인 예는 사회적 차별에 대한 문제점을 지적하고 이를 시정하기 위한 운동을 위하여 구호나 표어를 사용하는 것이다. 그리고 사회적 소수집단의 고용에 모범적인 기업이나 정부기관의 사례를 발굴하여 대통령이나 관계 장관이 표창하고 여론의 주목을 받게 하여 이미지 제고에 도움을 주는 것을 방법으로 들 수 있다. 다음 <표 4.2>는 앞에서 살핀 적극 평등인사의 정책수단의 특징, 장단점을 간단하게 정리한 것이다.

<표 4.2> 적극 평등인사의 정책수단

정책 수단	구체적인 형태	특징	장점	한계
명령 수단	법령	사회적 차별을 금지 거나 적극 조치를 강 제하는 법의 제정	−국민의 수용력이 높다 −국회의 심도깊은 토론 −국회에서 주기적 재 검토	−차별사실 입증의 어 려움 −입법의 강행성 문제
	할당제 목표설정제	고용 및 인사상의 일 정한 기준 혹은 할당 부가	−가장 직접적, 효과적 −가장 일반적으로 수용	−사회적 동의 획득 어려움 −역차별 문제 −실적제 원칙 파괴
유인 수단	정부구매 정부계약	순응 여부를 정부구매 및 계약에서 자격기 준으로 삼음	−파급효과가 크다 −자발적 참여 유도 −간단한 방법으로 도 입가능	−체계화된 절차와 조 직의 형성의 어려움
	보조금	재정적 지원을 통하 여 유도	−참여자 간 갈등을 최소화 −자발적 행태변화 유도	−재정상의 문제 −악용 가능성
능력 형성 수단	교육·훈련	능력 향상을 지원	−대상자의 자긍심 향상 −유용한 인력의 확보 −역차별, 실적제 문 제를 야기하지 않음	−비용−효과의 문제 −모든 소수집단이 교 육·훈련으로 유용 한 인력이 되는 것 은 아니다
	정보 수단	−고용 정보의 제공 −불리한 정보 공개 금지	−고용 탐색비용을 감소 −사회적 편견의 교정	−충분한 예산과 전 문 인력 확보 문제
상징 수단		구호나 표어, 각종 표 창과 같은 상징 사용	−사회적 합의를 도 출 가능 −적은 비용에 높은 효과	−구체적인 수단 결여 −형식화 가능성

2) 적극 평등인사정책 집행조직의 구조

(1) 적극 평등인사정책 집행기구의 형태

모든 공공정책은 대규모 공공조직에 의해 사실상 집행되기 때문에, 조직에 관한 지식, 즉 조직이 어떻게 구성되고, 어떻게 기능하는지에 관한 지식 없이는 정책이 무엇이고 왜 정책이 집행되지 않는 지에 대해 제대로 답할 수 없다(Elmore 1978, 186-187). 적극 평등인사정책의 집행과 관련된 정부기구는 지역적으로 시간적으로 매우 상이한 형태로 나타나고 있는데, 대체로 '부처의 하부조직으로서의 국(局),' '담당 장관,' '독립위원회,' '독립된 부 혹은 청' 등과 같이 네 가지 형태로 분류할 수 있다(조우철 2000, 57-73 참고). 그리고 사회적 차별에 대한 사회적 인식이 증대함에 따라 부처의 하부조직에서, 담당 장관, 독립위원회, 독립된 부와 청의 형태로 발달하고 있는 추세이다.

첫째, 적극 평등인사정책과 관련된 행정업무를 독립된 기구에서 담당하지 않고 노동 및 인사 관련 부서나 인권관련부서에 소속된 하부조직인 국의 조직형태로서 그 장이 장관의 지시를 받는 차관급이나 국장급의 지위를 가지는 경우이다.

둘째, 적극 평등인사정책 관련 업무를 민관 합동 또는 각료급 고위 공무원으로 구성된 합의체인 정부위원회가 담당하는 형태이다. 위원회 형태의 적극 평등인사정책 기관은 크게 독립부처와 같이 소수집단 관련 정책을 수립, 조정 및 집행 기능을 갖는 등 실질적인 업무와 권능을 갖는 형태와 단순히 대통령이나 총리, 소속기관장을 자문하고 연구·조사하는 업무만 담당하는 형태로 구분할 수 있다. 미국의 경우 1964년 민권법에 의거하여 설치된 '평등고용기회위원회'가 적극 평등인사정책 관련 업무를 합의체의 정부위원회로 집행하는 대표적인 사례라고 할 수 있다. 한국의 경우 1998년 정부조직 개편으로 설치된 '대통령직속 여성특별위원회'가 여기에 해당하는 형태라고 할 수 있다.

셋째, 부와 위원회와 같은 사회적 차별문제전담기구를 두는 것이 아니라, 사회적 차별문제담당 장관이 장관의 활동을 지원하는 하부 조직을 두고 자문과 조정의 기능을 하는 형태이다. 따라서 조직 규모는 다른 형태의 조직구조에 비해 훨씬 단순하며 작은 규모이다. 한국의 경우 1988년에서 1998년까지 존속했던 '제2정무장관실'이 유형의 대표적인 예라고 할 수 있다.

넷째, 적극 평등인사정책과 관련된 행정기구가 독립된 부처나 대통령(총리) 산하 또는 각부 산하의 청의 조직형태로 설립된 형태로 그 장이 장관 또는 장관급이 경우이다. 이렇게 담당기관이 독립 부처로 격상되어 있을 때 적극 평등인사정책의 수립과 시행을 포괄적으로 주도할 수 있으며, 종합적인 정책개발과 집행, 조정이 가능하다. 따라서 다른 조직 형태에 비해 훨씬 더 조직의 규모가 크고 인원이 많다고 할 수 있다. 한국에서는 여성관련 기구로 2001년 1월 정부조직개편으로 출범한 '여성부'가 대표적인 예이다.

다음에서 적극 평등인사정책의 조직구조에 대해 보다 깊이 있는 이해를 위해 적극 평등인사정책의 역사적 연원이 오래되어 조직제도적 측면에서 가장 잘 정비된 미국의 적극 평등인사정책 집행기관들을 검토하여 정책적 함의를 도출하고자 한다.

(2) 미국의 적극 평등인사정책 집행기관

미국의 적극 평등인사프로그램의 이행 여부에 대한 감독권은 대통령 직속의 '인사관리실'(OPM: the Office of Personnel Management),

노동부 산하의 '연방계약감독국'(OFCCP: Office of Federal Contract
Compliance Programs), '평등고용기회위원회'(EEOC: Equal Employ-
ment Opportunity Committee), '법무부' 등 네 기구에 분산되어 있다
(이향순 1997; Faundez 1994). 대체적으로 '인사관리실'은 연방정부와
그 산하 기관들을 감독하며, '연방계약감독국'은 연방정부 및 그 산
하기관과 계약한 기업들이 그 대상이다. 반면에 '평등고용기회위원
회'는 민간 기업부문에서 평등고용이 실행되고 있는지를 감독한다.

가. 연방계약감독국

미국 노동부 산하의 '연방계약감독국'은 대상 기업들이 계약을 준
수하고 있는 검토하여 일정에 맞추어 적극 평등인사프로그램을 이
행하지 않으면 제재를 가한다. 제재에는 계약된 자금의 지급을 보
류하는 것에서부터 계약을 취소하는 것까지 가능한데, 이행실적이
극히 좋지 않은 사업자에게는 연방정부와의 계약을 체결할 자격을
박탈하여 다시는 연방정부 계약 수주에 참여할 수 없게 할 수도 있
다. 미국의 민간 기업 중에서 절반이 연방정부와 계약을 맺는 것을
감안하면 '연방계약감독국'은 적극 평등인사프로그램의 집행에서 다
른 어떤 기관보다 포괄적이고 광범위한 영역에서 강제력을 가진다
(이향순 1997, 55).

'연방계약감독국'은 적극 평등인사와 관련하여 체계화된 업무처리
절차를 발전시켰다. 먼저 주기적으로 계약순응조사를 실시하여 계약
자의 해고 및 고용관행, 적극 평등인사 계약의 적정성 및 산출에 관
해 자세히 분석한다.46) 이 같은 순응조사 결과 계약자가 적극 평등

---

46) 순응조사(compliance review)는 다음 세 가지 단계를 거친다(Faundez
1994, 39-40). ① 서면 감사(Desk audit): 계약자로부터 적극 평등인사
계획과 통계자료를 제출받아 '연방계약감독국' 조사관이 이를 평가한
다. ② 현장 조사(On-site review): 서면감사에 이어 조사관이 계약자의

인사 의무를 위반한 것으로 밝혀지면 '연방계약감독국'은 다음 몇 가지 절차를 거쳐 강제하게 된다. ① 응락서(commitment letter): 순응조사의 결과 사소한 기술적 위반사항이 발견되면 응락서를 발송한다. ② 화해동의서(conciliation agreements): 심각한 위반이 발견되어지면 계약자와 '연방계약감독국'은 위반을 교정하는 화해동의서를 체결한다. 여기에는 이행을 강제하는 법정강제조항이 포함된다. ③ 공개질의서(show-cause notice): '연방계약감독국'이 행정적 강제절차를 시작할 것을 고려할 때면 30일 전에 계약자에게 공개질의서를 보낸다. 공개질의서에는 계약자의 위반에 관한 상세한 기술과 특성, 필요한 교정 조치, 문서화된 회신의 요구, 화의의 날짜 등을 내용으로 담고 있다. 만약 여기에서 만족할만한 해결책을 얻지 못한다면 행정적 강제절차를 밟게 된다. ④ 행정 강제(administrative enforcement): 앞의 과정이 모두 실패로 끝나면 행정 강제절차를 밟게 된다. 그 외에도 계약자가 적극 평등인사 프로그램의 승인을 거부하거나, 현장조사에 나선 조사관의 접근을 막고 요구한 기록을 제출하지 않을 때에는 바로 행정적 강제절차를 밟게 된다. 행정적 강제절차는 노동부의 행정심판 판사 앞에서 이루어진다. 만일 여기에서 마지막 행정명령에 받아들이지 않는다면 계약의 즉각적인 취소, 종결, 유예 결정이 내려지고 미래의 정부계약 경쟁에 참여가 배제된다. ⑤ 사법 강제(judicial enforcement): '연방계약감독국'의 국장은 법무부 장관에게 강제를 요구할 수 있는데, 그렇게 되면 행정 강제절차를 거칠 필요는 없게 된다.

사무실을 실제 방문하여 조사하는 것으로, '연방계약감독국'은 계약자의 기록에 광범위하게 접근할 수 있는 권한을 가진다. ③ 결정 회의(Exit conference): 현장조사가 끝난 후 60일 이내 계약자의 적극 평등인사 프로그램이 '연방계약감독국'에 제출되고 계약자의 적극 평등인사 위반 여부를 판정하게 된다.

나. 평등고용기회위원회

'평등고용기회위원회'는 1964년 민권법(The Civil Right Act) 제7
편(Title Ⅶ)에 의거하여 설치되어 1965년 7월 2일부터 활동하기 시
작하였다. '평등고용기회위원회'는 민권법의 행정적·사법적 집행과
교육, 기술적인 지원을 통해 고용에 있어서의 평등한 기회를 증진
시키는 것을 목표로 한다(http://www.eeoc.gov/). 독립규제위원회
의 형태를 설치된 '평등고용기회위원회'는 워싱턴에 본부와 미국 전
역에 걸쳐 50개의 지방사무소를 가지고 흑인과 같은 소수인종, 여
성, 장애인, 중고령자 등과 같은 소수집단에 고용 및 인사상의 평등
한 기회를 증진을 위해 독자적인 조직과 운영이 이루어지고 있다.
'평등고용기회위원회'는 대통령에 의해 임명되고, 상원에 승인을 얻
은 5명의 위원과 동일한 절차로 임명된 최고법률고문으로 구성된
다. 초당적 기구로서 성격을 살리기 위해 3명 이상의 위원인 동일
정당에 속할 수 없으며 다만 위원장과 부위원장은 대통령이 속한
정당의 인물로 임명되는 경향이 있다. 위원들의 임기는 5년이며 연
임이 가능하다. 최고법률고문의 임기는 4년이다. '평등고용기회위원
회'는 평등기회정책을 입안하고 동위원회가 수행하는 모든 소송을
승인하는 권한을 가진다. 최고법률 고문은 동위원회의 소송에 관한
실질적 책임을 진다. 구체적으로 '평등고용기회위원회'의 조직구조
는 <그림 4.3>과 같다.

<그림 4.3> 미국 평등고용기회위원회의 조직구조

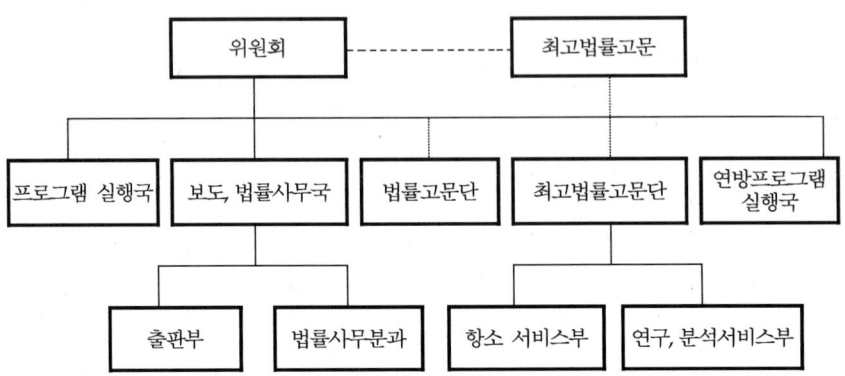

자료: 이주희(2000, 93); http://www.eeoc.gov/

'평등고용기회위원회'는 민간경제부문을 담당하고 있기 때문에 원칙적으로는 제재 권한을 가지지 않으며 조정 권한만을 가지고 있다. 구체적으로 '평등고용기회위원회'의 업무 절차를 살펴보면 다음과 같다. 채용·배치·승진·교육·해고 등의 고용 및 인사 전반에서 차별이 발생하면 피해자는 곧바로 법원에 제소를 하는 것이 아니라 먼저 위원회에 불만을 보고한다. 위원회는 불만과 불평사항들을 접수하면 그것의 사실 여부를 조사해서 확실히 부당하게 차별을 받고 있다고 인정되면 중재에 나서 서로가 타협을 하도록 한다. 그러나 타협이 이루어지지 않더라도 위원회가 사업자에 대해 직접적인 제재를 가할 수는 없다. 다만 위원회는 차별이 확인되고 또 타협이 이루어지지 않을 경우에 연방법원에 제소하여 피해 고발자가 법정에서 시정을 받을 수 있도록 도울 수 있다.

만약 법정사건으로 발전해서 고소자의 고발내용이 사실로 입증되면 법원은 시정명령과 더불어 벌금과 보상을 하도록 한다. 즉 고용주는 차별행위를 시정해야 하며 고용차별에 대한 벌칙으로 벌금을 물어야 할 뿐 아니라 피해 당사자에게는 보상과 배상을 해야 한다.

더 나아가 사업주는 그 사업체 내에서 소송건과 유사한 차별을 받은 모든 피해자들에게도 보상을 해야 한다. 따라서 사업자는 소송으로 가면 기업 이미지의 손상은 물론이고 막대한 경제적 손실을 입을 위험성이 있기 때문에 대체로 위원회 수준에서 협상을 하게 된다. 피해자 역시 소송을 제기했을 경우에 소송기간이 오래 걸리고, 그 기간동안 엄청난 정신적·경제적 고통을 감수해야 하므로, 소송을 하기 전에 먼저 평등고용기회위원회에 고충을 고발한다. 이런 이유로 인해 양자 모두 소송을 시비를 가리는 것을 꺼리게 되며, 그 결과가 위원회에 접수된 불만건수 중에서 극히 소수만이 법정 사건으로 발전하게 된다. 이런 이유로 평등고용기회위원회는 제재 권한이 없으면서도 적극 평등인사정책을 정착시키는데 크게 기여했다.

이 같은 미국의 적극 평등인사정책 집행조직의 구조의 분석을 통해 얻을 수 있는 정책적 함의는 다음과 같다. 첫째, 민간 기업을 대상으로 하는 기관은 '독립규제위원회'의 형태로, 연방정부 및 산하기관과 계약한 기업의 경우는 연방계약을 관장하는 '노동부 산하기관'의 형태로, 연방정부 기관의 경우는 이를 관리하는 '대통령 직속 중앙인사기관'이 감독을 담당하게 하여 감독 대상 기관의 특징에 따라 가장 적절한 조직구조와 형태를 가지도록 하고 있다. 둘째, 감독 대상을 엄격히 구분하고 한 조직에 감독의 책임을 전담시켜 중복의 문제를 피하면서 전문성과 효율성을 높이고 있다. 셋째, 독립적인 조직들이 감독 대상을 달리하지만 전국적인 집행구조를 가지고 있어 일관성 있는 집행을 가능하게 하고 있다. 넷째, 여러 집행조직이 있지만 나름대로 체계화된 집행절차를 발전시켜 감독 업무를 객관성과 효율성을 높이고 있다.

3) 적극 평등인사정책의 집행절차

미국의 '평등고용기회위원회'의 가이드라인에서 제시하고 있는 적극 평등인사 집행절차를 바탕으로 나름대로의 집행절차를 제시해보면 다음과 같다(Slack 1987, 200; Nigro & Nigro 1994, 481-482; Faundez 1997, 41-46; <그림 4-4> 참고).

첫 번째 단계에서는 최고 관리자가 적극 평등인사 쟁점을 공론화하고 자신의 이념과 적극 평등인사정책에 대해 공약(commitment)을 한다. 적극 평등인사정책은 대단히 이념성이 강한 정책이기 때문에 최고 관리자의 역할이 대단히 중요하다. 최고 관리자의 강력한 의지 표명이 구체적인 공약으로 나타나게 되면 자연스럽게 조직 전체의 고용 및 인사 관리(승진, 교육·훈련 등)에 커다란 영향을 미치게 된다.

두 번째 단계에서는 조직 전체의 직무분석을 통하여 현황을 파악한다. 구체적으로 '노동력 분석'과 '활용성 분석'을 실시하여 조직 내 전체 직원과 소수집단의 수를 분석하여 과소활용 여부와 그 정도를 파악한다. 여기에서 '노동력 분석'(Workforce analysis)이란 각 부서 혹은 조직의 모든 직무를 나열하여 전체 직원의 수와 그 중 소수집단의 수가 얼마인지를 분석하는 것이고, '활용성 분석'(Utilization analysis)이란 정책대상인 소수집단이 사업장에서 적절하게 대표되고 있는지 여부를 판단하는 것이다.

세 번째 단계에서는 분석의 결과 조직의 소수집단에 대한 과소활용이나 고용차별의 문제가 발견되면 이를 시정하는 구체적인 '목표'(goals)와 '시간표'(timegables)를 작성하게 된다. 따라서 이 단계는 수치화된 연도별 목표를 설정하는 계획 단계라고 할 수 있다.

네 번째 단계에서는 연도별 목표 인원수와 같은 구체적으로 명시된 목표를 달성하기 위해 구체적인 고용 및 인사과정상의 조치(action)를 개발하고 집행한다. 이러한 조치는 크게 차별장벽의 제거(barrier elimination), 직무조정(job accommodation), 적극적 조치(positive measures)로 구성된다. '차별장벽의 제거'는 소수집단에게 불이익을 야기하는 고용관행을 제거하는 것이고, '직무조정'은 소수집단이 업무 수행함에 있어 적절한 환경을 조성하는 것이며, '적극적 조치'는 기관에서 소수집단을 적극적으로 채용하고 인사 관리하려는 모든 노력을 의미하며, 적극적 모집이나 특채, 교육훈련 등이 그 대표적인 예이다.

다섯 번째 단계에서는 내부 감사와 보고체계 등을 확립하여 지속적인 모니터링과 평가를 하여 차기 적극 평등인사정책에 환류(feedback)한다. 적극 평등인사정책의 집행이 끝나고 나면 관리자는 주기적으로 그 실시 상황에 대한 감독기관에 보고서를 제출해야 한다. 국가마다 보고서의 내용과 기간은 다양하지만, 대체로 직무 범주에서 비율, 임금률, 성별구성, 인종별 구성 등 상세한 내용을 담고 있다.

<그림 4.4> 적극 평등인사정책의 집행절차

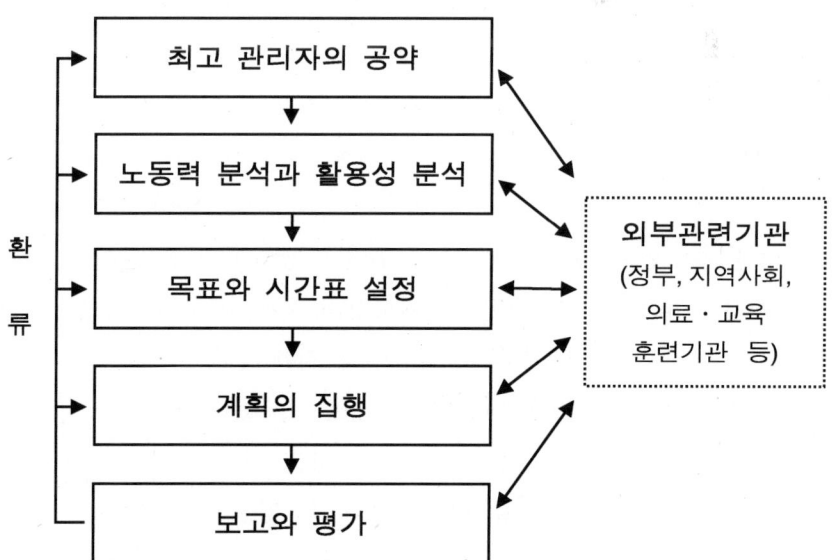

3. 적극 평등인사정책의 분석틀

지금까지 적극 평등인사정책의 일반적인 특징은 무엇이고, 이론적 관점은 어떤 것이 있으며, 정책과정은 어떤 특징을 가지는 지에 대해 분석하였다. 본 절에서는 이 같은 논의를 바탕으로 적극 평등인사정책을 분석하는 데에 사용할 수 있는 분석틀을 설정하고자 한다.

사회 전반의 평등을 증진하려는 목적으로 오랜 사회적 차별에 시달려온 사회 소수집단의 열악한 처지를 치료하고 복구하기 위해 국가가 차별 관행만을 금지하는 수동적이거나 중립적인 자세에 벗어나 고용 및 인사상의 우선 대우와 같은 방식까지 동원하는 적극 평등인사정책은 사회적 대표성과 사회적 형평성(기회의 평등과 결과의 평등)을 기본 가치로 한다. 그리고 어느 기본 가치를 보다 중시하는가에 따라 세 가지 접근법을 구분할 수 있다. 기회의 평등에 초점을 두는 '자유주의적 접근,' 결과의 평등과 사회적 대표성에 초점을 두는 '급진주의적 접근', 그리고 차이 혹은 다양성에 가치를 부여하는 '다양성 관리 접근'이 그것이다. 실제 도입된 적극 평등인사정책은 세 가지 접근법의 혼합이라고 할 수 있어 복합적이고 다국면적인 특성을 가진다. 그러나 어느 접근의 입장에 서느냐에 따라 상이한 정책과정과 정책 산출을 낳는다고 할 수 있다. 예를 들어 고용 및 인사상의 反차별법의 제정이나 교육·훈련을 강화와 같은 전략을 강조하는 자유주의적 접근과 고용 및 인사상의 우선 대우와 같은 전략을 강조하는 급진주의적 접근의 정책과정과 정책 산출은 동일하기보다는 상당한 차별성을 보일 것이라고 예상할 수 있다.

또한 적극 평등인사정책은 결정과정에서도 다른 정부정책과는 구별되는 특성을 가진다고 할 수 있다. 적극 평등인사정책은 정책의 수혜자들이 자원동원력이나 조직화 능력이 떨어지는 사회 소수집단이기 때문에 '창도적 정치' 혹은 '대중적 정치' 상황에 처하기 쉽다. 따라서 적극 평등인사와 관련된 정책이 공식적인 정부정책으로 채택되는 것은 쉽지 않다. 그럼에도 불구하고 현재 적극 평등인사정책 관련 입법이 속속 제정되거나 강화되는 이유는 입법에 유리한 정책 환경이 조성되고 사회적 차별문제에 적극적으로 대응하는 '정책창도자'의 활동 때문이다. 그러나 적극 평등인사 관련 입법은 종종 본래의 입법취지를 살리지 못하고 명목상의 정책으로 전락하는 경우가 흔한데 이는 비용부담자인 기득권에 의한 '무의사결정'으로 설명할 수 있다. 따라서 적극 평등인사정책은 결정뿐만 아니라 무결정까지 주의 깊게 분석할 필요가 있다. 그리고 이 같은 결정과정에서의 역동성을 분석하기 위해서는 정책결정과정에 참여하는 참여자 관계의 분석이 중요하다.

이렇게 적극 평등인사정책이 결정되고 나면 '일상화' 또는 '관리' 단계, 즉 집행단계로 넘어가게 된다. 적극 평등인사정책의 집행과정의 중요한 구성요소는 정책수단, 집행조직, 집행절차라고 할 수 있다. 이 중에서 가장 중요한 것은 집행에 사용되는 정책수단으로 이에 따라 정책과정 전체의 성격이 확연히 달라진다. 그리고 국가마다 상이한 형태의 집행조직과 집행절차의 분석이 보다 체계적이고 효과적인 적극 평등인사정책의 개발을 위해 필요하다.

적극 평등인사정책의 결정과 집행이 끝나고 나면 이에 대한 정책평가가 이루어진다(Dometrius & Sigelman 1984, 241-246). 적극 평등인사정책의 평가에는 "대표성 비율"(representative ratio)과 "이익지수"(advantage index) 등과 같은 수학적 측정방법을 사용하여 대표성이나 형평성을 수량적으로 평가하는 방법과 시계열 분석을 통해 과거와 현재를 비교하여 정책의 산출을 평가하는 방법이 주로 사용된다. 그 밖에 이렇게 외면적으로 나타나는 산출을 평가하는 것이 아니라 그러한 산출의 차이가 왜 나타나는 지를 연구하는 인과관계 분석도 있다.

이 같은 논의를 종합하여 본 연구의 분석틀을 체계모형(system model)의 관점에서 구성해 보면 다음과 같다. 먼저 적극 평등인사정책은 보다 중점을 두는 기본가치가 무엇이냐에 따라 상이한 세 가지 접근법이 존재하면서 어느 접근의 입장에 서느냐에 따라 정책결정과 집행의 특성이 어느 정도 결정된다고 할 수 있으므로 이에 대한 분석이 필요하다. 그리고 나면 전통적인 정책과정, 즉 정책결정, 집행, 평가과정으로 분석이 가능한데, 결정과정에서는 정치 상황, 참여자 관계, 결정－무결정 등이, 집행과정에서는 정책수단, 조직구조, 집행절차 등이 분석될 필요가 있다. 그리고 이러한 결정과 집행과정의 산출물은 정책평가의 과정을 거쳐 다시 결정－집행과정에 지속적인 영향을 끼치며 환류하게 된다. 이 책의 분석틀을 정리해 보면 다음 <그림 4.5>와 같다. 그리고 이 분석틀은 적극 평등인사정책의 적용대상이랄 수 있는 소수인종 및 민족, 여성, 장애인, 중고령자 등의 고용 및 인사정책 분석에 공히 사용될 수 있다.

<그림 4.5> 적극 평등인사정책 연구의 분석틀

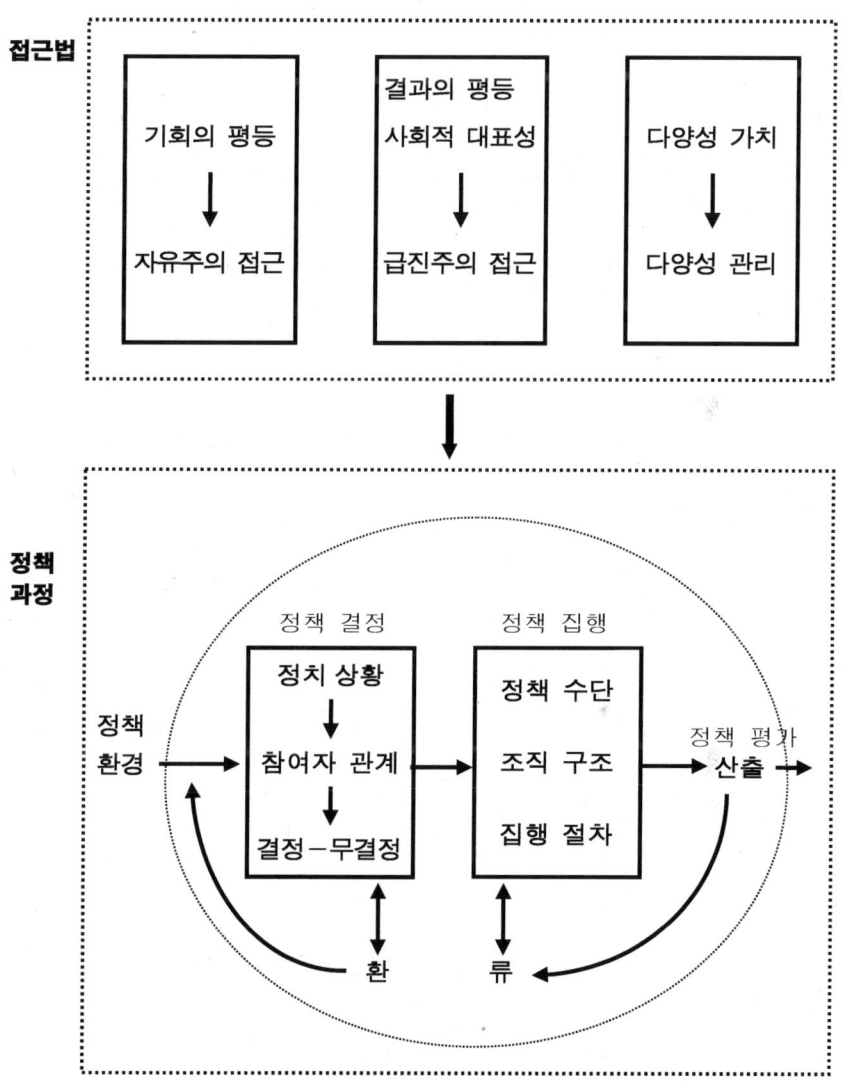

제2편

한국의 적극 평등인사정책 사례
- 장애인고용정책을 중심으로 -

현재 한국에서 적극 평등인사정책의 대상 집단으로 여성, 장애인, 소외지역출신자, 국가유공자, 중고령자 등을 고려할 수 있다. 그 중에서도 가장 대표적인 것은 여성과 장애인으로, 1980년대 말 이후 여성 및 장애인의 고용관련 입법을 통해 고용할당제나 채용목표제 등과 같은 대표적인 적극 평등인사정책의 수단이 도입되었다. 또한 그 결정과정이 전형적인 적극 평등인사정책 결정과정의 특징을 보여준다.

이 책은 한국의 적극 평등인사정책 사례로 1990년 제정된 「장애인고용 촉진 등에 관한 법률」과 2000년 전면 개정된 「장애인고용 촉진 및 직업재활법」을 중심으로 하는 장애인고용정책을 분석하고자 한다. 이처럼 장애인고용정책을 적극 평등인사정책의 사례로 선택하게 된 이유는 다음과 같다. 첫째, 장애인은 자신의 의도와 무관한 신체적 혹은 정신적 장애라는 특징을 공유하며 이로 인해 주류사회로부터 배제(exclusion)되어 유무형의 편견과 차별에 시달리는 대표적인 사회 소수집단이기 때문이다. 둘째, 장애인고용정책은 적극 평등인사정책의 정책적 특징을 잘 대변하고 있기 때문이다. 셋째, 장애인고용정책의 결정과정은 전형적인 적극 평등인사정책 결정과정의 정치상황, 참여자 관계, 결정 - 무결정 구조 등의 특징을 보여주기 때문이다. 넷째, 장애인고용정책은 정책수단, 집행조직, 집행절차 등과 같은 집행의 구성요소의 측면에서 적극 평등인사정책의 그것과 비교되기 때문이다.

제5장 장애인고용정책의 의의

1. 장애인의 정의와 현황

어떤 상태를 장애로 보며 누구를 장애인으로 규정하는가에 대해서 학자들 간에 통일된 견해가 없으며, 한 국가의 법체계 내에서도 법의 목적에 따라 그 정의가 상이할 정도로 장애와 장애인을 개념 정의하는 것은 힘들다(Berkowitz & Hill 1993, 6-9; 전영평 1998, 117). 그렇지만 이러한 장애 및 장애인의 개념 문제는 장애인 정책 전반에 대한 시각의 차이를 가져다 줄뿐만 아니라 실제 장애인 정책의 양태와 범위를 결정한다는 점에서 매우 중요하다.

Oliver(1996, 30-42)는 장애 문제에 대해서 크게 두 가지 근본적인 이론적 관점, 즉 '개인 모형'(individual model)과 '사회 모형'(social model)이 존재한다고 주장한다. '개인 모형'은 장애의 문제를 장애로부터 야기된 기능적 한계 혹은 심리적 손상으로 야기된 개인적 문제로 파악하는 반면, '사회 모형'은 장애의 문제를 개인의 한계보다는 장애인에게 적절한 서비스를 제공하고 욕구 충족을 보장하는 데 실패한 사회의 문제로 파악한다. 따라서 개인 모형에서는 장애를 신체장애와 같이 협소하게 정의하는 반면, 사회 모형에서는 장애를 장애인에게 부과된 개인적 편견에서부터 제도적 차별까지, 접근하기 힘든 공공건물에서부터 사용 불가능한 교통체계까지, 분리된 교육에서부터 직업에서의 배제까지를 포함하는 포괄적인 개념으로 정의하게 된다. 그리고 이 같은 실패의 결과는 불행한 장애인

몇몇에게만 나타나는 것이 아니라 사회전반에 걸쳐 제도화된 차별의 모습으로 '사회적 소수집단'(a social minority)인 장애인 집단에게 체계적으로 나타나게 된다고 파악한다.

이러한 맥락에서 세계보건기구(WHO)는 장애를 '신체장애'(impairment), '능력 장애'(disability), '사회적 불리'(handicap)의 세 종류로 구분한다(佐藤 1991, 67). 여기에서 '신체장애'는 정신적·신체적·해부학적 구조의 손실 및 비정상을 의미하며, '능력 장애'는 정상적이라 간주되는 범위의 활동을 수행하는 능력의 제한 또는 손상을 의미하고, '사회적 불리'는 정상적인 인간의 역할을 수행하는 데 대해 사회적으로 불이익을 받는 것을 의미한다.

이와 비슷하게 권도용(1995, 18-34)은 장애를 포괄적인 개념인 '사회적 불리'(handicap)로 파악한다. '사회적 불리'란 어떤 개인이 신체 및 정신의 기능장애로 인해 주체적 행동을 할 수 없는 상태라는 개인적 측면뿐만 아니라, 이런 개인이 정상인으로 살아갈 수 없게 하는 사회적 측면이 결합된 것으로 파악한다. 구체적으로 '사회적 불리'의 첫 번째 구성 요소인 '개인적 장애'로 그 사람이 가지고 있는 개인적인 능력의 손실 또는 손상을 원인으로 한다. 개인적 장애는 생리학적 신체구조 장애와 신체기능 장애로 구성되는 '신체장애'(impairment)와 이러한 장애인의 신체장애가 원인이 되어 심리적 문제를 발생하여 인간의 주체의식에 장애를 초래하는 '의식장애'(despair), 그리고 신체장애와 의식장애가 결합되어 주체적 행동을 할 수 없는 상태인 '능력 장애'(disability)로 구성된다. '사회적 불리'의 두 번째 구성 요소는 '사회적 장애'로 물리적 사회 환경 장애, 문화적 사회 환경 장애, 사회 심리적 사회 환경 장애로 구성된다. '물리적 사회 환경 장애'는 비장애인의 기준으로 형성되어 있어 능력 장애를 가진 장애인이 이용하는 것이 불가능하거나 불편한 주택, 건물, 시설, 도로, 설비, 이동 수단 등과 관련된 문제이다. '문화적 사회 환경 장애'는 그 사회 문화를 학습하는데 현실적으로 제한을 받는 장애인이 그 사회가 공유하고 있는 문화를 내면화하거나 적응하는 데 실패하는 데 따른 문제이다. '사회 심리적 사회 환경 장애'는 장애인에 대한 사회 심리적 편견에 따른 문제이다. 예를 들어 장애인에 대해 "너는 장애인이기 때문에 ……가 될 수 없다(혹은 ……를 할 수 없다)" 등의 편견은 능력을 가지고 있는 장애인을 좌절토록 하고 사회접근을 방해하는 사회 심리적 장애요인이 된다.

요컨대 장애를 포괄적으로 정의하면 단순히 장애인 개인의 물리적인 신체장애뿐만 아니라 전체 장애인 집단의 정상적인 사회생활을 방해하는 모든 개인적 장애요인과 사회적 장애요인이 결집된 상태를 말하는 것이다. 다시 말해 장애란 단순히 개인의 신체적·정신적 기능장애로 따른 무능력에 기인하는 것이 아니라 그러한 개인이 정상적인 사회생활과 직장생활을 할 수 없게 하는 물리적 시설과 사회문화적인 편견 및 차별과 결합할 때 비로소 발생하는 것이다. 이 같은 장애의 포괄적 개념을 간단히 정리하면 다음 <그림 5.1>과 같다.

<그림 5.1> 장애의 포괄적 개념

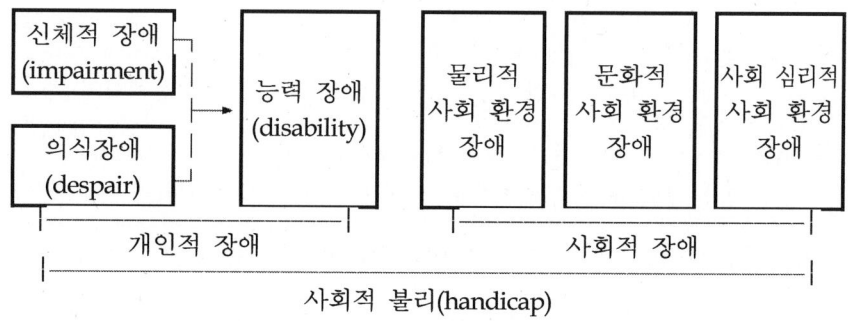

자료: 권도용(1995) 18-34면을 정리하여 그림으로 작성.

148

실제 한국의 장애인 정책의 양태와 범위를 결정하는 장애인 관련 법에서의 장애 및 장애인의 정의는 살펴보면 다음과 같다. 한국의 장애인 정책의 모법(母法)이라고 할 수 있는 「장애인 복지법」 제2조 제1·2항(1999. 2. 8. 개정)에서 "장애인은 신체적·정신적 장애로 인하여 장기간에 걸쳐 일상생활 또는 사회생활에 상당한 제약을 받는 자로 대통령령이 장애의 종류 및 기준을 정한다"고 규정하고 있다. 이에 따라 동법 시행령(1999. 12. 31. 개정) 제2조에서는 지체장애, 뇌병변장애, 시각장애, 청각장애, 언어장애, 정신지체, 발달장애(자폐증), 정신장애, 신장장애, 심장장애 등 10종류의 장애를 규정하고 있다. 이 같은 한국의 장애인 관련법에서의 장애 및 장애인 정의는 전형적인 '개인 모형' 입장에서 개인적인 신체장애(impairment)로 한정지을 뿐이라는 비판을 받고 있다.1)

이 같은 장애인 관련법에서의 장애에 대해서 소극적인 정의는 한국의 장애인 범위와 장애인 정책의 특성에 지대한 영향을 미쳤다. 예를 들어 미국의 경우 「미국 장애인법」(American Disability Act)에 규정에 따라 장애인을 전체 인구의 약 10-20%(약 4,300만 명 정

---

1) 현재 「장애인복지법」과 그 시행령에서 규정하고 있는 장애의 종류와 범위는 개정 전 법에서 장애를 지체 장애, 시각 장애, 청각 장애, 언어 장애, 또는 정신 지체 등으로 특정하였던 것에 비해 보다 넓어 졌다고 할 수 있다. 그러나 선진국의 관련법과 대비해 볼 때 아직도 장애인의 범주가 대단히 협소하다고 할 수 있다. 예를 들어 「미국장애인법」(ADA)은 장애인을 어떠한 질환이든지 그 질환으로 인하여 일상생활의 주요 활동에 제약을 받는 사람, 예를 들어 노환, back-pain, 천식, 심장병, AIDS 등으로 인한 활동 장애와 그러한 기록을 가진 사람, 심지어 그러한 손상을 가진 것으로 간주되는 사람까지 포함하고 있다(전영평 1998, 117-118). 정부도 이러한 문제를 인정하여 1997년에 공포된 「장애인복지발전 5개년 계획」에 의해 장애인 범주를 점진적으로 확대할 계획을 수립하고 있다. 확대가 예상되는 장애인 범주에는 호흡기 장애, 만성간질환, 만성알코올 및 약물중독장애, 기질성 뇌증후군, 기타 정신발달장애, 소화기장애, 비뇨기장애, 치매, 외부기형, 만성통증, 간질 등 경련장애, 암 등이 포함된다(변용찬 외 2001, 101).

도)로 추산하고 있는 반면, 한국의 경우는 장애인관련법에 따라 전 인구의 약 3%(약 145만 명)만이 장애인으로 보고 있다. 이러한 상황에서 장애인 사실의 공개를 기피하는 경향도 매우 심각하여 추산된 장애인에 비해 등록 장애인(약 90여만 명)에 그치고 있다.2)

현재 한국의 장애인은 「2000년도 장애인 실태조사」에 따르면 144만 9500명으로 추정되어 장애인 출현율은 3.09%로 추정되고 있다(변용찬 외 2001, 126). 이는 1995년 장애인 105만 3500명, 장애인 출현율 2.35%에 비해 장애인 39만 6000명, 장애인 출현율 0.74%가 증가한 것이다. 이처럼 장애인의 수와 장애인 출현율이 1995년 조사 때보다 크게 늘어나게 된 이유는 법정장애의 범주가 지체·시각·청각·언어·정신지체에 한정되던 것이 발달·정신·신장·심장 장애까지 확대되었고, 이전에는 장애로 인정되지 않던 왜소증·척추후만증·척추측만증 등이 추가되고, 장애판정 기준이 대폭 완화되었기 때문이다(<표 5.2> 참고).

---

2) 과거부터 한국의 장애 출현율 추정에 대한 신뢰성 논쟁이 있어왔다(이익섭 1990, 94-98). 전세계적으로 볼 때 장애인 출현율은 약 10% 정도로 보는데 한국은 전세계 평균에 훨씬 미치지 못한 수준이다. 이는 세계최고 수준의 교통사고율과 산업재해율, 그리고 빈번한 인위재난으로 볼 때는 쉽게 이해되지 않는 부분이라 할 수 있다. 따라서 한국의 장애인 출현율이 낮은 이유를 첫째, 장애인 조사에서 그 부모 혹은 가족들이 정확한 응답을 회피하였을 가능성, 둘째, 장애인 조사가 채택하고 있는 협의적 장애 규정, 셋째, 지나치게 엄격한 장애 판별기준 등에서 찾기도 한다. 참고로 주요국의 장애인 출현율을 비교해 보면 <표 5.1>과 같다.

<표 5.1> 주요국의 장애인 출현율　　　　　　　　　　　(단위: %)

구 분	한국(2000)	일본(1995)	독일(1991)	미국(1995)	호주(1993)
출현율	3.09	4.8	8.4	30.6	18.0

자료: 한국장애인복지체육회(1992)

<표 5.2> 1995년과 2000년 활동제약자 실태조사에 의한 추정
장애인수 비교

구 분		1995년 실태조사	2000년 실태조사	비 고
계		1,053,468명	1,449,496명	− 출현율 2.35%('95) → 3.09%('00)
주된 장애 유형별 장애인수	지체 장애	704,087명	605,127명	− 왜소증추가 − 척추후만증, 척추측만증 추가 − 노인인구 증가로 뇌병변장애를 별도 분리 − 현행 뇌병변장애 6급의 기준: 보행 시 파행
	뇌병변 장애		223,246명	
	시각 장애	74,825명	181,881명	− 한쪽 눈이 실명된 경우 다른 눈의 시 력과 상관없이 장애에 포함 − 실명의 기준을 0.01에서 0.02로 조정
	청각 장애	155,631명	148,707명	− 판정기준 동일 − 다른 장애(뇌병변장애, 언어장애)와 중 복되어 나타날 경우가 많으며, 이 경우 다른 장애가 주된 장애가 될 가능성이 높음
	언어 장애	37,416명	26,871명	− 판정기준 동일 − 다른 장애(뇌병변장애, 정신지체, 청각 장애)와 중복되어 나타날 경우가 많으 며, 이 경우 다른 장애가 주된 장애가 될 가능성이 높음
	정신 지체	81,509명	108,678명	− 판정기준 동일('00.9 등록: 84,425명)
	발달 장애	−	13,481명	− 학계에서 추정하는 출현율: 인구 만 명 당 2-3명(9,500-14,200명)
	정신 장애	−	71,797명	− 1998년 현재 약 5만 명으로 추정(서동 우 1999)
	신장 장애	−	25,284명	− 혈액투석 15,000명, 복막투석 5,000명, 신장 이식 6,000명으로 추정(국립재활원)
	심장 장애	−	44,424명	− 1995년 실태조사결과 심장질환(심근경 색증, 심장판막증, 심부전증)을 가진 환 자는 약10만 8천명으로 추정 − 심장질환자중 중증만 장애로 인정

주: 1) 기존 장애유형(지체, 시각, 청각, 언어, 정신지체): 1,071,264명
　　2) 신규장애유형(발달, 정신, 신장, 심장): 154,986명
　　3) 신규 분리확대 장애유형(뇌병변장애): 223,346명
자료: 변용찬 외 (2001, 33), 「2000년도 장애인 실태조사」

현재 추정 장애인 중 지역 사회에 거주하고 있는 재가 장애인은 139만 8200명이며, 시설에 거주하고 있는 장애인은 5만 1300명이다 (<표 5.3> 참고). 재가 장애인 중 지체장애인은 60만 5100명으로 1.35%로 가장 높은 출현율을 보이고 있다. 그 다음은 뇌병변장애인으로 22만 3200명으로 0.52%의 출현율을 보이고 있다.

<표 5.3> 2000년도 전국 장애인 추정수

구 분	1995년			2000년		
	계	재가 장애인	시설장애인	계	재가 장애인	시설장애인
장애인 수	1,053.5	1,028.8	24.6	1,449.5	1,398.2	51.3
구성비	100.0	97.7	2.3	100.0	96.5	3.5
출현율	2.35	2.37	—	3.09	2.98	—

자료: 변용찬 외 (2001, 126), 「2000년도 장애인 실태조사」

대부분의 장애는 예방 가능한 각종 질환 및 사고 등 후천적 원인 (89.4%)에 의해 발생한 것으로 나타났다. 특히 지체장애의 발생원인은 교통사고 및 산업재해(34.8%), 가정 내 사고(8.0%), 기타 사고 (26.8%) 등 지체장애인의 약 70%가 각종 사고에 의한 것으로 나타났다. 장애인의 약 61.0%는 거의 모든 일상생활을 타인의 도움 없이 혼자서 할 수 있으나, 나머지 39.0%는 타인의 도움이 필요한 것으로 나타났다.

장애인 가구의 월 평균 소득은 108.21만 원으로 도시근로자 가구 소득(2000년 2/4분기 233.1만 원)의 46.4%에 불과하다. 장애인 가구 중 생활보호대상자의 비율은 13.7%로서 비장애인가구의 생활보호대상자 비율 2.6%에 비해 5배 이상 높게 나타났다. 15세 이상 장애인 중 34.2%가 취업하고 있으며 15세 이상 장애인의 경제활동참가율은

47.8%이다. 15세 이상 장애인 중 실업자는 18만 900명으로 실업률
이 28.4%로 전체 실업률(2000년 6월) 4.2%에 비해 6.8배 높은 수준
을 기록하고 있다(<표 5.4> 참고). 취업 장애인의 취업분야는 주로
농업(25.6%), 단순노무직(23.4%), 서비스업(21.0%)에 편중되어 있다
(<표 5.5> 참고). 취업 장애인의 월평균 소득은 79.2만 원으로 상용
종업원(2000년 6월)의 월평균임금 183.7만 원의 43.1%에 불과한 실
정이다.

<표 5.4> 재가 장애인의 성별 취업인구 및 취업률 (단위: 명, %)

구 분	15세 이상 인구	경제활동인구			비경제 활동인구	경제 활동 참가율	취업률	실업률	인구대비 취업자 비율
		계	취업	실업					
남 자	819,450	486,507	356,046	130,461	332,943	59.37	73.18	26.82	43.45
여 자	512,039	150,150	99,684	50,466	361,889	29.32	66.39	33.61	19.47
계	1,332,489	636,657	455,730	180.927	694,832	47.8	71.58	28.442	34.23

자료: 변용찬 외 (2001), 「2000년도 장애인 실태조사」

<표 5.5> 재가 취업 장애인의 경제활동 분야

구분	입법공무원·관리자	전문가	기술공·준전문가	사무직	서비스·판매직	농·어업	기능원·관련기능근로자	장치·기계조작·조립원	단순노무직	계
비율	0.3	2.4	3.6	4.8	21.0	25.6	11.7	6.5	23.4	100.0

자료: 변용찬 외 (2001), 「2000년도 장애인 실태조사」

2. 장애인고용정책의 의의

1) 장애인고용정책의 개념

정신적·육체적 장애로 인한 사회적 차별은 시장에 맡겨둔다고 해서 저절로 해소될 수 있는 것이 아니다. 일종의 시장실패의 성격을 가진다고 할 수 있다(전영평·이곤수 1999, 11-12). 따라서 장애로 인한 장애인에 대한 사회적 차별을 제거하고 이들의 권리를 확립하여 사회통합을 이루려는 정부와 사회전반의 노력이 절실히 필요하다. 이처럼 사회 소수집단인 장애인의 사회적 처우 및 삶의 질 향상을 위한 정부의 정책적 대응을 '장애인 정책'(혹은 장애 정책; disability policy)이라고 한다. 장애인 정책에는 장애인의 사회통합을 지향하는 의료, 교육, 고용 및 직업, 심리, 재활사회사업 등이 모두 포함된다(권도용 1995, 85). 따라서 '장애인고용정책'은 장애인 정책의 한 부분정책이랄 수 있다.

여러 장애인 정책 중에서도 장애인고용정책이 특별히 중요한 이유는 고용 촉진과 직업재활을 통해 정상적인 직업생활을 가능하게 하기 때문이다. 과거에는 장애인은 비경제적·비자립적 존재로 사회적 원조의 대상이었다면, 장애인고용정책으로 인해 이제는 자립적인 경제주체로써 인정받으며 직업생활을 통해 자연스럽게 사회에 통합되고 '정상성'(normality)을 확보하게 되는 것이다.[3]

이 같은 의의를 가지는 장애인고용정책은 고용형태에 따라 크게

---

3) 장애인 정책의 궁극적인 목표는 장애인의 '정상화'(正常化: normaliza-tion)와 '사회통합'(social integration)이라고 할 수 있다. 여기에서 '정상화'란 장애인을 장애를 가진 특수한 사람으로 특별하게 취급하지 말고 보통의 생활환경 속에서도 정상적인 생활을 할 수 있는 사람으로 생각해야한다는 의미이다(이성규 2000, 50).

'일반고용정책'과 '보호고용정책'을 구분된다(권도용 1995, 126-129; 최종길 2001, 73-74).4) 첫째, '일반고용정책'은 일반사업체에서 장애인을 고용하는 것으로 적절한 작업조건의 제공을 전제로 비장애인과 직업적 통합형태를 이루는 고용형태를 말한다. 여기에는 법정의 고용률 제도에 따라 의무적으로 장애인을 고용하는 '강제고용', 장애인의 고용이 법제화되어 있지 않지만 각국의 특유한 방법에 따라 고용을 촉진하는 '비강제고용', 장애인의 능력과 고용의 증진을 위해 일반노동자와 함께 일할 수 있도록 필요한 지원을 제공하는 '지원고용'(Supported Employment), 일정 직종을 지정해서 그 직종에 대해서 장애인을 우선적으로 고용하는 '유보고용'(Designated Employment) 등이 있다. 둘째, '보호고용정책'은 일반 기업체에 취업하기 어려운 중증장애인을 대상으로 보호적 조건하에서 행해지는 고용형태를 말한다. 여기에는 장애인만을 위한 보호 작업장을 설치하여 직장생활과 사회통합을 종합적으로 지원하는 '보호 작업장 고용'(Sheltered Workshop Employment)과, 장애의 종류·정도·특성상 정상적인 출퇴근 등 이동이 어려운 장애인에게 집에서 일할 수 있는 고용의 기회를 제공하는 '재가고용'(Homebound Employment)이 있다.

장애인고용정책은 장애인의 처지를 고용 촉진과 정상적인 직업생활을 통해 개선하려는 것으로 직접적인 정부 규제에서부터 간접적인 방법까지 다양한 정책수단을 가지고 있어 복합적인 정책 특성을 가진다. 장애인고용정책은 장애인의 전반적인 복지를 고용 및 인사상의 측면에서 정부규제적 수단을 통해 달성하려고 하기 때문에, 복지정책·규제정책·인사정책의 성격을 동시에 지니고 있다. 먼저 장애인고용정책은 정책의 수혜자가 사회적 약자인 장애인을 대상으로 한다는 점에서 사회복지정책의 성격을 띠고 있다. 실제로

---

4) 이 책은 장애인고용정책 중에서도 일반고용정책을 중심으로 연구한다.

지금까지 한국에서 장애인고용관련 연구는 장애인 복지 연구자들에 의해 연구가 진척되었다. 그리고 장애인고용정책은 장애인의 고용 증진을 위해 기업과 정부기관에 의무고용을 강제하고 이를 위반할 때에는 고용부담금 등의 벌칙을 부과하는 등 규제정책 수단을 동원 하기도 한다. 따라서 장애인고용정책은 규제정책적 성격을 또한 가 진다. 장애인고용정책을 규제정책의 측면을 본다면 한국의 장애인 고용정책의 규제구조는 그림 <그림 4.2>와 같이 나타낼 수 있을 것 이다. 마지막으로 장애인고용정책은 채용뿐만 아니라 인사의 각 과 정, 즉 승진, 교육·훈련, 퇴직 등에서도 지속적으로 적용되어야만 효과를 볼 수 있으며, 장애인고용이 직무상담·직무평가·취업알 선·사후관리 등과 같은 인사관리적인 절차를 갖는다는 점에서 인 사 혹은 인력정책적 성격도 가진다고 할 수 있다.

<그림 5.2> 장애인고용정책의 규제구조

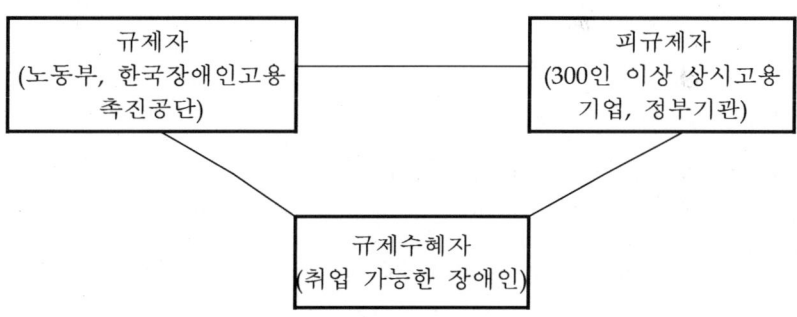

출처: 전영평 (1995, 284) 참고 재정리.

2) 장애인고용정책의 접근법

Hahn(1982, 385-389)은 장애인고용정책에 세 가지 접근법이 존재한다고 주장하였다. 첫째, 가장 전통적이면서 일반적으로 통용되는 것으로 '의료적 접근법'(a medical or clinical perspective)이 있다. 이 접근법에서는 장애의 문제를 오직 장애인 개인의 신체적 제약으로 초래되는 것으로 파악한다. 따라서 장애인고용정책은 개인적 차원에서 신체적 제약을 의학적인 방법으로 극복하려는 데 초점을 두게 된다. 둘째, 장애인의 고용상 문제는 장애인 개인의 신체적 한계와 이로 인한 직무상의 기능적 한계와 무능력에 기인하는 것으로 파악하는 '경제적 접근법'(a economic perspective)이 있다. 따라서 이 접근법에서는 개인의 장애를 노동력 참여를 제한하는 주로 인적자본(human capital)상의 결점으로 파악하고, 장애인에 대한 직업알선, 교육·훈련, 각종 직업재활 서비스 등과 같은 수단으로 장애인의 직무상의 기능적 한계를 극복하고자 한다. 의료적 접근과 경제적 접근은 모두 장애인고용 문제를 집단적 차원에서 해결하려 하기보다는 개인수준에서 해결하려는 점에서 동일하다. 셋째, 장애인고용의 문제를 사회의 요구에 적응하지 못하는 장애인 개인의 무능력에 기인하는 것이 아니라 장애인들의 요구와 열망을 충족시켜주지 못하는 구조화된 사회 환경의 실패에서 일차적으로 원인을 찾는 '사회-정치적 접근법'(a socio-political perspective)이 있다. 이 접근법에서는 장애인을 인종적 소수집단처럼 사회적 편견·차별·분리로 고통 받고 있는 '사회 소수집단'(a minority group)으로 파악한다.

이러한 Hahn의 분류에 근래 '다양성에 기초한 장애 관리'(managing disability-based diversity) 접근법이 새로이 대두하고 있다(Roberts

1996, 310-331). 이 접근법에서는 '사회–정치적 접근법'과 마찬가지로 장애인을 독특한 물리적 혹은 문화적 특성을 가지며, 사회적으로 차별 혹은 불평등한 대우를 받는 소수집단이라고 파악한다. 그러나 장애인 집단을 내부적으로 동질적이라고 파악하지 않고 신체장애의 원인, 그 정도, 장애의 맥락 등의 여러 가지 이유로 다양성을 가지며, 이러한 차이 혹은 다양성은 인정되고 존중되어야 한다고 주장한다. 이 접근법의 입장에 서게 될 때, 장애인은 환자나 비경제인으로의 지위설정에서 벗어나 장애를 자산(asset)이라고 여기는 긍정적인 자아를 발전시킬 수 있는 수단을 발견하게 되며, 비장애인은 장애가 가지는 사회구조적인 의미를 무엇인지를 깨닫게 된다.

이러한 네 가지 접근법은 적극 평등인사정책의 세 가지 접근법과 대응된다고 할 수 있다. 다시 말해 '의료적 접근'과 '경제적 접근'은 기회평등을 기본 가치로 하며 개인 중심의 전략을 펼치는 '자유주의적 접근'에, '사회–정치적 접근법'은 결과평등과 사회적 대표성을 기본 가치로 집단 중심을 전략을 구사하는 '급진주의적 접근'에, '다양성에 기초한 장애 관리 접근'은 차이와 다양성에 가치를 부여하여 이를 조직목표의 달성 도구로 실용적으로 사용하는 '다양성 관리 접근'에 대응한다.

3) 한국 장애인고용정책의 발전과정

한국의 장애인고용정책의 발전과정을 간단히 살펴보면 다음과 같다(한국노동연구원 1996, 40-42; 이성규 2000, 38-39; 한국장애인고용촉진공단 2000, 46-49). 최초의 장애인고용정책으로 인정될만한 것은 1913년 4월 맹인을 대상으로 '제생원'이 3년 과정으로 실시한 침구·안마 교육과 이에 면허증을 발급하는 것이었다. 그러나 근대적 의미의 장애인고용정책은 한국전쟁이후 발생한 전상자에 대한 의료 및 직업재활을 중심으로 시작되었다.

1961년 7월 5일 종전 보건사회부, 국방부, 내무부 등에서 산발적으로 이루어지던 전상군인에 대한 고용정책이 「군사원호청설립법」과 「군사원호대상자고용법」이 제정되어 이들에 대한 의무고용이 제도화되었다. 1962년 원호사업을 활성화하기 위하여 '직업보도원'을 설립하였으며, 1963년 「원호대상자 직업재활법」(법률 제1369호)이 제정·공포되면서 직업보도원이 '직업재활원'으로 개칭하였다. 직업재활원은 1976년 12월 24일 '국립직업재활원'으로 개칭되었으나 대상인원의 감소로 1981년 11월 2일 폐지되었다.

이렇게 전상군인으로부터 시작된 장애인고용정책은 1963년 「산재보상보험법」이 실시됨에 따라 산업재해 장애인에게까지 확대되었다. 산재법에서는 산재장애인에 대한 요양급여, 보상급여가 지급을 규정하고 있었을 뿐만 아니라 재해근로자의 적정 의료와 재활훈련 등을 위해 '산업재활원'의 설립을 규정하고 있었다. 1985년 5월에는 산업재해로 인해 발생한 중증 장애인에게 생산 작업을 부여하고 기능을 습득시켜 사회복귀 후 생업에 종사할 수 있도록 하는 직업훈련시설로서 '안산재활훈련원'을 설립하였다. 그리고 일반 장애인들에 대한 장애인고용정책으로는 1957년 '삼육아동불구원'(현재 삼육재활원)에서 직업보도실을 마련해 초등학교 과정을 마친 장애인들을 대상으로 목공예, 양재, 편물, 농예를 지도한 것이 최초이다. 1968년 사회복지법인 '명휘원'에서 목각, 편물, 수예 등을 교육하였다. 이처럼 1960-70년대에는 맹아, 농아, 정신지체 및 지체장애 특수학교들이 다수 설립되고 1977년 「특수교육진흥법」이 제정되면서 장애인 직업교육이 제도적으로 정비되었지만, 장애인고용정책은 전반적으로 원호대상자와 산재 장애인을 중심으로 이루어졌다고 평가할 수 있다.

이렇듯 원호대상자와 산재장애인을 중심으로 이루어졌던 장애인 고용정책이 전체 장애인에 대한 정부차원의 체계적이고 적극적인 대응으로 전환하기 시작한 것은 1980년대부터이다. 한국 장애인 정책이 일대 전환을 이룬 사건은 1981년 「심신장애자복지법」의 제정이었다. UN이 1981년을 '세계장애인의 해'로 정하자 이러한 국제적 환경변화에 맞추어 이 법이 제정되어 시행됨에 따라 실질적인 장애인 복지사업이 본격화되었다. 동법에 따라 1981년 11월 2일 보건사회부에 '재활과'(1994년 '장애인복지과'로 개칭)가 신설되면서 장애인 정책수립, 산하단체의 직업재활과정 운영을 위한 재원지원, 지도감독 등의 업무를 전담하는 중앙정부 차원의 기구로 자리 잡게 되었고, 장애인에 대한 보장구 교부사업, 의료비지원, 취업알선사업, 장애인재활시설, 요양시설, 직업재활시설, 점자도서관 등 장애인 복지사업이 본격적으로 시행되었다. 특히 '재활과'는 심신장애인의 취업알선계획을 수립하고 1982년부터 '한국장애인재활협회'에 취업알선창구를 설치하여 장애인에 대한 취업알선 업무를 위탁하였다. 보사부는 1984년 직업보도를 통한 시설 수용자에 대한 자활·자립정책을 수립하고 51개 장애인복지시설에 직업재활 사업을 지원하였고, 1986년부터는 적성직종 및 생산적 기능습득이 어려운 중증장애인을 위해 자립작업장을 설치·운영하기도 하였다.

1988년 한국의 장애인 정책에 커다란 영향을 주었던 제8회 서울장애인올림픽이 61개국의 참여 하에 개최되었고, 1989년에는 대통령 직속의 '장애자복지대책위원회'가 구성되었으며, 심신장애자복지법의 전문이 개정되어 「장애인복지법」으로 변경되었다. 그리고 1990년 1월 「장애인고용 촉진 등에 관한 법률」(이하 장애인고용 촉진법)이 제정되고 그 이듬해 그 시행령이 시행되게 되었다.

　　장애인고용 촉진법과 그 시행령은 직업을 통한 장애인의 재활이 국가의 장애인 정책의 중심에 자리 잡게 되었다는 점에서 그 의의가 매우 크다. 이제 장애인은 단순히 복지 수혜대상자가 아닌 정상적인 생산주체로 인정받게 되었고 노동을 통한 사회통합의 길이 열리게 된 것이다. 이 법에 따라 장애인고용의 촉진활동을 전문적으로 담당할 기관으로 '한국장애인고용 촉진공단'을 설립되어 장애인고용에 필요한 조직을 확충하고 취업알선 등의 서비스를 장애인에게 제공하고 있다. 장애인고용 촉진법은 그 동안 크고 작은 부분개정을 포함하여 3차례 개정되었는데, 2000년 1월 12일 「장애인고용 촉진 및 직업재활법」(법률 제6,166호)으로 전면 개정이 되었다(윤의민 2000, 90-92).

제6장 장애인고용정책의 결정과정

본 장에서는 한국의 장애인고용정책의 결정과정을 「장애인고용
촉진 등에 관한 법률」의 제정과정과 「장애인고용 촉진 및 직업재활
법」 전면 개정 과정을 중심으로 적극 평등인사정책의 결정과정의
주요 구성요소인 정책 환경, 정치상황, 참여자 관계, 무의사결정 등
으로 구분하여 분석한다.

1. 장애인고용법 및 시행령 제정과정

1) 정책 환경

한 국가에서 장애인 정책은 다양한 국내외의 정책 환경에 크게
영향을 받아 발전하게 된다. 먼저 한국의 장애인고용 촉진법 및 그
시행령 제정과정에서 큰 영향을 미쳤던 국외 정책 환경을 살펴보면
다음과 같다.

첫째, 장애인의 인권과 노동권에 관련된 국제기구의 연이은 선언과
권고가 영향을 미쳤다. 국제연합(UN)은 1975년 12월 9일 총회에서
"장애인의 권리선언"을 선포하고, 1976년 11월 28일 제31차 UN 총회
에서는 1981년을 "세계장애인의 해"로 결의하고 매년 12월 9일을
"장애인의 날"로 정하였다. 1982년 12월 3일 제37차 UN총회에서는
"UN 장애인의 해 10년(1983년-1992년)"을 선언하고 장애의 예방, 재

활, 기회의 균등화 등에 관하여 "장애인에 관한 세계 행동계획"을 결의함으로써 장애인의 기본적 인권과 장애인 문제를 국제적으로 부각시켰다. 그리고 국제노동기구(ILO)에서는 1983년 "장애인 직업재활과 고용협약 및 권고"(제159호, 제168호) 발하였다(http://www.ilo.org). 이후 UN의 영향하에 아시아·태평양지역에서도 1992년 ESCAP(국제연합 아시아태평양 경제사회위원회) 제48차 총회에서 "아시아태평양 장애인의 해(1993년-2002년)"를 결의하였다. 이와 같은 각종 선언과 권고 등 국제사회의 움직임은 장애인의 인권에 대한 국민적인 관심을 불러 일으켰고, 국제 사회의 시선을 의식하지 않을 수 없던 정책담당자들로 하여금 정책적 대응을 시작하게 하였다. 1981년 국제연합의 '세계장애인의 해' 선포에 발맞추어 한국 장애인정책이 일대 전환을 이룬 「심신장애자복지법」이 제정되었고, 1982년에는 「직업안정법」의 개정을 통해 신체장애인의 고용 촉진을 위한 고용기회의 확대 및 부당한 취업제한을 금지하는 조항이 신설되었다(전영평 1995, 281-282; 이성규 2000, 107-108).

둘째, 1988년 제8회 "서울 장애인 올림픽대회" 개최를 들 수 있다.5) 장애인 올림픽은 하계 올림픽을 개최하는 국가가 같은 해 주최하는 관례를 가지고 있는데, 제24회 "서울 하계올림픽대회"가 끝난 뒤 곧이어 61개국 4,319명의 선수단(선수 3,170명)이 참석한 가운데 개최되었다. 당시 정부는 세계의 장애인들이 몰려들어 한국의 열악한 장애인의 실상을 목도하는 것에 상당한 부담을 갖고 있었다. 따라서 1985년 네덜란드 안헴에서 서울이 장애인올림픽대회 개최지로 선정되자 정부는 장애인 복지에 대해 지속적인 관심을 보였다. 이러한 관심은 1989년에는 대통령 직속의 '장애자복지대책위원

---

5) 장애인 올림픽대회란 한국의 위상을 세계에 보여준다는 측면이 강하므로 국내환경이라기 보다 국외환경의 변화에 포함시키고자 한다.

회'의 구성과, 「장애인복지법」 개정, 1990년 「장애인고용 촉진법」의 제정으로까지 이어지게 되었다(이성규 1999, 38-39).

셋째, 한국의 장애인고용 촉진법은 제정 당시 법정 고용률제도로 기업의 장애인고용을 의무화하였던 일본의 입법에 커다란 영향을 받았다(이정숙 1998, 64-67; 한국노동연구원 1997; 장창엽 1994, 62-63). 일본의 경우 1960년 제정된 「신체장애인고용 촉진법」이 1976년 「장애인고용 촉진 등에 관한 법률」로 개정되면서 '신체장애인고용률제도'와 '신체장애인고용납부금제도'를 도입하였다. 적용대상 사업체도 상용근로자 300명 이상이며, 법정고용률은 일반 민간기업의 경우 1.9%, 민간 특수법인 1.9%, 국가 및 지방자치단체의 경우 비현업 기관일 경우 2.0%, 현업기관일 경우 1.9%로 하고 있다. 이처럼 법명에서부터 적용대상 사업체, 법정고용률까지 일본의 입법에 크게 영향을 받았다는 것을 한눈에 알 수 있다.

이 같은 국외 환경의 변화와 함께 장애인 정책과 관련된 국내 환경이 변화하기 시작했다(전준구 1997, 81-93; 이곤수 2000, 98-104). 첫째, 과거 수 십 년간 지속되었던 권위주의적 통치체제가 붕괴하고 사회 전반에 민주화의 급진전되는 등 정치적 격변이 있었다. 1980년대 중반에 들어 과거 권위주의 정권 치하에서의 정치적 민주주의의 말살, 사회적 욕구의 억압으로 인한 누적된 불만들이 1987년 6월 민주화 항쟁으로 폭발하게 되었다. 이에 새로 등장한 6공화국 정부는 국민의 요구에 부응하여 각종 민주화 조치와 함께 과거 경제제일주의 이념하에서 희생되었던 국민의 삶의 질과 관련된 노동, 복지, 환경 정책에 관심을 가지게 되었다. 덧붙여 장애인의 고용과 관련된 사항이 노태우 대통령의 선거공약에 포함되어 있어 지속적인 관심을 받게 되었던 것도 중요한 요인이라 할 수 있다.

둘째, 경제적 환경의 변화로 국가 전반적 경제 여건이 진보적인 사회정책을 가능케 할 만큼 성장하였다. 사회정책이란 그 실시에 막대한 비용을 필요하기 때문에 어느 정도의 경제 여건 성숙을 요구한다. 1980년대 중반에는 '3저 현상'으로 인한 안정적인 경제성장이 가능했고 기업의 사회정책의 부담능력을 향상시켜 진보적 사회정책의 채택에 긍정적인 환경을 조성하였다.

셋째, 정치적 역학관계가 급변하였다는 점이다. 1988년 제13대 국회의원 선거 결과 여소야대(1여 3야)의 정국이 형성되면서 진보적인 사회정책의 수립이 가능한 분위기가 조성되었다.6) 국회 의석의 다수를 차지하게 된 세 야당은 야당의 선명성 경쟁의 일환으로 진보적인 사회 입법에 뛰어들었다. 특히 국회의 노동상임위원회가 보건사회상임위원회에서 분리되면서 노동관련 입법에 노동위 의원들의 활약이 두드러졌다.

넷째, 장애인 운동의 활성화와 함께 수많은 장애인 단체들이 등장하였다(이성규 2000, 108-109). 1970년대만 하더라도 장애인의 대학입학 자체가 거부되던 열악한 상황이었지만, 그 후 대학 입학의 문이 서서히 열리면서 장애인 대학생 위주의 소규모 장애인 인권운동이 시작되었다. 특히 장애인고용을 위한 법 제정을 요구하는 대학생장애인들의 집단적 행동이 나타나기 시작했는데, 대표적인 것이 지체장애인 중심의 대학생모임인 '대학정립단'의 활동이었다. 대학정립단은 1983년 '장애인권리선언'을 작성·발표하여 각 언론기관과 대국민홍보에 나섰다. 이들은 장애인대학생들의 졸업 후 취업문제의 심각성과 함께 장애인 우선 취업권을 주요 쟁점으로 내세웠다. 1984년에는 도로의 턱을 넘지 못하는 휠체어 인생을 비관하여 자살한 김

---

6) 1988년 4월 26일 제13대 국회의원 선거의 결과 당시 여당이던 민주정의당은 총 의석수 299석 중 125석을 획득하는데 그쳤다. 반면 평화민주당은 70석, 통일민주당은 59석, 신민주공화당은 35석으로 야3당이 반수를 훨씬 넘어 '여소야대' 정국이 전개되었다.

순식 씨 사건이 발생하였는데, 이를 계기로 전국의 대학생 장애인들이 합동위령제를 개최하면서 장애인 운동이 체계화되게 된다. 그 이후 장애인고용문제를 쟁점화 시키고 입법화를 촉진시키는데 보다 직접적인 영향을 미친 것은 '전국지체부자유 대학생 연합회', '울림터' 등에 소속된 젊은 장애인들의 활동이다. 이들은 1988년 4월부터 1989년 중반까지 명동성당, 국회의사당 등에서 4-5차례의 대규모 집회를 개최하여 장애인고용문제의 심각성을 여론화하는 데 성공하여 당시 장애인고용 촉진 법안이 국회에 상정되는데 영향을 미친 것으로 평가되고 있다. 그리고 1980년대 중반 정립회관의 송영욱 변호사를 중심으로 장애인고용관련법안을 만들기도 했다.

이렇게 장애인고용 촉진법은 다양한 국내외적 요인에 제정되었다고 할 수 있는데, 이 중 어느 요인이 가장 큰 영향을 미쳤는지에 대한 의견이 상반된다. 전영평(1998, 123)은 장애인고용 촉진법의 제정 과정에서 장애인 운동의 활성화와 국가의 체계적인 준비 등과 같은 국내적인 환경보다는 여러 국외적인 환경 변화가 더욱 큰 영향을 미쳤다고 평가한 반면, 이성재는 장애인고용 촉진법 제정이 정부에 의해 그저 주어진 것이 아니라 장애인 운동가와 장애인단체의 부단한 노력과 투쟁의 결과라고 주장한다(이성재 전의원 면담).

2) 제정과정

한국에서 정부의 장애인고용관련 입법에 대한 논의는 1980년대 들어오면서 본격적으로 시작되었다(이성규 2000, 39). 1982년 「직업안정법」 개정을 통해 신체장애인의 고용 촉진을 위한 고용기회의 확대 및 부당한 취업제한을 금지하는 조항이 신설되었다. 그러나 이 조항이 극히 선언적이고 미온적이어서 실질적인 효력을 발휘하기 어렵다는 비판 속에서 특별법을 제정해야 한다는 의견이 제기되기 시작하였다. 이에 따라 1984년 10월 11일 제11대 국회 보건사회 위원회에서 정정훈 의원(민한당)외 80인에 의해 「심신장애자 고용촉진법안」이 제안되기도 했지만 큰 관심을 끌지 못하고 제11대 국회의원 임기만료와 함께 1985년 4월 10일 자동폐기 되었다.

그러다가 1987년 12월 제13대 대통령선거에서 여당 후보로 나섰던 노태우 대통령은 선거기간 중에 '장애인의 고용 촉진' 시책을 대통령 공약사업으로 제시하였고, 1988년 제8회 장애인올림픽대회가 개최되면서 장애인고용 문제에 대한 정부와 국민의 전반적인 인식이 크게 변화하기 시작하였다. 이 같은 환경 변화에 따라 장애인고용문제를 실효성 있게 해결하기 위해 1988년 9월 15일 대통령직속 자문기관으로 '장애인복지대책위원회'가 발족하여 광범위한 의견수렴을 하였다. 동위원회는 1989년 8월 28일 「심신장애자복지법」의 개정과 장애인위의 취업보장을 위하여 '장애인 의무고용제도의 도입'과 '장애인고용 촉진법 제정' 및 '장애자직업재활공단'의 설치 등을 내용으로 한 11개 부분의 '장애인복지대책안'을 대통령에게 제출하였다.

그리고 1988년 제13대 국회의원 선거로 '여소 야대'(與小野大) 정국이 형성된 가운데 정부의 논의를 지켜보던 각 정당에서 장애인고용 촉진관련 법안을 발의하였다. 1988년 12월 제144회 정기국회에서 평화민주당의 이철용 의원 외 83명이 '심신장애자고용 촉진법안'(12월 2일)을, 민주정의당의 양경자·장영철·장경우 의원 외 59명이 '장애자고용 촉진법안'(12월 7일)을, 신민주공화당의 이병희 의원 외 34명이 '심신장애자고용 촉진법안'(12월 7일)을, 통일민주당의 이인제 의원 외 57명이 '심신장애자고용 촉진법안'(12월 12일)을 각각 발의하였다.

이러한 장애인복지대책안과 각 당의 장애인고용 촉진법안의 발의 과정에서 1980년대 중반부터 조직화되기 시작하였던 장애인단체들과 장애인 운동가들의 역할이 컸던 것으로 알려지고 있다(이성재 전 의원 면담). 이 같은 장애인계의 노력들이 결집되어 1989년 10월 27일 '장애인고용 촉진법의 제정 및 장애인복지법의 개정을 위한 공동대책위원회'(이하 공대위)가 첫 모임을 갖고 같은 해 11월에 발족하였다. 공대위에는 장애인 총연맹, 장애인청년단체, 서장협, 지방장애인조직, 장애인재활협회, 장애인권익문제연구소 등 35개 이상의 장애인관련 단체가 참여하였고, 공동대표에 김성재 교수, 대변인에 이성재 변호사 등이 선임되었다. 공대위는 당시 여야 4당 총재 앞으로 공개서한 발송, 여야 4당 상임위원들과 간담회 개최, 대중집회 등을 통하여 보다 적극적이고 조직적으로 장애인 입장을 대변하였다.

정당 간 상이한 견해의 차이를 보인 각 법안들은 1989년 2월 20일 제145회 정기국회에서 제안 설명과 전문위원의 검토 보고에 이어, 노동위원회의 법안심사소위원회에서 8차례에 걸친 법안 심사(1989년 5월 20일-12월 1일)의 진통을 거쳐, 1989년 12월 6일 4당의 법률안들을 모두 폐기하고, 4당의 법안들을 수정·통합한 단일안을 의결하기로 결정하였다. 이렇게 의결된 단일안은 국회법제사법위원회의 심의·의결(1989년 12월 11일-13일)을 거쳐, 1989년 12월 16일 제147회 국회본회의에서 의원입법으로 의결되어, 1990년 1월 13일 「장애인고용 촉진 등에 관한 법률」(제4219호)로 공포되어 1991년 1월 1일부터 시행되었다. 장애인고용 촉진법 제정과정에서 제기된 각 당의 제출안과 이를 조정·통합한 단일안의 내용을 구체적으로 살펴보면 다음 <표 6.1>과 같다(이곤수 2000, 108-117).

<표 6.1> 각 당의 장애인고용 촉진법의 제출안과 단일안의 비교

정당 내용	민주 정의당案	평화 민주당案	통일 민주당案	신민 주공화당案	단일안
명 칭	장애자고용 촉진법	심신장애자 고 용 촉진법	심신장애자 고용 촉진법	심신장애자 고용 촉진법	장애인고용 촉진 등에 관한 법률
목 적	장애인의 직 업생활과 고 용보장	장애인의 직업 생활을 통한 사 회통합	장애인의 직 업안정과 사 회복지 증진	장애인에 대 한 취업기회 의 보장	직업생활을 통한 인간다운 생활의 보장
국가와 지자체 책 임	추상적, 임의적	노동부장관이 보사부장관의 협조를 통해 종 합적 직업재활 과정에 노력함	소극적 규정	소극적 규정	추상적, 임의적 노 동부장관의 사업 주 고용지도, 장애 인 직업적응지도 와 직업훈련
사업주 책 임	고용기회제 공 고용관리	고용에 대한 책 임 고용관리	소극적 규정	고용기회제 공 고용관리	고용기회제공 고용관리
집 행 기 구	직업재활공단	심신장애자고 용촉진협의회	장애인고용 촉진공단	장애인위원회	장애인고용 촉진 공단
고용의 무대상 범 위	300인 이상 사 업주	100인 이상 사 업주	100인 이상 사 업주	100인 이상 사업주	일정규모 이상 (구체 사항 대통 령령 위임)
기 준 고용률	5/100 범위 내	공공기관 : 3/100이상 사업주: 2/10 0~3/100	2/100 이상	2/100 이상	1/100에서 5/100 범위 내 (구체적 사항 대통령 위임)
정 책 수 단	부담금제 경 제적 지원	고용납부금 고 용조정금, 조성 금, 장려금	고용납부금 경제적 지원	고용납부금 지 원제 불명확	고용부담금 장려금, 지원금 (구체 사 항 대통령령 위임)
재 원 조 달 방 식	고용부담금 국 가출연(임의)	고용납부금 국 가출연금(500 억 원 이상)	고용부담금 국 가출연(임의)	고용납부금	고용부담금 출연 금, 지원금 (임의, 자의적)

자료: 전준구(1997, 99); 이곤수(2000, 107)

1990년 1월 13일 장애인고용 촉진법의 공포되자, 주무부서인 노동부는 법률에서 위임한 사항 및 법률시행 준비를 위해 행정사무관 1명, 전문직 2명, 기능직 2명으로 '장애인고용 촉진기획단'을 구성하여 한국장애인고용 촉진공단 설립예산의 확보, 장애인고용 촉진법 시행령 및 시행규칙에 필요한 기초 자료의 수집, 각계의 의견의 수렴하는 등 정책시안을 마련하였다. 이를 바탕으로 1990년 8월 23일 노동부는 시행령안을 마련하여 입법예고하였다.

입법예고안에서는 의무고용제의 실질적인 내용을 규정하는 장애인고용 의무대상의 범위를 상시근로자 100인 이상의 사업주로 하고, 기준고용률을 2%로 하며, 상시 장애인근로자 10인 이상의 사업주는 장애인직업생활상담원을 선임하도록 규정하였다(1990. 8. 23.). 노동부는 동시행령안 입법예고에 대해 정부 각 부처, 경제인단체, 장애인단체 등 약 90개 기관에서 100여개의 의견을 제출 받았다. 이 과정에서 가장 큰 쟁점이 되었던 것은 전체적인 비용부담의 크기를 결정하게 되는 의무고용대상사업주의 범위, 기준고용률, 부담금 기초액, 직업생활상담원의 배치 등에 관한 결정이었다.

이렇게 노동부의 시행령(안)이 발표되자, 사업주를 대표하는 '한국경영자총연합회'(이하 경총)에서는 시행령안이 기업의 현실을 무시한 지나친 요구라는 의견을 제출하고, 고용의무인원의 축소조정, 고용업종의 제한 등을 주장하면서 대대적인 대정부 활동을 벌이기 시작했다. 경총은 1990년 9월 4일 장애인고용관련 전문가 회의를 개최하고 기업 측의 입장을 노동정책에 적극 반영해줄 것을 요구하는 의견서를 노동부를 비롯하여 경제기획원·상공부 등 관계 정부기관에 제출하였다. 경총의 의견서의 주요 내용은 다음과 같다. 첫째, 장애인고용의무대상 사업장의 규모를 상시근로자 300인 이상으로 상향 조정해야 한다. 실질적으로 300인 미만의 영세사업장은 인

170

사·노무관리가 전근대적이고 과학적 관리가 이루어지지 못하고 있
는 실정이므로 300인 미만의 사업장에 대해서는 장애인고용을 권장
사항으로 하고 의무대상사업장은 상시근로자 300인 이상의 사업장
으로 하는 것이 현실적이다. 둘째, 기준고용률을 1%로 하향조정하
고, 그 적용에도 1991년 0.5%, 1992년 0.8%, 1993년 1%로 하는 경
과조치를 둘 필요가 있다. 국가유공자 의무고용이 5-8% 강제되어
상황을 고려할 때 장애인고용을 과다하게 강제하게 되면 기업에 커
다란 부담이 된다. 셋째, 장애인 직업생활 상담원의 선임대상 사업
체 규모를 상향 조정하고 상담원을 전임직원이 아님을 명시해야 한
다. 그리고 장애인 근로자 10명에 1인의 직업생활상담원을 별도로
두는 것은 기업에게는 과중한 부담이 되므로 최소한 50인 이상의
장애인근로자를 고용하는 기업에 한해 상담원 선임을 강제해야 한
다. 넷째, 의무고용 대상업체에서 제외되는 업종을 명시해야 한다.
건설업이나 광업 등 과중한 육체적 부담이 요구되는 업종이나, 은
행이나 증권회사 등 객장에서 직접 고객을 상대하는 직종에서는 사
실상 장애인을 고용하기 어렵기 때문에 이와 같은 업종을 의무고용
제의 적용제외업종을 명시해야한다. 그리고 고용의무대상 장애인의
범위에 산재장애인을 포함시켜 줄 것을 요구하였다.7)

───────────

7) 경총의 의견서에 나타난 경제인 단체의 주장은 「장애인고용 촉진법」이
제정된 이후 법개정 과정에서 계속적으로 되풀이된다. 구체적으로 경제
인 단체들은 국가 경쟁력 강화와 경제규제 완화라는 명분으로 「장애인
고용 촉진법」이 규정하고 있는 장애인 의무고용제를 불필요한 기업규
제로 규정하고 끊임없이 축소 혹은 폐지를 주장하였다. 1993년 6월 「기
업 활동 규제완화에 관한 특별조치법」을 제정하는 등, 이른바 규제완화
의 조치들을 발표되자 1994년 6월 '중소기업협동조합 중앙회'에서 개최
된 공청회에서는 장애인고용의무제에 따른 고용부담금제가 기업의 경
쟁력을 약화시키는 요인이라고 하면서 기준고용률을 현행 2%에서 1%
로 낮추어 줄 것을 정부와 여당에 요구하였고, 1996년 3월에는 정부의
'중소기업활성화시책'이 발표되자 중기조합 중앙회는 의무고용제에 따
른 부담금의 납부가 중소기업의 경영난을 더욱 가중시키는 요인이 되

또한 시행령 입법예고에 대해 장애인 단체들도 적극적인 의사를 표명하기 시작했다. 공대위는 장애인고용 촉진법이 제정되고 노동부의 시행령 입법예고가 있자, 장애인계의 의견을 결집하여 1990년 9월 10일 노동부·보건사회부·상공부 등 시행령 제정과 관련된 정부 각 부처에 장애인계의 입장을 밝힌 의견서를 제출하게 된다.

공대위에서 제출한 의견서의 내용을 살펴보면 다음과 같다. 첫째, 노동부가 제시한 2% 정도의 기준고용률로는 열악한 취업구조를 개선할 수 없기 때문에 현 실정에 맞도록 기준고용률을 5%로 상향 조정해야 한다. 둘째, 취업 장애인의 90% 이상이 상시 고용근로자 99명 이하의 기업에 고용되어 있는 상황을 반영하여 적용대상 사업장을 상시 고용근로자 20인 이상의 사업체까지 확대해야 형식적인 법률로 전락하지 않을 것이다. 셋째, 장애인을 10인 이상 고용하지 못하는 사업체가 주류를 이룰 것이 분명한 상황에서, 10인 이상의 장애인고용 사업체에만 직업생활상담원을 두겠다는 것은 이 법의 본

고 있으며, 특히 대기업에 비해 상대적으로 부담이 높으므로, 장애인의 무고용 대상업체에서 중소기업을 제외시켜 줄 것과 2%의 의무고용률을 낮추어 줄 것을 정부에 건의했다. 이어 1996년 5월 전경련은 토지·금융·인력·해외투자·공정거래 등 5개 분야에 걸친 「핵심규제완화 100대 과제」를 선정하고 종합규제완화대책을 정부에 촉구하면서, 여기에 의무고용제가 기업에 엄청난 부담을 주고 있기 때문에 이를 폐지 또는 완화해 줄 것을 건의하였다(전국경제인연합회 1996, 342-345). 1997년 12월 IMF 외환금융위기로 경제가 극도로 악화되자 경제단체는 기업의 경영 활성화를 이유로 다시 장애인 의무고용제의 철폐를 주장하기 시작하였다. 1998년 3월 30일 전경련은 「IMF 체제 조기극복을 위한 70대 핵심 규제개혁 과제」라는 보고서에서 장애인 의무고용제를 비롯한 각종 법정 의무고용제도로 인한 기업의 인건비 부담을 증가시키기 자율적인 인력 활용을 저해하기에 이를 폐지하여야 한다고 주장하였다(전국경제인연합회 1998). 이러한 경제인 단체의 지속적인 장애인고용 촉진법의 무력화 노력에 대해 장애인 단체들은 강력히 반발하였다. 정치권 또한 장애인 단체의 강력한 반발과 여론 악화를 우려해 경제인 단체의 건의는 수용되지 않았다.

질을 왜곡하고 기업주의 입장만을 반영하겠다는 것이기 때문에 10인 이하의 장애인고용사업체에도 직업생활담당원을 두어야 한다.

공대위는 의견서를 제출하는 것 이외에도 경총의 의견서에 대한 반박성명서를 발표하면서 기업주 측의 주장에 강력하게 반발하였다. 그리고 한국지체장애인협회(회장 장기철)도 1990년 9월 17일 한국 경총의 의견을 반박하는 성명서를 발표하면서 정부의 일관성 있는 행정을 촉구하였고, 서장협(의장 양동춘)은 9월 24일 개최한 공청회의 토론과정에서 '경총 등 사용자 단체의 명백한 고용 촉진법 시행축소'에 대해 강하게 반박하면서 경총 등 경제단체에 방문단을 보내 항의와 설득을 벌이는 등 장애인계의 입장을 강력하게 주장하였다.

장애인고용 촉진법 시행령의 결정과정에서는 경제인단체와 장애인단체의 의견이 대립되었을 뿐만 아니라 정부 내부의 관련부처 간의 견해도 극명하게 대립되었다. 보건사회부와 같은 복지 부처들은 장애인 의무고용대상사업주의 범위를 상시근로자 100인 이상의 사업자로 기준고용률을 3%로 할 것을 주장하였는데 반해, 경제논리를 우선시 하는 경제부처들은 장애인 의무고용대상자사업주의 범위를 상시근로자 300인 이상의 사업주로 기준고용률을 2%로 주장하였다.

장애인고용 촉진법 시행령은 이렇게 경제인 단체, 장애인 단체, 정부 내의 부처 간의 의견 대립을 겪은 끝에 결정되게 되는데, 전반적으로 경제부처와 경제인 단체의 의견이 대폭 반영되어 노동부의 입법예고(안)의 내용에서 크게 후퇴하여 결정되었다(<표 6.2> 참고).

장애인의무고용 적용대상 범위는 상시근로자 300인 이상의 사업주로 하고 기준고용률은 2%로 하는 시행령안이 확정되어 1990년 12월 26일 국무회의 의결을 거쳐 1990년 12월 31일 대통령령 제13219호로 공포되었으며 1991년 4월 15일 각종 서식 등에 관한 시행규칙(노동부령 제65호)이 제정·공포되었다. 이 같은 법령의 정비를 거쳐, 노동부는 1992년부터 장애인고용부담금 제도의 실시를 위해 1991년 3월 3일자로 「장애인고용부담금 관련 업무처리 지침」을 시달하고 동년 4월 9일자로 「장애인고용 정산지침」을 시달하였는데, 여기에서 부담금 기초액을 최저임금의 60% 이상으로 하였다. 1991년 10월 21일에 「장애인고용지원금 및 장려금의 지급기준」을 고시(노동부 고시 제91-68호)하였고, 1992년 7월 10일에는 「장애인고용 촉진기금의 융자에 관한 규정」을 제정하여 1992년부터 기준고용률을 초과달성한 사업주에 대한 지원과 장애인고용에 필요한 편의시설 설치자금 및 장비구입자금에 대한 지원정책을 실시하였다. 그리고 장애인고용확대와 고용안정도모를 위한 방안으로 1993년 10월부터 출·퇴근에 필요한 자동차를 하고자 하는 장애인 근로자에 대한 「통근차량구입융자제도」와 1994년부터 「장애인고용설비 무상지원 및 융자제도」 및 「고용관리지원제도」 등을 실시하였다.

<표 6.2> 장애인고용 촉진법 시행령 제정 시 쟁점에 관한 참여자의 입장

참여자 / 쟁점사항	노동부 입법예고안	경제인 단체 (경총)	장애인 단체 (공대위)	노동부 최종안
의무고용대상 사업주의 범위	100인 이상	상시근로자 300인 이상	20인 이상	300인 이상
기준고용률	2%	1%, 경과조치 인정	5%	2%, 경과조치 인정
부담금 기초액	–	최저임금의 60%	최저임금의 60% 이상	최저임금의 60%
직업생활상담원	10인 이상 고용업체	임의 규정	장애인근로자 10인 미만 업체 적용	10인 이상 고용업체
적용제외업종	–	광범위, 임시	–	광범위, 명시

자료: 전준구(1996)의 표를 보충하여 재작성.

2) 정치상황, 참여자관계, 결정 – 무결정

(1) 정치상황

장애인고용 촉진법 제정으로 인해 직접적으로 편익을 얻는 장애인들은 잘 조직화되고 자원 동원력이 강한 집단이 아니다. 장애인들이 잘 조직화되지 못하는 이유는 낮은 소득, 낮은 교육, 낮은 노동참여, 자기비하, 상호 간의 거리감과 불신, 장애의 이질성, 장애인의 열악한 사회적 배경, 장애인 리더의 부족 등을 지적할 수 있다. 특히 한국의 경우 장애인의 범주가 대단히 협의인데다 사회에 만연한 장애인에 대한 편견과 차별로 인해 장애 사실 자체를 공개하는 것을 꺼리는 경향이 있어 조직화되기 더욱 어렵다(전영평 1998, 119). 그리고 법 제정으로 인한 편익은 장애인에게만 한정되는 것이 아니라 사회적 갈등의 감소, 국가적으로 유용한 경제 인구의 증가 등으로 인해 사회 전체가 누린다고 볼 수 있다. 이런 점에서 장애인고용 촉진법 제정의 고용정책의 편익은 넓게 분산되어 있다고 평가할 수 있다. 반면에 현행 장애인고용 촉진법 하에서는 비용은 전적으로 일정규모 이상의 기업에 집중되어 있으므로 장애인고용정책의 비용을 좁게 집중되어 있다고 평가할 수 있다. 따라서 장애인고용 촉진법 제정 시의 정치상황은 Wilson의 이론에서 볼 때 법이 통과되기가 쉽지 않은 '창도적 정치상황'이었다고 평가할 수 있다.

그럼에도 1990년 장애인고용 촉진법이 제정될 수 있었던 이유는 그 당시의 정치상황이 다음과 같았기 때문이다. 첫째, 1988년 제8회 "서울 장애인 올림픽대회" 개최라는 정치적 사건으로 인해 이전과는 차원을 달리하는 장애인 정책이 필요했다. 둘째, 1987년 12월 대통령선거로 신정부가 출범한데다가 1988년 국회의원 선거로 여소야대라는 엄청난 정치적 변혁기로 혁신적인 정책 도입이 가능했다.

셋째, 혁신적인 아이디어를 가진 장애인 운동가와 이에 호응한 창도적 정치인 등과 같은 정책창도자의 활동이 두드러지기 시작했다.

반면, 장애인고용 촉진법 시행령 제정과정의 정치상황은 이와는 확연히 달랐다. 정치인들이 법률안을 만들 때에는 일반적으로 추상적이고 선언적 법안이기 쉽다. 특히 쟁점에 대한 합의가 이루어지지 않을수록 법안은 더욱 추상적이고 모호하게 된다. 이런 상황이 전개되면 법을 구체화하는 시행령이나 시행규칙 작성단계가 중요해지게 된다. 시행령이나 시행규칙 작성단계를 전적으로 관료들이 담당하게 되므로 담당 행정 부처를 둘러싸고 이해관계의 당사자들이 조직적 힘을 바탕으로 서로의 이익을 확보하기 위해 서로 첨예하게 갈등하게 된다. 장애인고용 촉진법 시행령 제정과정에서도 법 제정 당시와는 달리 이해당사자인 경제인단체와 장애인단체의 대립과 복지정향부처와 경제부처 간의 대립을 극명하게 나타나게 되는데, Wilson의 이론에서 볼 때 '이익집단 정치' 모형에 가장 근접하였다고 평가할 수 있다.

(2) 참여자 관계

장애인고용 촉진법과 시행령 제정과정에서 참여자 관계를 분석할 때 주의가 필요한 부분은 법 제정과정과 시행령 제정과정에서의 참여자관계가 확연하게 차이가 난다는 점이다. 법률 형성과정은 모든 이해당사자가 참여하는 민주주의 정치과정의 특성을 가지는 반면, 시행령 작성과정은 법률을 구체화하는 단계이므로 그 중심은 행정 부처의 관료이며 소수의 제한된 참여자가 참여하게 된다.

장애인고용 촉진법 제정에서 가장 큰 영향력을 행사한 참여자는 장애인단체, 대통령, 국회-정당 등이라고 할 수 있다(<그림 6.1>

참조). 첫째, 모든 민권관련 입법이 그저 주어지기보다는 투쟁을 통해 얻어진다는 점에서 겉으로 잘 드러나지 않을지라도 장애인고용 문제를 지속적으로 쟁점화하고 이를 대통령과 몇몇 창도적 정치인에게 전달했던 장애인 운동가와 장애인 단체의 활동과 역할이 법 제정과정에서 가장 중요하였다고 평가할 수 있다. 둘째, 당시 노태우 대통령은 대통령 선거 공약으로 장애인고용 문제를 제기하였고 이의 추진을 위해 1988년 9월 15일 대통령 직속의 '장애인 복지대책위원회'를 발족시켰다. 그리고 동위원회가 작성하여 대통령에게 보고한 '장애인복지대책안'에는 장애인의무고용제도의 채택을 담고 있었다. 따라서 대통령이 정책결정 과정에서 커다란 영향력을 행사하는 한국적 상황을 고려할 때 장애인고용 촉진법 제정과정에서 대통령의 영향이 적지 않았을 것으로 판단할 수 있다. 셋째, 제13대 국회의원 선거로 조성된 '여소야대'의 정국은 과거에는 보기 어려웠던 정당정치를 가능하게 했다. 당시 야3당은 대체로 여당보다 진보적인 이념적 성향을 견지하고 있었으며 야당의 선명성을 확보하기 위해 장애인고용 촉진법과 같은 당시로서는 혁신적인 정책의 입법에 경쟁적으로 나서게 되었다.

　반면 행정 부처, 경제인 단체, 언론은 장애인고용 촉진법 제정과정에서 커다란 영향력을 행사하지 못했다고 평가할 수 있다. 첫째, 장애인고용정책의 주무부서인 노동부는 대통령의 의지 표명과 여야 4당의 법안 발의가 있기 전까지는 능동적으로 입법에 나서지 않았고, 4당 법안이 발의되자 수동적으로 단일안의 형성에 나서게 되었다. 둘째, 경제인 단체의 경우 장애인고용 촉진법이 일정 규모의 이상의 기업에 일정률 이상의 장애인고용을 의무화하는 등 자신의 이해와 밀접한 관계가 있음에도 불구하고 장애인고용 촉진법 제정 시에는 영향력을 행사한 흔적을 찾을 수 없다. 셋째, 언론 등도 장애

인과 장애인고용문제에 대한 지속적인 관심을 보여주긴 했지만 정
책결정에 직접적인 영향을 미쳤다고는 보기 어렵다. 결론적으로 장
애인고용 촉진법의 제정은 소수 장애인 운동가, 대통령, 일부 국회
의원과 같은 정책창도자에 의해 주도되었다고 할 수 있다.

<그림 6.1> 장애인고용 촉진법 제정과정에서의 참여자 관계

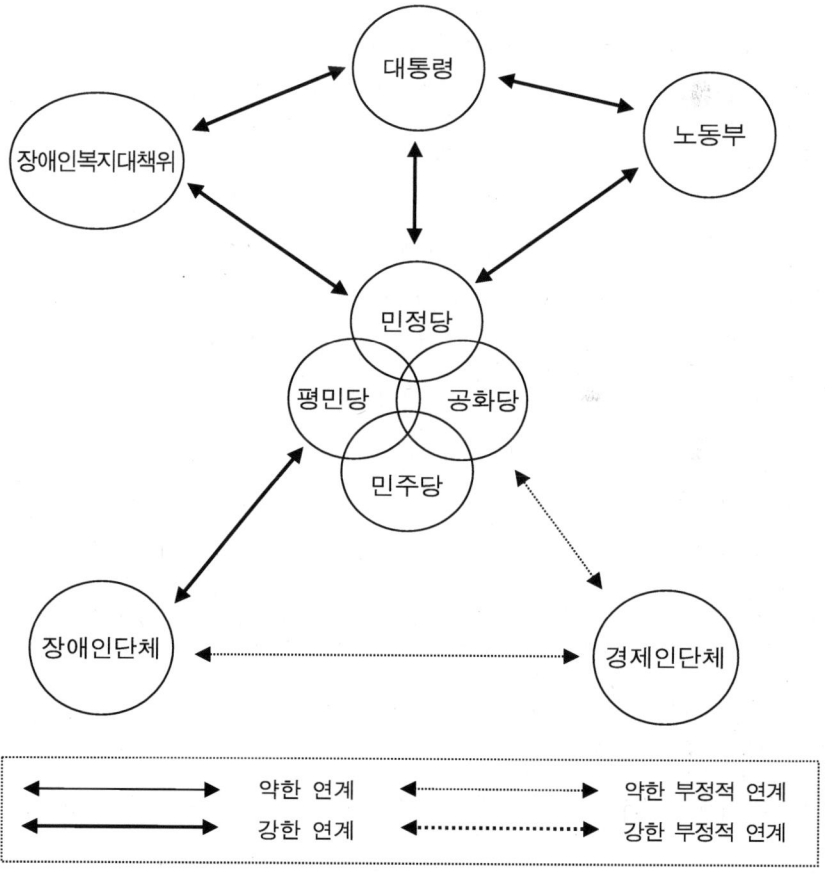

반면, 장애인고용 촉진법 시행령 결정과정에서 주된 참여자들은 주무 부서인 노동부와 기타 행정 부처, 경제인단체, 장애인단체 등 이라고 할 수 있다(<그림 6.2> 참조). 첫째, 시행령 제정에서 가장 큰 영향력을 행사한 참여자는 실제 시행령을 만드는 주무 부서인 노동부였다. 그러나 시행령 제정과정에서 노동부에 대해 경제기획 원, 상공부와 같은 경제관계부처가 상당한 압력을 행사하였고, 노동 부의 최종안은 자신들이 초기에 내놓은 입법예고안보다도 훨씬 후 퇴한 것으로 경제부처의 요구와 경제인 단체의 요구를 대폭 수용한 것이었다. 둘째, 장애인고용 촉진법 제정과정에서 거의 영향력을 행 사하지 않았던 경제인 단체가 적극적으로 자신의 의사를 표명하기 시작했고 많은 부분 자신들의 의사를 관철시켰다. 셋째, 장애인단체 들도 제정과정에서 활성화된 활동을 결집하여 시행령 결정과정에서 장애인계의 이해를 적극적으로 대변했으나 결과적으로는 시행령 제 정과정에 자신의 의사를 충분히 관철시키지 못했다. 요컨대 경제기 획원, 상공부 등의 경제관련 부처와 경제인 단체의 연대가 노동부 의 장애인고용 촉진법 시행령 작성에 가장 큰 영향력을 행사한 반 면, 장애인 단체와 복지관련 부처의 주장은 완전히 무시되었다고 평가할 수 있다.

<그림 6.2> 장애인고용 촉진법 시행령 제정과정에서의 참여자 관계

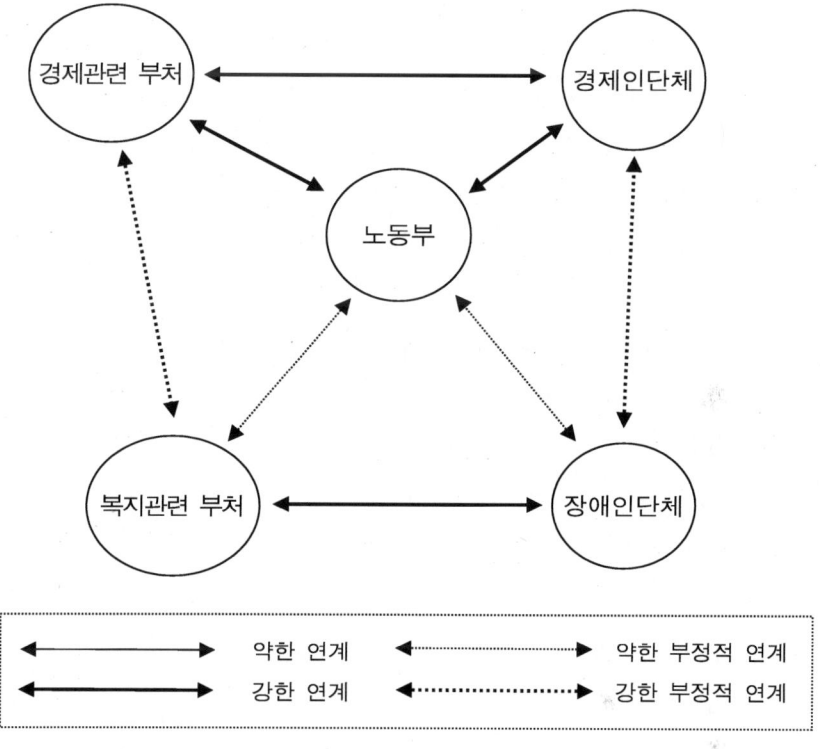

(3) 결정 — 무결정

　장애인고용 촉진법의 제정과정은 대표적인 창도적 정치상황으로 장애인 운동가와 창도적 정치인의 역할이 지대하였다. 그러나 장애인고용 촉진법은 충분한 의견수렴 및 논의 과정을 가지지 못해 핵심적인 쟁점에 대한 심도 깊은 논의가 이루어지지 못했다. 게다가 4당안을 단일안으로 절충·통합하는 과정에서 당파적 대립까지 겹치면서 입법의 목표를 구체적으로 설정하지 못했고, 장애인고용정책의 핵심적인 집행수단에 대한 규정을 명확하게 결정짓지 못하여 대부분을 대통령령으로 위임하였다.

입법의 목표를 살펴보면 여야 4당은 '직업생활을 통한 장애인의 생활보장'이라는 추상적인 목표에 대해서는 합의에 도달했으나 '고용 촉진,' '직업재활,' '직업안정'이라는 세 가지 하위목표들 간의 우선순위나 관계에 대해서는 명확한 규정을 두지 않았고 구체적인 목표에 대한 해석은 시행령의 결정과정으로 넘겼다. 이에 집행기관인 노동부는 "고용관계를 전제로 한 장애인의 고용 촉진"을 이 법의 목적으로 이해하고 고용 촉진에만 힘쓰게 되었고, 이에 따라 경증 장애인 위주의 취업 중심의 장애인고용정책으로 범위가 한정되는 결과를 초래하였다(전준구 1997, 94-97). 또한, 각 당의 입장이 대립되었던 장애인고용의무대상 사업주의 범위, 고용기준률·장애인고용부담금의 크기, 집행기구에 관한 논의 등과 장애인고용 촉진법의 핵심 사항을 대략적이고 모호하게 규정되어 구체적인 사항을 시행령에서 결정토록 하였다(<표 3.6> 참조).

첫째, 고용의무대상 사업주의 범위를 넓게 책정할수록 장애인의 고용기회는 확대되지만 동시에 비용부담자의 범위가 확대됨을 의미하기 때문에 이해관계가 첨예하게 대립되는 문제라고 할 수 있다. 당시 여당인 민정당의 안은 300인 이상의 사업주로 제안하고 있는 데 비해 야 3당은 100인 이상의 사업주로 보다 넓게 제안하여 상이한 입장을 보였다. 양자의 입장차이가 좁혀지지 않자 결국 단일안에서는 의무사업체의 규모를 '일정규모 이상의 사업주'라는 모호한 형태로 규정하고, 그 구체적인 결정은 대통령령에 위임되었다.[8]

둘째, 장애인고용 촉진법의 실효성을 크게 좌우하는 또 하나의 쟁점인 기준고용률의 결정에 있어서도 각 당은 최고 상한선을 5%

---

8) 장애인고용 촉진법 제35조 제1항 전반부에서 "대통령령이 정하는 일정수 이상의 근로자를 고용하는 사업주……"라고 규정하고 있다.

로 규정하는 안에서부터 최저 하한선을 2%로 규정하는 등 상이한 입장을 나타냈다. 이러한 대립 속에서 결국 단일안은 모든 입장을 고려하여 기준고용률을 1-5%라고 규정하여 그 구체적인 결정을 대통령령에 위임하여 버렸다.9)

셋째, 장애인 의무고용제도를 형식적인 것으로 만들지 않기 위해서는 정책대상자를 강제할 수 있는 정책 수단이 중요하다. 장애인고용 촉진법에서는 장애인의 의무고용을 이행하지 않는 사업주에 대해 '장애인고용부담금'을 규정하고 있다. 따라서 기준고용률의 효과적인 달성을 위해서는 고용부담금의 크기가 중요한데, 단일안에서는 단지 고용부담금의 기초액을 해당 연도 최저임금액의 60% 이상이라는 하한선만을 규정한 채 실질적 결정은 시행령 단계로 위임하였다.10)

넷째, 각 당은 장애인고용 촉진법에서 규정하는 바를 실질적으로 수행하기 위한 집행기구의 구성에 대해서도 상이한 입장을 나타냈다. 단일안에서는 장애인의 고용에 따르는 시설, 장비의 설치 및 수리에 관한 기술지도, 장애인의 적응훈련의 실시, 장애인의 고용 촉진을 위한 홍보·교육, 고용정보의 제공, 직업소개, 직업지도 및 장애인고용 촉진과 직업 활동에 관한 조사연구 등을 담당하는 '장애인고용 촉진공단'을 설립하도록 규정하였다. 이는 장애인고용정책에 핵심적인 역할을 하는 새로운 집행기관의 설립을 규정한 것이라고 할 수 있는데, 공단의 위상 제고를 위해 전문성·정치적 중립성의

---

9) 동법 제35조 제1항 하반부에서 "……사업주는 그 근로자의총수의 100분의 1 이상 100분의 5 이내의 범위 안에서 대통령령이 정하는 비율 이상에 해당하는 장애인을 고용하여야 한다" 규정하고 있다.

10) 동법 제38조 제3조는 "부담기초액은……위원회의 심의를 거쳐 노동부장관이 정하되 매년 회계연도 개시 30일 전까지 고시하여야 한다. 다만, 부담기초액은 이를 고시하는 당해연도의 최저임금의 100분의 60 이상이어야 한다"고 규정하고 있다.

보장이 필요하였다. 이를 위해 공단 주무부처인 노동부와의 관계 설정문제와 임원진의 구성 문제가 쟁점이 되었지만 이에 대한 아무런 결정이 이루어지지 않았다. 이것은 공단의 위상을 저하하고 주무부처 노동부의 결정에 전적으로 의존하게 하는 결과를 낳았다.

다섯째, 장애인고용 촉진과 관련해서 초기에 정부의 적극적인 선도와 솔선수범이 대단히 중요한 의미를 가진다. 따라서 제정법에서는 구체적인 정부의 장애인고용 촉진 노력에 관한 규정은 들어가야 함에도 불구하고, 민간기업에게는 고용의무를 강제하면서도 오히려 "국가 및 지방자치단체의 장은 장애인을 소속 공무원의 100분의 2 이상 고용하도록 노력하여야 한다"는 식으로 구체성과 강제성을 전혀 내포하지 않음으로서 임의적인 규정만을 규정하였다.

결론적으로 장애인고용 촉진법은 창도적 정치상황에서 정책창도자에 의해 제정되었지만, 시행령 제정과정에서 기득권을 대변하는 경제인 단체와 경제관련 부처의 의견이 대거 수용되고 장애인 단체와 복지관련 부처의 의견은 철저히 배제되었다고 평가할 수 있다. 다른 말로, 장애인고용 촉진법의 제정과정에서도 정부의 공식 정책으로 채택되게 하지 못하도록 방해하고 정책이 채택되더라도 구체적인 집행과정에서 유명무실하게 왜곡하는 "무의사결정"이 나타났다. 즉, 법 제정과정에서 핵심적인 규정을 될 수 있으면 모호하게 규정하여 구체적인 집행과 관련된 사항을 시행령 결정과정을 위임시키고 이 과정에서 원래 입법 취지를 왜곡·축소하는 '쟁점 모호화' 전략이 사용되었다.

2. 장애인고용 촉진 및 직업재활법의 개정과정

「장애인고용 촉진법」은 제정초기부터 장애인고용정책의 가시적 성과를 위하여 고용이 용이한 경중장애인 위주의 장애인고용정책을 펼친다는 비판을 받았다. 이에 정부는 장애인고용 촉진법 개정안을 제출하게 되는데, 개정 과정에서 특별히 논쟁점이 된 것은 '2배수 고용인정제', '연계고용제', '보조금지원고용제' 세 가지였다(이준구 2000). 첫째, '2배수 고용인정제'는 장애의 정도가 심하여 일반사업 장에서 취업이 제한받는 중증장애인의 취업을 확대하기 위하여 중증장애인 1인을 고용했을 경우 부담금 산정 시 2인으로 인정하여 사업주의 고용부담금을 감면해 주는 제도이다. 둘째, '연계고용제'란 고용의무기업이 보호 작업장 등 장애인 직업재활 시설에 일정기간 일정금액 이상의 도급을 주어 일반고용이 곤란한 중증장애인의 취업기회를 확대하고 직업안정에 기여하는 경우 연간 도급금액 지급액의 일부를 부담금 총액에서 감면해 주는 제도이다. 셋째, '보조금지원고용제'는 중증장애인을 고용하는 기업과 고용하지 않는 기업 간의 형평을 유지하여 중증장애인의 실질적인 고용확대를 도모하고 기업의 생산성 결손을 보전하여 주기 위하여 중증장애인을 새로 고용하는 기업에서 장애인에 지급된 임금의 일부를 일정기간 지원하는 제도이다.

그러나 이 같은 개정안에 대해 장애인 단체는 2배수고용인정제는 중증장애인의 고용활성화를 명분으로 기업의 이익만을 고려할 것이고, 연계고용제는 장애인의 사회통합을 막고 분리고용을 조장하는 것이라며 반대하였다. 이러한 논란 속에서 개정안은 1994년 10월 6일 국회에 이송되었고 환경노동위 법안심의소위원회의 심의과정에

서 중증장애인의 개념상의 불확실성과 장애인의 인권침해 가능성을
이유로 2배수고용인정제와 보조금 지원고용제에 관한 규정은 삭제
되고, 연계고용제만 인정되어 1995년 7월 15일 국회본회의를 통과
하여 8월 4일 공포되었다(법률 제4,975호).[11]

김영삼 정부가 들어서면서 규제완화 조치들이 잇달아 발표되었는
데, 경제단체들은 「장애인고용 촉진법」의 장애인고용의무제와 관련
규정에 대해 지속적으로 문제를 제기하면서 이를 폐지 또는 완화시
켜 줄 것을 건의하였다(전국경제인연합회 1996, 342-345; 전국경제인
연합회 1998). 이러한 건의는 1997년 12월 IMF 외환·금융위기로
경기가 크게 악화되자 더욱 강력하게 제기되었는데 정부는 장애인
단체의 반발과 여론 악화를 우려해 이를 받아들이지 않았다. 그러
나 규제완화 차원에서 「장애인고용 촉진법」의 일부 규정의 개정이
추진되었다. 이에 따라 1999년 2월 8일 법률 제5,889호로 「장애인고
용 촉진법」의 제2차 개정이 이루어졌다. 여기에서는 「행정규제기본
법」에 의한 규제정비계획에 따라 공단에 노동부령이 정하는 자격을
갖춘 직업상담원을 두도록 한 규정을 삭제하였고, 사업주가 장애인
근로자를 해고한 경우에 7일 이내에 노동부장관에게 신고하도록 한
규정과 사업주로 하여금 장애인고용계획, 장애인의 임면사항, 장애

---

11) 제1차 개정법의 주요 내용은 다음과 같다. 첫째, 장애인 공용에 모범이
되는 사업주를 장애인고용우수사업주로 선정하여 우대하도록 법적 근
거를 마련했다. 둘째, '장애인고용 촉진공단'의 명칭을 '한국장애인고용
촉진공단'으로 변경하였다. 셋째, 공단 잉여금의 처리에 탄력성을 부여
하기 위하여 다음 연도에 이월하여 사용할 수 있도록 했다. 넷째, 기업
활동 규제완화 차원에서 장애인고용부담금 신고·납부기한을 초일부터
60일 이내에서 90일로 연장하였다. 다섯째, 「장애인복지법」 및 「산업재
해보상보험법」에 의한 직업재활시설에 생산설비와 원료·기술 등을 제
공하고 생산관리 및 생산품의 판매를 전담하는 사업주 또는 직업재활
시설에 도급을 주어 그 생산품을 납품하는 사업주에 대하여 부담금을
감면토록 하는 장애인직업재활시설 연계고용제도가 도입되었다(한국장
애인고용 촉진공단 2000, 58-60).

인고용과 관련된 부담금·지원금 또는 장려금에 관한 서류를 3년간 보존하도록 한 규정을 삭제하였다. 그리고 제도보완차원에서 사업주·장애인에 대한 융자업무의 공단위탁과 관련하여 공단의 임직원 중에서 기금출납이사와 기금출납원을 임명토록 하였다(한국장애인고용 촉진공단 2000, 58-60).

요컨대, 1, 2차「장애인고용 촉진법」개정은 제정법의 커다란 골격을 흔드는 정도의 변화보다는 상황변화에 따른 약간의 수정·보완의 수준이었다고 평가할 수 있다. 그러나 2000년 1월 12일「장애인고용 촉진법」을 전면 개정한「장애인고용 촉진 및 직업재활법」(법률 제6,166호)은 김대중 정부가 출범하면서 적극적으로 추진한 개혁입법의 하나로 장애인고용정책의 새롭게 구성하려는 야심 찬 의도를 가지고 시작되었다. 본 절에서는「장애인고용 촉진 및 직업재활법」의 결정과정을 분석하고자 한다.

1) 정책 환경

「장애인고용 촉진 및 직업재활법」의 전면 개정과정에서 가장 중요한 영향을 미쳤던 정책 환경은 1997년 12월 금융·외환위기와 1997년 12월 18일 대통령 선거로 인한 여야간 정권교체라고 할 수 있다.

먼저 1997년 1월부터 시작된 대기업의 부도 사태와 그 해 7월 동남아 국가에서 시작된 외환위기의 여파로 외국 채권금융기관들이 한국 금융기관으로부터 자금을 회수하면서 한국은 국가부도의 위기 상황에 직면하였다. 이에 1997년 11월 21일 국제통화기금(IMF)의 긴급구제금융을 신청하였고 12월 3일 IMF 구제금융 협상이 타결되었다. IMF는 금융지원을 하면서 '신용인출조건'(conditionality)을 규정한 '대기성 차관'(Stand-by) 협정을 체결하게 되는데, 이에 따라 한국 정부는 초긴축 경제정책과 구조조정정책에 나서게 된다. 이에 따라 국내 신용공급과 정부의 재정지출이 축소하고, 금융부문과 기업의 구조조정이 이루어졌고, 정리해고와 근로자 파견 등의 허용으로 노동시장의 유연성이 확보되었다. 그 결과 실업률이 1990년대 중반의 2.0-2.5%에서 1999년 1월에는 무려 7.8%까지 치솟는 등 국민들은 대량실업과 경기악화의 고통이 심각하게 경험하였다(「동아일보」 1999. 7. 30, B1). 그 고통은 사회적 편견과 차별에 시달리던 장애인과 같은 사회 소수집단의 경우 더욱 심각하였다. 따라서 이 같은 상황에 변화에 맞추어 새로운 장애인 복지 및 직업 정책의 필요성이 대두되었다.

1997년 12월 13일 제15대 대통령선거에서 야당의 김대중 후보가 여당 후보를 누르고 대통령에 당선되면서 여야 간의 수평적 정권교체가 이루어졌다. 김대중 대통령은 당선직후 기자회견(1997. 12. 19.)과 취임사(1998. 2. 24.)에서 새 정부의 국정이념으로 "민주주의와 시장경제의 병행발전" 혹은 "민주적 시장경제"를 제시하였고, 1999년 8.15 경축사에서 "인간개발 중심의 생산적 복지" 혹은 생산적 복지체계 구축"을 사회정책부문에서 국정지표로 제시하였다(「동아일보」 1999. 8. 16, A3; 「매일경제신문」 1999. 8. 16, 3). 이에 따라 김대중 정부는 이전 정권과는 달리 상당히 진보적인 사회정책을 펼치게 된다.

김대중 정부의 사회정책의 확대과정을 구체적으로 살펴보면 다음과 같다. 먼저 실업대책과 직접 연관되는 고용보험의 적용범위를 1998년 1월 10인 이상, 3월 5인 이상 사업장으로 확대하였고 10월 4인 이하의 전사업장으로 확대하였다. 의료보험의 경우 1998년 10월 지역의료보험과 공무원·교원의료보험을 통합한데 이어 2000년 7월 직장과 지역의료보험조합을 통합하여 국민건강보험을 탄생시켰다. 그리고 산업재해보상보험도 전 사업장으로 확대되었다. 한편 2000년 10월부터 종전의 공적부조제도인 생활보호제도를 획기적으로 개선한 국민기초생활보장제도가 실시되었다. 이러한 김대중 정부의 사회정책에 대해 '근로연계복지'(workfare)적인 요소가 강한 신자유주의적 이념에서 나온 것이라는 비판적 평가도 있지만(정무권 2000, 343), 과거 정권과는 차별화된 진보성에 대해서는 대체로 인정을 받고 있다(신동면 2000).

요컨대, 「장애인고용 촉진 및 직업재활법」 전면 개정은 IMF 외환·금융위기로 인한 경제위기와 새로운 노동 및 복지체계의 필요성이 대두하고, 정치적으로 보다 진보적인 성향을 가진 새로운 정권으로 교체되는 정책 환경에서 이루어졌다고 할 수 있다.

2) 개정과정

1998년 2월 초유의 여야간 정권교체에 의해 김대중 정부가 들어섰다. 새 정부는 '인권과 시민권으로서의 복지'와 이에 대한 '국가의 책임'을 복지관련 정책의 가장 기본적인 철학적·이념적 기초로 삼았다(대통령비서실 삶의 질향상 기획단 1999, 18). 이러한 관점에 따라 전반적인 노동·복지 법령과 체계를 재검토하였는데 장애인고용정책 또한 예외가 아니었다. 1998년 9월 새정치국민회의는 당시 장애인고용정책의 문제점을 파악하고 합리적인 직업재활정책을 마련하기 위해 '장애인 직업재활 정책기획단'을 발족하였다(장창엽 2001, 22-27). 여기에서 장애인고용문제는 재활치료에서부터 교육, 사회적응문제, 직업훈련, 사업주의 인식개선, 궁극적으로 장애인의 행복추구권 보장과 사회적 통합에 이르기까지 장애인 복지정책 일반과 긴밀하게 관련되어 있으므로, 장애인에 대한 과거의 분리주의 패러다임이 완전 통합주의로 옮겨져야 하고 제도적·행정적으로도 최대한 통합적으로 운용되도록 하여야 한다는 입장을 천명하고 장애인고용 정책의 기본원칙 여섯 가지를 제기하였다.12) 그리고 장애인고용과 직업재활에 관한 새로운 입법은 이 같은 원칙에 따라 소관을 기존의 노동부가 아닌 장애인 복지를 담당하는 보건복지부로 이관할 것을 제안하면서 이관의 논쟁이 본격적으로 시작되었다.

이러한 논의와 동시에 김대중 정부는 IMF 사태로 인한 경제 위기에 대해 대응으로 적극적인 공공부문의 구조조정과 경영합리화 정책에 나서게 되는데 1998년 10월 8일 "정부출연·위탁기관경영혁신추진계획"이 수립되게 된다. 이 계획에 따라 장애인고용 촉진법의 개정에 관한 논의도 시작되게 된다. 이에 따라 12월 1일 정기국회 본회의에서 현행법 개정을 위해 정부가 적극 노력토록 의결하여 결의문을 송부하였다. 노동부는 한국장애인고용 촉진공단 상근이사 5인을 2인으로 감축하고 감사를 비상근으로 하는 공단 혁신방안과 자영업 장애인 창업지원, 중증장애인의 지원확대, 국가·지방자치단체의 장애인고용의무화, 고용 장려금 지급수준의 상향 조정 등의 내용을 담고 있는 「장애인고용 촉진 등에 관한 법률 개정(안)」을 12월 15일 국회 환경노동위원회에서 권철현 의원을 중심으로 수정·의결하고 법제사법위원회에 회부하였다. 이렇게 되자 동년 12월 18일, 국무총리 주재 '장애인복지대책위원회'에서 장애인고용업무 이관에 대하여 정부 내에서 사전조정 후 추진키로 결정하였다. 그러

---

12) '장애인 직업재활 정책기획단'에서 결정한 장애인고용 및 직업정책의 여섯 가지 기본원칙은 다음과 같다. 첫째, 장애인-비장애인 통합사회의 기본원칙 강화, 둘째, 장애인 복지 전반에 대한 국가책임주의 강화, 셋째, 시책 및 프로그램에 있어서 장애인 중심주의 강화, 넷째, 중증장애인에 대한 분리주의 불허, 다섯째, 적극적 직업정책으로의 전환 및 다양한 형태의 직업제도 마련, 여섯째, 장애인 정책일반과 장애인 직업정책 실행기구의 통합적 운용.

나 동년 12월 21일 「장애인직업재활법제정(안)」이 이성재·김명섭 의원의 제안으로 국회 보건복지위원회에서 의결되어 법제사법위원회로 회부되면서 본격적인 논쟁이 시작되었다. 사태가 이렇게 전개되자, 법사위는 양 법안과 관련하여 관련위원회 및 소관부처 간의 의견일치가 이루어지지 않은 상태로써 상호 상충하는 법안이므로 심도 있는 검토가 필요하다는 이유로 법사위 위원장 직권으로 심의를 보류하였다(윤의민 2000, 90-92; 한국장애인고용 촉진공단 2000, 60-67).

<표 6.3> 「장애인고용 촉진법 개정안」과 「장애인직업재활제정안」의 대비

구 분	장애인고용 촉진 등에 관한 법률개정안	장애인직업재활제정안
장애인고용관련업무, 장애인고용촉진공단 및 기금소관부처	노동부	보건복지부
입법목적 및 취지	일할 능력이 있는 장애인의 고용 촉진을 위한 생산적 복지중심	일할 능력이 없는 중증장애인의 재활을 통한 시혜적 복지중심
	중증장애인 지원부문은 대부분의 내용이 양법상 유사하게 규정	

자료: 노동부(2000, 158), 「노동백서」

「장애인직업재활법제정(안)」은 복지관련 부서인 보건복지부로 하여금 모든 장애인 관련 업무를 총괄케 하려는 취지에서 재정확보와 집행기관 유치를 위해 장애인고용 촉진기금, 한국장애인고용 촉진공단의 소관으로 노동부에서 보건복지부로 이관하는 내용을 핵심내용으로 한다. 이관 찬성론자의 주된 논리는 다음과 같다. 첫째, 직업생활을 통한 장애인의 생활보장이라는 목표를 달성하기 위해서는 고용 촉진뿐만 아니라 직업재활과 함께 병행되어야 한다. 고용 촉진에만 초점을 두게 되면 취업이 용이한 경증장애인 위주의 고용정책이 될 수밖에 없을 것이다. 둘째, 이 같은 장애인 직업재활의 활성화는 장애인의 생활안정, 장애인에 대한 의료적·사회적 재활 등과 같은 보건복지부의 추진업무와 분리될 수 없으며, 이와 긴밀하게 연계될 때에 사업의 추진효과가 극대화될 수 있다. 셋째, 장애인복지관 등 지역사회 내에서 직업재활 현장기관을 최대한 활용하여 장애인 특히 중증장애인에 대한 직업재활의 기회를 확대할 수 있다. 이를 위하여 공단은 연구중심기관으로 축소하고 공단의 기능을 장애인 복지관, 직업재활시설 및 장애인 단체에 분산하여 수행해야 한다.

그러나 이관을 반대하는 측에서는 다음과 같은 이유를 내세웠다. 첫째, 장애인고용문제는 노동시장과 직결된 문제이기 때문에 고용 촉진 및 종합적 직업안정 기능을 보유하고 있는 노동부에서 관장함이 타당하며 선진국의 경우에도 이와 같은 체제를 가진다. 둘째, 장애인고용 촉진기금을 고용 촉진보다는 시혜적인 성격이 강한 중증장애인 보호자금 형태로 사용할 경우 이는 기금목적에도 맞지 않고 사업주의 강력한 반발에 직면하게 될 것이다. 셋째, 보건복지부 소관 시설·단체는 그 자체로서 고용 촉진업무를 전문적으로 담당하기에는 크게 취약한 실정이기 때문에, 이제 정착단계에 들어선 장애인고용의무제도의 붕괴가 우려된다고 반박하였다.

이 같은 장애인고용정책의 이관을 둘러싼 논란은 국회에서 환경노동위원회와 보건복지위원회의 대립, 노동부와 보건복지부 간의 대립뿐만 아니라, 장애인 단체 사이에서도 이관파와 비이관파로 나뉘어 성명전이 난무하고 경쟁적인 세력 과시 등의 갈등이 심화되었다. 1999년 3월 2일 법제처에서는 법률안에 대한 정부입장을 정리한 후 추진할 수 있도록 국무회의에 보고하였고 이에 대하여 정부에서는 1999년 5월 24일, 제반 여건을 검토하여 현행 법률을 존속시키기로 결정하였다. 그러나 정부의 이런 결정에도 불구하고 양측의 갈등은 해소되지 않았으며 1999년도 지방장애인기능경기대회 개최와 관련하여 물리적 충돌사태로 발전하게 된다. 즉, 1999년 7월 6일 장애인 단체 대다수를 회원으로 하는 '한국장애인총연맹' 소속 장애인들이 공단 본부를 점거 농성하자 용산경찰서의 경찰병력 3개 중대가 출동하는 사태가 발생하였다. 이 사태는 외면적으로는 지방대회 개최와 관련하여 일어난 것으로 보이지만 실제로는 계류 중인 두 법안을 놓고 장애인 단체 간의 갈등을 보여주는 것이라고 할 수 있다. 반대로, 동년 7월 개혁입법 목록에 「장애인직업재활법제정(안)」이 언급되자 이관을 반대하는 '한국지체장애인협회' 등과 같은 비이관파 장애인단체에서 성명서를 발표하고 대규모 집회 개최하는 등 혼란이 계속되었다.

법개정을 둘러싸고 혼란이 계속되자 김대중 대통령은 1999년 8월 9일 복지노동수석비서관(김유배)과 민정수석비서관(김성재)이 협의하여 처리토록 지시하였다. 그리고 8월 24일에는 국무회의에서 국무총리 주관 하에 장애인고용 촉진법과 직업재활법 제·개정 문제에 대해 관계부처 간 의견을 신속히 조정하여 단일안을 마련하도록 지시하였고, 8월 31일 다시 이를 정기국회 내에 처리하도록 지시하였다. 이에 따라 국무조정실이 주관하여 8월 31일 제1차 실무회의, 9월 7일 제2차 실무회의, 10월 5일 제1차 차관회의, 10월 11차 실무회의, 10월 13일 제4차 실무회의 10월 20일 제5차 실무회의 11월 3

일 제2차 차관회의, 11월 25일 제3차 차관회의 등을 차례로 개최하여 직업재활업무 소관부처 및 기금분배비율을 제외하고 대부분의 사안에 합의하였다. 11월 29일 여당인 새정치국민회의 정책위의장(임채정 의원), 제3정책조정위원장(정세균 의원), 노동부와 보건복지부 장관 등이 당정협의를 갖고 미합의 부문에 대해서 당에서 조정안을 마련키로 결정하였다.

그러나 11월 29일 당정협의에서 합의가 이루어지던 당일 밤늦게 보건복지위원회에서 「장애인 직업재활법(수정안)」에 대한 조정안을 협의 없이 의결하여 법사위에 상정함으로써 당일 당정협의 내용에 정면 배치되는 사태가 발생하였다. 그러자 이에 대응하여 다음 날인 11월 30일 환경노동위원회에서도 「장애인고용 촉진 등에 관한 법률 중 개정법률(안)」에 대한 수정안을 심사하여 상정하고 법사위에 계류 중인 법률안 반려를 요청하였다.

이 같은 상황에 직면하여 양법률안의 조정을 위하여 12월 4일 국민회의 제3정책조정위원회(위원장 정세균 의원, 부위원장 이성재 의원)의 주관으로 노동부 및 보건복지부 차관 등 관계부처 간 회의를 개최하여 쟁점사항을 합의하고 단일법안을 성안하게 된다. 여기에서는 법률관장부처를 노동부로 하고 보건복지부 의결법안은 파기하며 국회 환경노동위원회의 의결법안으로 입법을 추진하기로 결정하고 직업재활업무 중 직업지도, 직업적응훈련, 지원고용, 취업 후 적응지도 수행 주체에 보건복지부장관을 명기하고 직업재활업무관련 기금 분배비율을 전년도 장애인고용부담금의 1/3로 하되 보건복지부와 공단의 배분비율을 대통령령에 위임하기로 하였다. 12월 7일 국회 환경노동위원회에서 완전 합의된 단일 법안이 심의·의결되고 12월 13일 국회 법제사법위원회에서 권철현 의원의 제안 설명에 이어 의결되었으며, 12월 16일 국회본회의에서 조한천 의원의 제안

설명에 이어 「장애인고용 촉진 및 직업재활법」이 의결되었다. 2000
년 1월 11일 장애인관련단체, 학계, 장애인근로자, 공단 등이 배석
한 가운데 김대중 대통령의 개혁입법 서명식을 거쳐 2000년 1월 12
일 소관 법률 제6,166호로 개정·공포(시행일 2000. 7. 1.)되었다(노
동부 2000, 157-158).

이렇게 개정된 「장애인고용 촉진 및 직업재활법」(이하 개정법)은
장애인고용 촉진법이 6장 65조였던 것에 비해 10개 조항이 늘어난
6장 75조로 구성되어 있다(<표 6.4> 참조). 바뀐 조항을 중심으로
직업재활법의 주요 내용은 다음과 같다(김정열 2000, 31-34; 오도영
2000, 16-18; 노동부 2000; 한국장애인촉진공단 2000; 장창엽 2001).

첫째, 이전 장애인고용 촉진법이 '경증 장애인' 위주의 정책이었
다면 개정법은 '중증 장애인'에 보다 초점을 두었다. 이와 관련된
규정은 다음과 같다. 제2조(정의)에서는 2호 중증장애인, 8호 장애인
표준사업장이 추가로 정의되어 중증 장애인 직업재활을 위한 제도
적 장치가 마련되었다.[13) 제3조 제2항 하반부에서는 중증 장애인
및 여성 장애인에 대한 국가 및 지방자치단체의 책임을 규정하고
있다. 제12조에서는 노동부 장관 및 보건복지부 장관이 직무수행이
어려운 장애인이 직무를 수행하도록 지원고용을 실시하고 필요한
지원을 하여야 하여 중증 장애인고용이 실질적으로 가능하도록 하
고 있다. 제13조의 경우 일반적인 작업 환경에서는 일하기 어려운
장애인을 위한 일자리를 마련을 국가와 지방자치단체의 책임으로

---

13) 동법 제2조 2호에서는 "중증 장애인"이라 함은 장애인중 근로능력이 현
   저하게 상실된 자로서 대통령령이 정하는 기준에 해당하는 자를 말한다
   고 규정하고 있다. 동법 시행령 제4조에서는 중증장애인의 범위를 「장
   애인복지법」, 「국가유공자 등 예우 및 지원에 관한 법률」 등에 의한 제2
   급 또는 제3급 이상의 등급 등에 해당하는 장애인으로 규정하고 있다.
   동조 8호 "장애인 표준사업장"이라 함은 장애인이 근로하기에 적합한
   생산시설로서 대통령령이 정하는 사업장을 말한다.

194

명시하고 있다. 그리고 제26조 제3항에서는 중증장애인과 여성장애인에 대해서는 2배까지 장려금을 지급할 수 있도록 규정하고 있다.

둘째, 종전의 장애인고용 촉진법은 장애인의 직업재활이라는 큰 틀 아래에서 장애인 정책을 다룬 것이 아니라, 단순히 장애인의 고용 촉진에만 초점을 두었다고 비판할 수 있다. 개정법은 장애인에 대한 직업지도, 직업적응훈련, 직업능력개발훈련, 지원고용, 취업알선, 취업 후 적응지도 등 고용 촉진 및 직업재활의 단계적 사업내용과 지원근거를 마련하여 장애인의 직업재활이라는 큰 틀에서 종합적으로 장애인고용정책을 다루고 있다(제2조 3호, 제9조 직업지도, 제10조 직업적응훈련, 제11조 직업능력개발훈련, 제12조 지원고용, 제14조 취업알선, 제18조 취업 후 적응지도).[14] 그리고 효과적인 장애인고용정책의 수립을 위하여 장애인고용 현황에 대한 실태조사를 실시할 수 있는 근거를 마련하였다(제22조).

셋째, 「장애인고용 촉진 및 직업재활법」 개정과정에서 장애인고용정책의 소관을 노동부에서 장애인 복지관련 업무를 총괄하는 보건복지부로 변경하려는 장애인 단체와 국회 보건복지위원회 소속의 국회의원의 끈질긴 시도가 있었다. 이에 따라 개정법은 장애인고용정책의 노동부 소관은 인정하지만 일부 사업에 대해서 보건복지부의 참여를 허용하는 절충을 꾀하였다. 장애인고용 촉진 및 직업재활 기본계획을 수립할 때(제3조), 장애인고용 촉진공단의 사업계획의 승인하려 할 때(제52조), 노동부 장관은 보건복지부 장관과 협의하도록 규정하고 있다. 그리고 직업지도(제9조), 직업적응훈련(제10조), 지원고용(제12조), 취업 후 적응지도(제18조) 등에서는 노동부

---

14) 장애인고용 촉진 및 직업재활법 제2조 3호에서는 "고용 촉진 및 직업재활"이란 장애인의 직업지도·직업적응훈련·직업능력개발훈련·취업알선·취업·취업 후 적응지도 등의 조치를 통하여 장애인이 직업생활을 통하여 자립할 수 있도록 하는 것이라고 규정하고 있다.

장관과 보건복지부 장관이 공동으로 사무를 처리하도록 하고 있다. 또한 보건복지부 장관은 장애인의 직업재활 등을 위하여 직업지도, 직업알선기관, 취업 후 적응지도와 관련하여 장애인고용 촉진공단 의 사업계획 및 예산안에 반영될 수 있도록 요청할 수 있다. 그리 고 이러한 사업의 합산 금액은 전년도 장애인고용부담금의 1/3에 해당하는 것으로 한다고 규정하고 있다(제53조).

넷째, 개정법에서는 장애인고용 촉진 및 직업재활을 효율적으로 수행하기 위하여 '한국장애인고용촉진공단'의 사업을 종전에 비해 대폭 확대하였다(제36조). 그리고 전국의 장애인직업재활시설, 장애 인복지단체 등 직업재활 실시기관 간의 구인·구직정보의 교류 및 장애인 근로자 관리 등의 연계를 공단 중심으로 집중케 하여 공단 을 장애인 직업재활의 종합적 지원·관리기구로 승격하게 했다(제 15조).

다섯째, 개정법에서 일반 사업주의 장애인고용의무와 관련해서는 내용상 거의 변화가 없는데 반해, 국가 및 지방자치단체 등의 장애 인고용의무와 관련해서는 중요한 변화가 있었다. 즉 종전의 장애인 고용 촉진법에서는 "국가 및 지방자치단체의 장은 장애인을 소속 공무원의 100분의 2 이상 고용하도록 노력하여야 한다"는 식으로 구체성과 강제성을 전혀 내포하지 않음으로서 임의적인 규정에 지 나지 않았다. 따라서 현실적으로 볼 때 정부가 국가적인 차원에서 책임을 제대로 이행하지 않아도 아무런 문제 제기를 할 수 없는 상 황이었다. 그러나 개정법에서는 제23조에서 "국가 및 지방자치단체 의 장은 장애인을 소속 공무원의 100분의 2 이상 고용하여야 한다" 로 강행규정으로 개정하여 이제는 국가 및 지방자치단체도 장애인 고용의무를 회피할 수 없도록 만들었다. 그리고 재직 중인 장애인 공무원의 수가 1만 명에 이를 때까지 장애인공무원 공개채용비율을

5%로 상향 조정함으로써 국가 및 지방자치단체가 가능한 빠른 시한 내에 장애인 의무고용률을 달성하고 민간부문을 선도하도록 하였다. 그 외에도 이 같은 규정을 공개채용뿐만 아니라 공개채용을 하지 않는 경우에도 적용하도록 하고 있으며, 정부의 각급 기관들은 장애인공무원채용계획과 그 실시 상황을 노동부장관에게 제출하고 노동부장관은 그 계획이 부적절하다고 인정되는 경우 그 변경을 요구할 수 있으며 고용의무의 이행실적이 부진할 때에는 그 내용을 공표할 수 있도록 규정하고 있다(오길승 2000, 30-32).

<표 6.4> 「장애인고용 촉진법」과 「장애인고용 촉진 및 직업재활법」의 비교

구 분	장애인고용 촉진법	장애인고용 촉진 및 직업재활법
법체제 변경	5장 (총칙, 공단, 고용 촉진, 기금, 보칙, 벌칙)	6장 (총칙, 고용 촉진 및 직업재활, 고용의무 및 부담금, 공단, 기금, 보칙)
사업단계 및 지원 명확화	직업지도, 직업훈련, 취업 후 적응지도	직업재활실시기관 명문화 직업지도, 직업적응훈련, 직업능력개발훈련, 지원고용, 보호고용, 취업알선, 취업알선기관 간 연계, 자영업장애인 지원, 장애인근로자 지원, 취업 후 적응지도
	사업주 자료제공, 사업주 고용지도, 고용우수사업주 우대	사업주고용지도, 고용우수사업주우대 정부자료제공, 장애인 실태조사 등
사업주체	노동부장관	노동부장관 (직업지도, 직업적응훈련 등에 보건복지부 일부 참여)
직업재활 관련사업비	−	부담금의 3분의 1
지원강화	−	중증·여성장애인 우대, 자영업장애인 창업자금 지원, 지원·장려금 지급수준 인상
고용의무 확대	국가 등 장애인고용권장	국가 등 장애인고용의무화 공개채용 비율 5%로 상향 조정
공단기능 재정립	공단단독업무수행	공단을 직업재활실시기관의 중심기관으로 역할을 재정립하고 사업수행기능 확대로 종합적 서비스지원기관으로 발전
사업계획 및 예산	공단단독편성	보건복지부에 예산협의 권한을 부여하되 공단중심으로 사업운영
기금용도 재정립	공단단독업무수행에 따른 지원국한	공단사업수행기능 확대에 따른 사용범위확대 민간단체 지원근거 마련
전문요원 확보	직업생활상담원	직업생활상담원 등 전문요원
벌칙형평 도모	벌금형	과태료로 전환
기 타	−	용어정의 명확화

자료: 노동부(2000, 161), 「노동백서」

3) 정치상황, 참여자관계, 무의사결정

(1) 정치상황

「장애인고용 촉진법」은 제정초기부터 많은 입법적 흠결에 대한 비판과 함께 경증장애인 위주의 장애인고용정책을 조장할 뿐이라고 비판을 받았다. 따라서 전면적인 개정을 요구하는 목소리가 높았지만 「장애인고용 촉진 및 직업재활법」으로 전면 개정될 때까지 커다란 골격의 변화를 가져오진 않았다. 이는 앞에서 창도적 정치상황을 특징으로 하는 장애인고용정책이 정부정책을 채택되는 것이 결코 쉬운 것이 아니라는 반증이라고 할 수 있다.

그럼에도 불구하고 제정에 가까운 전면 개정이 가능했던 것은 IMF 외환·금융위기라는 국가 최대의 위기와 진보적 성향을 가진 정권이 새로이 들어섰기 때문이다. 즉, 최악의 경제위기로 종전의 경제·사회정책 패러다임이 새로운 패러다임으로 변화해야 한다는 국민적 공감대가 형성된 데다가 생산적 복지라는 이념하에 진보적인 사회정책의 개혁을 추구하는 정권으로의 교체가 맞물리면서 장애인고용정책에 근본적인 재검토를 가능하게 했다. 여기에 이성재 의원과 같은 장애인 운동에 오랫동안 몸담았던 일부 창도적 정치인의 주도 하에 종전의 장애인고용 촉진법과는 차원을 달리하는 「장애인직업재활법 제정안」이 제출되었고 법안 통과의 가능성도 높았다.

그럼에도 불구하고 「장애인직업재활법」이 제정되지 못했던 것은 개정과정의 후반으로 가면서 이 같은 입법으로 직접적인 손해를 보는 노동부와 일부 장애인 단체에 의한 반대가 격렬해지면서 '이익집단 정치'의 모습이 재현되었기 때문이라고 평가할 수 있다. 이 같은 상황이 전개되자 국민연금법, 의료보험 통합, 의약분업 등 다른 개혁입법으로 여력이 없던 김대중 정부로서는 전국민의 관심의 대

상에서 벗어나 있는 장애인고용 촉진법 전면 개혁에서 손을 빼게
되었다고 할 수 있다.

(2) 참여자 관계

「장애인고용 촉진 및 직업재활법」의 개정과정은 기존 장애인고용
정책의 근간을 흔드는 소관부처 이관의 문제가 걸려 있었기 때문에
정책결정의 참여자들의 경쟁과 대립이 극명하게 드러났다(이성재
전의원 면접; 공단 관계자 면접).

개정과정의 주요 참여자로는 소관부처 이관과 관련된 직접적인
이해당사자였던 국회보건복지위원회와 환경노동위원회 소속 국회의
원, 노동부 및 한국장애인고용 촉진공단과 보건복지부, 이 같은 소
관부처 이관문제로 인한 대립을 중재하는 입장이었던 대통령과 대
통령 비서실의 수석비서관들, 그리고 1989년 장애인고용 촉진법 제
정당시부터 장애인고용정책의 소관을 보건복지부로 할 것을 지속적
으로 요구했던 장애인 단체 등이라고 할 수 있다. 반면 지속적으로
장애인고용 촉진법의 완화를 추구해 왔던 경제인 단체와 경제부처
는 법 개정과정에서 그다지 영향력을 발휘하지 못했다. 이는 김대
중 정부의 복지 쟁점에 대한 진보적 정향과 관련이 있는 것으로 여
겨진다.

보다 구체적인 참여자 관계를 살펴보면 다음과 같다(<그림 6.3>
참조). 먼저 장애인고촉법에 대해 지속적으로 문제를 제기해 왔던
장애인 단체와 장애인계 출신의 이성재 의원을 중심으로 국회 보건
복지위원회, 그리고 여당인 새정치국민회의 내에 발족되었던 '장애
인 직업재활 정책기획단'이 이관파 연대를 구축하여 장애인직업재
활법(이하 재활법) 제정 문제를 제기하였다. 장애인 단체들은 재활

법 제정을 위해 분산된 역량을 모으기 위해 '한국장애인총연맹'(이하 장총)을 결성하여 적극적인 연합활동을 벌리기 시작했다. 장애인복지의 담당부처로써 재활법이 제정되면 장애인고용정책까지 전담하게 될 보건복지부는 이 연대에 적극적으로 찬동하는 입장이었지만, 같은 행정부 내의 타기관의 소관을 뺏어 오는 입장이었으므로 공식적으로는 적극적인 자세를 보이지 않았다. 그리고 장애인 운동을 오래 몸담았던 교수출신의 민정수석비서관 김성재도 이관파 연대에 중요한 지지세력이었다.

반면에 재활법이 제정되면 장애인고용정책의 소관을 빼앗길 입장인 노동부와 그 산하기관으로 간부의 대부분이 노동부 출신자로 채워져 있던 공단은 적극적으로 이관에 반대했고, 국회 환경노동위원회 소속 국회의원들과 반대파 연대를 형성하였다. 특히 노동부와 공단은 재활법 제정을 막고 장애인고용 촉진법이 일부 수정되는 수준에서 논의가 마무리될 수 있도록 전방위적인 로비활동을 전개하였다. 그리고 대부분의 장애인 단체들이 이관에 찬성하여 장총으로 연대한 반면, '한국지체장애인협회'(이하 지장협) 만이 유일하게 이관반대파 연대의 입장에서 적극적으로 이관을 반대하는 활동을 전개하였다.

<그림 6.3> 장애인고용 촉진 및 직업재활법 개정과정에서의
참여자 관계

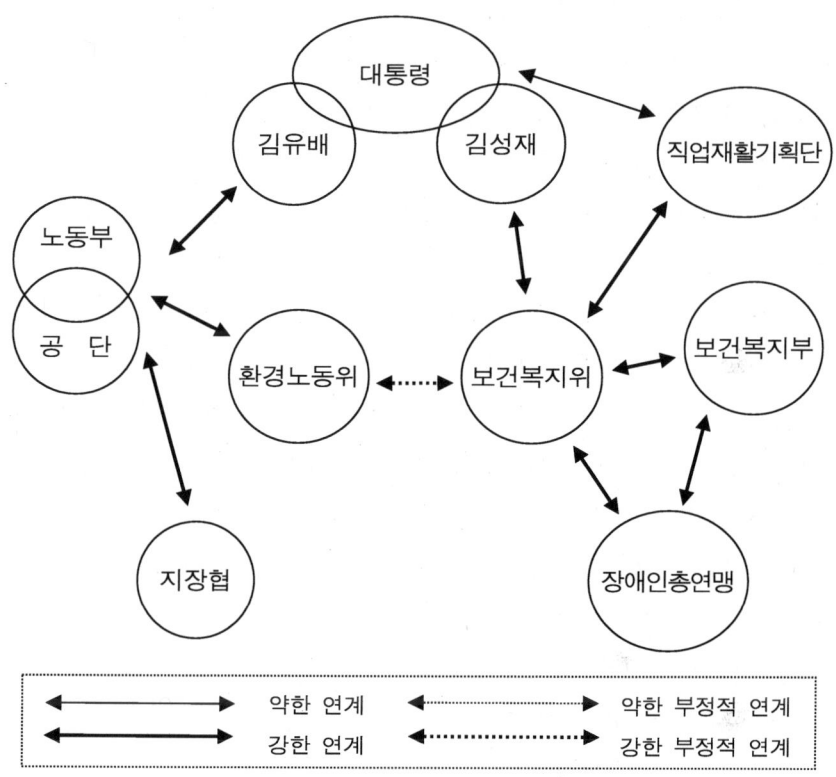

(3) 결정 – 무결정

장애인 단체와 일부 창도적 정치인들에 의해 제정이 추진되었던
「장애인직업재활법」은 장애인고용정책의 초점을 고용 촉진에서 직
업재활로 옮기는 혁신적인 내용을 담고 있었다. 그리고 진보적 성향
의 신정부 출범과 정책창도자의 적극적인 활동과 광범위한 연대세
력의 구축 등의 우호적인 정책 환경으로 인해 제정의 가능성이 매
우 높았다. 그럼에도 재활법은 결국 제정되지 못하였고, 종전 법에

중증장애인에 관한 규정과 직업재활 관련된 규정을 일부 포함하는 형태의 「장애인고용 촉진 및 직업재활법」 개정에 그치게 되었다.

개정법은 개정 과정은 극명하게 대립되는 두 개의 법안을 조정하고 통합했기 때문에 입법 목표와 내용 간의 일관성이 부족할 뿐만 아니라, 논쟁을 줄이기 위해 법안을 추상적이고 모호하게 규정하고 구체적인 사항은 시행령 작성단계로 넘겨 버렸다(오도영 2000, 16-17). 그러나 시행령·시행규칙에서도 구체적인 기준과 내용을 규정하고 있지 않아 법 시행의 주체가 누구인지 법 해석은 어떻게 해야 하는 지에 대해 혼란스럽다. 이는 법리상의 중요한 원칙인 '포괄위임금지의 원칙'에 위배되는 것이라고 할 수 있다.

개정과정에서 가장 핵심적인 논점이었던 담당부처의 이관문제는 장애인고용정책의 노동부 소관은 인정하면서 직업재활 관련 사업에 보건복지부의 참여를 일부 보장하는 형식으로 절충되었다. 이를 위해 개정법은 직업재활 관련 사무를 처리할 때에 노동부 장관이 보건복지부 장관과 협의하거나 공동으로 사무를 처리할 것을 규정하고 구체적인 사항을 대통령령으로 위임하였다. 그러나 노동부에서 작성되어진 시행령에서는 노동부와 보건복지부의 권한 배분의 내용과 정도에 대해 구체적으로 규정하지 않고 있다. 이는 '포괄위임금지의 원칙'에 위배되는 것이며, 노동부와 보건복지부의 권한을 적절히 분배하고 그 운영과 집행을 균형적으로 분화하라는 개정법의 입법취지에도 어긋나는 것이라 비판할 수 있다. 또한 장애인 직업재활사업의 실제 집행할 때에 보건복지부는 사업계획서만을 작성하고 공단에 제출하도록 하여 사회 및 예산을 계획하는 업무만을 맡게 되고, 실제 운영과 집행은 공단이 하게 되어 있어 집행상의 이중구조를 초래하여 불합리와 비효율의 문제를 안고 있다.

중증장애인의 고용 촉진을 위해 직업재활이라는 목표 아래 장애인고용정책이 체계적으로 추진될 수 있게 법적인 근거가 개정법 제9조에서 12조에 마련되었다. 그러나 시행령 제15조에서 18조는 여기에 대한 구체적인 기준과 내용을 담고 있지 못하다. 예를 들어 시행령 제18조의 '지원고용'의 경우 처음 도입된 프로그램임에도 불구하고 정의부터 모호하게 규정되어 있어 현장에 적용하는 데 어려움이 따를 것으로 예상된다.

결론적으로 개정법은 중증장애인 지원과 체계적인 직업재활을 위해 법적인 근거를 마련했다는 의의가 있지만, 이에 대한 구체적인 사항을 결정하지 않아 실제 집행과정에서는 법개정이전과 별반 다를 것이 없이 공단의 장애인고용 촉진 위주의 장애인고용정책이 유지되고 있다고 평가할 수 있다.

이 책은 이상과 같은 장애인직업재활법 제정 실패 과정을 전형적인 '무의사결정'과 '관료정치'로 설명할 수 있다고 본다. 개정과정에서 장애인고용정책의 담당부처로써 기득권을 가지고 있는 노동부와 공단은 재활법이 제정되지 못하도록 정치권과 관계에 광범위한 로비를 전개하였다. 그리고 동시에 장애인계에서 재활법 혹은 담당부처 이관 반대세력을 규합하기 시작했다. 당시 대부분의 장애인 단체들은 재활법 제정을 위해 '한국장애인 총연맹'을 중심으로 단결하고 있었는데, 유일하게 '한국지체장애인협회'만이 이에 적극적으로 반대의 입장을 나타냈다. 이러한 지장협의 행태에 대해 노동부와 공단의 회유영입이라고 보는 시각이 유력하다. 재활법 제정이 무산되고 재활법의 내용을 일부 수용한 개정법이 개정과정에서의 논쟁점에 대해 모호하게 법안을 규정하자, 노동부는 시행령 작성단계에서 이에 대한 구체적인 기준과 내용을 결정하지 않는 방식으로 개정법의 입법취지를 왜곡하였다.

결론적으로 「장애인고용 촉진 및 직업재활법」 개정과정에서 기득권자인 노동부와 공단은 기득구조를 변혁케 하는 「장애인직업재활법」 제정을 무산케 하는 무의사결정을 추진하였다. 법개정 과정에서는 전방위적인 로비와 지장협의 회유영입을 통해 재활법 제정 반대 연대를 결성하였고, 개정이후에는 시행령 작성과정을 통해 기득구조의 변화를 최대한 막았다. 이 과정에서 사용된 무의사결정 전략은 '회유영입'(co-opt) 전략과 '쟁점 모호화' 전략이었다고 할 수 있다.

제7장 장애인고용정책의 집행과정

1. 장애인고용정책의 집행수단

한국의 장애인고용정책에서 가장 중요한 수단은 근로자 중에서 일정 비율 이상을 장애인으로 고용하는 장애인 의무고용제이다. 장애인 의무고용제는 일종의 '고용 할당제'라고 할 수 있는데 이는 적극 평등인사의 가장 일반적인 정책수단으로 다른 국가에서도 널리 사용되고 있다. 그렇지만 장애인고용정책을 의무고용제에만 한정하게 되면 다양한 정책수단을 간과할 수밖에 없어 장애인고용정책을 한정하게 된다. 따라서 본 절에서는 적극 평등인사의 네 가지 정책수단, 즉 명령수단, 유도수단, 능력수단, 상징수단으로 장애인고용정책의 집행수단을 분석하고자 한다.

1) 명령 수단: 장애인 의무고용제과 장애인고용부담금

(1) 장애인 의무고용제

장애인의 직업능력이 완전하게 정상인과 같아질 수 없는 경우가 많고, 장애인에게 적절한 직무를 부여하고 장애인을 고용하기 위해서는 작업시설·작업 환경의 개선·정비 등은 사업주의 부담을 수반한다. 이러한 상황에서 장애인의 고용을 확실하게 확보하기 위해서는 어떠한 형태로든 사업주에 대한 장애인의 고용을 강제하고 협력을 법적으로 요청하는 것이 필요하다. 이것이 '기준고용률' 제도에 의한 장애인 의무고용제도이며, 근로자 중의 일정 비율을 장애인에게 유보하므로 '고용할당제'라고도 한다.

최초로 장애인의 고용의무를 법률로 규정한 국가는 독일이다(장창엽 1994, 61-62). 세계 1차대전 직후인 1920년 독일은 연방, 주 등의 관공서에서는 상이군인을 위하여 2%의 고용할당을 부여하고 민간 사업주에게는 20명부터 50명의 종업원에 대해 1명, 50명이 증가함에 따라 한 사람의 전상 장애인을 고용하도록 법으로 규정하였다. 그 후 1923년 1월에 법 개정을 통해 장애인 전체에 확대 적용되어 이 같은 고용률 제도가 정착되게 된다. 이후 독일의 입법에 본떠 오스트리아, 이태리, 폴란드, 프랑스, 덴마크 등에서 비슷한 법률을 제정하였다. 현재 장애인에 대한 고용할당제를 취하는 국가들로 아르헨티나, 오스트리아, 벨기에, 불가리아, 이집트, 프랑스, 독일, 영국, 가나, 인도, 이탈리아, 일본, 네덜란드, 파나마, 스페인 등 거의 30개국에 이르고 있다. 장애인고용할당제도를 채택하고 있는 국가들도 크게 두 가지 형태로 구분할 수 있다. 일본, 독일, 프랑스, 오스트리아 등과 같이 할당고용을 충족하지 못할 경우 경제적 부담을 부과하는 법률을 채용하는 형태와 영국, 벨기에 등과 같은 할당고용제를 채택하고 있긴 하지만 고용률 미달성의 경우에도 부담금 등의 경제부담을 부과하지 않는 형태가 있다.

한국의 경우, 현행 「장애인고용 촉진 및 직업재활법」은 일정 대상의 사업주에 대해 고용하고 있는 근로자 중에서 장애인의 비율이 일정률 이상이 되도록 장애인의 고용을 강제하고 있다(제24조). 구체적인 장애인의 기준고용률은 동법 시행령 제23조(적용대상 사업주의 범위)와 제24조(사업주의 기준고용률)에서 상시 근로자[15] 50인

---

15) 상시근로자란 2000년 7월 1일 이전에는 "근로계약의 형태에도 불구하

이상의 사업자에 대해 장애인 근로자를 2% 이상 고용하도록 규정하고 있다.16)

　장애인 의무고용은 전 사업장에 일률적으로 적용되는 것을 원칙으로 한다. 그러나 현실적으로 ① 중증장애인의 취업이 곤란한 직무(예를 들면 고소·지하·수상작업 등), ② 타인의 생명과 안정에 중대한 위험을 줄 우려가 있는 직무(예를 들면 철도·항공기의 운항 등), ③ 일률적으로 고용률을 적용함이 적합하지 않는 직무(예를 들면 경찰·법관 등 직무의 성격이 특수하거나 고도의 자격·면허를 요하는 직무 등)가 있는 것도 사실이다. 이러한 이유 때문에 장애인이 취업하는 것이 곤란하다고 인정되는 직종의 근로자가 상당한 비율을 차지하는 업종을 "제외율 설정업종"이라 한다.17) 제외율 설정업종에서는 업종의 전체 근로자 중에서 해당 직종의 근로자가 차지하는 비율을 고려하여 제외율을 정하여 이로써 산정되는 근로자수를 총근로자수에서 제외한 뒤 고용률을 적용하게 되는데, 이를 '적용제외율제도'라 한다. 현재 고용의무고용 적용제외범위는 민간기업이 약 22-25%정도이며, 국가 및 지방자치단체 등은 약 67-70%에 달하는 것으로 알려져 있다(노동부 2001.8.). 적용제외율 제도하에서 장애인 의무고용인원수는 다음 <식 7.1>과 같이 산정된다.

　　고 매월 실근로일수가 15일 이상의 자"였던 것이 2000년 7월 1일 이후에는 "임금지급의 기초가 되는 일수가 매월 15일 이상인 자"로 변경되었다. 건설업의 경우는 이 같은 기준을 적용하기가 산업 특성상 어렵기 때문에 "전년도 총 공사실적에서 건설사업기본법, 전기공사업법, 전기통신공사업법, 소방법, 문화재보호법 등에 의거 적법하게 하도급 된 부분의 공사실적을 제외한 공사실적액이 21,344백만 원(2001년 경우) 이상인 사업주"를 부담금 신고 및 납부대상자로 본다(2001년도 한국장애인고용 촉진공단 장애인고용부담금 신고·납부 안내 공문).

16) 이는 2004년 1월 29일 법 개정으로 종전의 상시 300인 이상의 근로자를 고용하는 사업주에서 적용범위를 대폭 확대한 것이다.

17) 구체적인 업종별 제외율은 노동부 고시 제91-66호에 나타나 있다.

<식 7.1>

고용의무인원수=(全근로자수-적용제외 근로자수)×기준고용률(2%)

(2) 장애인고용부담금제

「장애인고용 촉진 및 직업재활법」제27조는 장애인고용의무제도의 실효성을 확보하기 위해 '장애인고용부담금' 제도를 규정하고 있다. 고용부담금제도란 의무고용 사업주가 2%의 기준고용률을 이행하지 않을 경우 그에 미달하는 장애인 근로자 수에 해당하는 장애인고용부담금을 납부토록 하는 것이다. 노동부는 장애인고용부담금제도를 운영하기 위해 1992년 3월 3일 '장애인고용부담금 관련 업무처리 지침'을, 동년 4월 9일 '장애인고용 정산지침'을 시달하였다.

부담금제도는 사업주 간의 장애인고용에 따른 경제적 부담을 조정하고 장애인을 고용하는 사업주에 대한 지원을 위하여 사업주의 공동부담정신에 의한 제도이다. 즉, 장애인을 고용한다는 것은 작업시설·장비의 개선, 직장환경의 정비, 특별한 고용관리 등의 추가적인 경제부담을 발생함을 의미한다. 따라서 만일 부담금제도가 없다면 장애인고용의무를 성실하게 이행하고 있는 사업주는 상대적으로 손해를 보는 반면, 이행하지 않은 불성실 사업주는 오히려 상대적인 이익을 보게 되는 불공정한 상황이 전개된다. 따라서 부담금제도는 장애인을 고용하는 것이 사업주가 공동으로 달성해야 할 책임이라는 사회연대책임의 이념에 입각하여 장애인고용사업주의 지원을 위한 기금충당의 재원으로서 성격을 가진다(한국장애인고용 촉진공단 1997).

부담금제도는 장애인고용을 경제적 부담과 연결시켜 사업주의 장애인고용을 강제하는 것이다. 따라서 장애인 의무고용제도의 성패는 부담금 기초액의 크기에 의해 좌우된다고 할 수 있다.[18] 그런데 현행 장애인고용부담금의 기초액은 최저임금액의 60% 수준에서 이루어지고 있기 때문에 정책을 강제하는 역할을 제대로 수행하고 있지 못하다. 이에 따라 전반적으로 의무고용사업주들은 장애인을 고용하기보다는 오히려 부담금의 납부를 선호하고 있고, 재정적 상태가 보다 양호한 대기업일수록 부담금 납부는 더욱 선호되고 있다.[19]

부담금은 다음 연도 초일부터 90일 이내(다만, 연도 중에 사업을 폐지 또는 종료한 경우에는 그 사업을 폐지 또는 종료한 날로부터 60일 이내)에 관할 한국장애인고용 촉진공단 사무소에 신고하여야 한다.[20] 구체적인 장애인고용부담금을 산정하는 방법은 다음 <식 7.2>와 같다(노동부 고시 제1994-51호, 1994. 12. 5.).

<식 7.2>

장애인고용부담금 $= (A - B) \times$ 부담기초액

A: 월별 장애인고용의무인원(1인 미만의 단수는 버림)의 연간 합계
B: 월별 장애인고용 인원의 연간합계

이 같은 강제적인 법규에 의한 장애인 의무고용제와 고용부담금제에 의한 장애인고용정책은 고용가능성이 상대적으로 높은 경증 장애인 위주의 고용정책으로 왜곡될 위험성을 내포하고 있다. 그리고 규

---

18) 2000년도 부담금 기초액은 장애인고용률이 1% 이상이면 216,000원이고, 1% 미만이면 253,000원이다. 2001년 부담금 기초액은 고용율 1% 이상 고용 시 273,000원이고, 1% 이하 고용 시 316,000원이다.

19) 장애인고용 촉진공단인 2001년 8월 23일 국회에 제출한 자료에 의하면 삼성, 현대, LG, SK 등 4대 그룹의 지난해 말 장애인의 고용률은 평균 0.35%로, 장애인 의무고용 대상기업(1891개)의 평균 고용률 0.95%의 1/3 수준에 불과한 것으로 나타났다. 30대 그룹의 장애인고용률도 평균 0.68%에 그쳤다(동아일보 2001. 8. 24.).

20) 2000년도까지는 지방노동청(사무소) 장에게 부담금을 신고·납부토록 했으나, 2001년도부터 한국장애인고용 촉진공단으로 관할이 변경됐다.

제대상인 사용자 혹은 사용자 단체들의 입장에서는 기업의 이익이나 시장의 효율성과는 무관한 비용의 지출을 요구하는 것이기 때문에 정책에 대해 불응하며 정책 자체의 정당성에 문제를 제기한다.

2) 유인 수단: 고용 장려금과 각종 지원제도

(1) 장애인고용 장려금

「장애인고용 촉진법」 제37조에서는 상시 고용 300인 이상 사업장에서 기준고용률을 초과하여 장애인을 고용한 경우에는 초과고용 장애인의 수에 비례하여 해당 사업주에게 '장애인고용지원금'을, 기준고용률제에 적용을 받지 않는 사업장에서 장애인을 고용하는 경우에는 지원금의 범위 안에서 '장애인고용 장려금'을 지급할 수 있도록 규정하였다.[21] 그러나 개정 「장애인고용 촉진 및 직업재활법」 제26조와 시행령 제27조에서는 지원금과 장려금을 '장애인고용 장려금'으로 일원화하였다.

장애인고용 장려금제도는 장애인의 고용에 따르는 경제적 부담을 사회연대의 이념하에 분배·조정하기 위한 것으로, 기준고용률을 초과하여 고용하는 장애인수에 지원금 기준액을 곱한 금액을 사업주에게 지급하게 된다(한국장애인촉진공단 1997). 따라서 장려금은 사업주로 하여금 장애인고용을 유인할 수 있을 정도로 충분해야 한다. 하지만 제도 실시 초기에는 지원금과 장려금의 규모는 턱없이 낮아 실효성 있는 장애인고용 유인수단으로서의 역할을 충분히 수

---

21) 노동부는 이를 위해 1991년 10월 21일 '장애인고용 지원금 및 장려금의 지급기준'을 고시하고, 1992년 7월 10일에는 '장애인고용 촉진기금의 융자에 관한 규정'을 제정함으로써, 1992년부터 기준고용률 초과 달성 사업주에 대한 지원정책을 실시하였다.

행하지 못했다. 실제로 1992년부터 1994년까지는 장애인고용부담금과 비교하여 지원금은 절반이었고, 장려금은 이 보다 낮아 지원금의 절반, 즉 고용부담금의 1/4 정도에 불과하였다. 그러다가 유인효과가 거의 없는 지원금과 장려금 지급수준에 대한 비난과 함께 기금이 상당히 적립된 1995년부터는 지원금과 장려금을 부담금 기초액과 동등한 수준으로 결정하여 지급하였다. 개정 「장애인고용 촉진 및 직업재활법」에서는 중증장애인과 여성장애인고용을 촉진하기 위해 중증·여성장애인고용의 장려금 단가를 기타 장애인 지급단가의 2배의 범위 안에서 따로 정할 수 있도록 했다(제26조 제3항).22) 구체적인 장려금 지급단가는 「최저임금법」에 의하여 월 단위로 환산한 최저임금액의 100%(경증 남자장애인), 125%(경증 여성장애인), 150%(중증 남성장애인), 175%(중증 여성장애인)이다.23) 연도별 장애인고용부담금의 기초액, 고용지원금 및 장려금의 변화를 살펴보면 다음 <표 7.1>, <표 7.2>와 같다.

　　장애인고용 장려금 제도와는 다른 고용지원제도로써 특별히 장애인의 신규 채용을 확대하기 위하여 장애인을 신규 고용하여 1년 이상 계속 고용할 경우 장애인고용에 따른 생산성 손실을 보전하기 위해 사업주에게 장애인 임금의 일부를 2-3년간 차등적으로 보조금을 지급하는 '장애인고용보조금 제도'가 있다(공단 기술훈련부 1996, 19). 이 제도는 1995년 '장애인고용 5개년 계획'에 기초하여 1996년부터 중증장애인과 경증장애인을 구분하여 최저임금의 50-90%의 범위에서 2-3년간 지급하였는데, 현재는 폐지된 상태이다. 다만 2000년

---

22) 동법 시행령 제27조 제2항에서는 장려금의 단가를 최저임금액의 50/100 이상 100/100 이하로 하되, 중증 장애인 또는 여성장애인을 고용한 경우에는 100/100 이상 200/100 이하로 한다고 규정하고 있다.

23) 다만, 장애인 근로자에게 지급한 월평균 임금이 월 단위 최저 임금액보다 적은 경우에는 지급한 임금의 60%, 75%(중증 및 여성장애인)를 지급한다.

12월 31일 이전에 장애인을 신규로 고용하여 6개월 이상 계속 고용하는 사업주에게 한시적으로 운영되고 있다.

<표 7.1> 장애인고용 장려금 지급단가표(2000. 9. 1.-2001. 8. 31.)

구 분	최저금액(원)	지급율(%)	지급단가(원)
경증 남성장애인	421,000	100	421,000
경증 여성장애인	421,000	125	526,250
중증 남성장애인	421,000	150	631,500
중증 여성장애인	421,000	175	736,750

자료: http://www.kepad.or.kr/

<표 7.2> 연도별 장애인고용지원금ㆍ장려금의 지급단가 변화

(단위: 원)

연 도	고용부담금 기초액(월)	고용 지원금(월)	고용 장려금(월)	최저 임금(월)	적용기간
1991	120,000	60,000	30,000	185,320	1990. 9. 1.-1991. 8. 31.
1992	130,000	65,000	32,000	209,050	1991. 9. 1.-1992. 8. 31.
1993	138,000	69,000	34,000	227,130	1992. 9. 1.-1993. 8. 31.
1994	119,000	119,000	119,000	245,210	1993. 9. 1.-1994. 8. 31.
1995	159,000	159,000	159,000	264,420	1994. 9. 1.-1995. 8. 31.
1996	173,000	173,000	173,000	288,150	1995. 9. 1.-1996. 8. 31.
1997	190,000	190,000	190,000	316,400	1996. 9. 1.-1997. 8. 31.
1998	202,000	202,000	202,000	335,610	1997. 9. 1.-1998. 8. 31.
1999	207,000	207,000	207,000	344,650	1998. 9. 1.-1999. 8. 31.
2000	1% 이상 고용 시: 216,000 1% 이하 고용 시: 253,000	216,000 253,000	216,000 253,000	361,600	1999. 9. 1.-2000. 8. 31.
2001	1% 이상 고용 시: 273,000 1% 이하 고용 시: 316,000	경증 남성장애인: 421,000 여성ㆍ중증장애인: 526,000-736,000		421,490	2000. 9. 1.-2001. 8. 31.

자료: 노동부, 각 년도, 「노동백서」; http://www.kepad.or.kr/

(2) 장애인고용지원자금 융자 및 지원제도

장애인고용지원자금 융자 및 지원제도는 장애인고용 확대와 장애인에 적합한 근로환경조성으로 장애인의 직장 적응력을 제고하려는 목적을 가지고 있다. 이 제도는 '장애인고용 촉진기금 융자·지원규정'(1999. 3. 15.)에 근거하여 장애인고용을 위해 작업시설, 편의시설, 부대시설을 설치·구입(매입)·수리하고자 하는 사업주에 대하여 필요한 비용을 연리 3%, 5년 거치 5년 분할상환조건으로 융자 또는 무상 지원하는 제도이다(공단 기술훈련부 1996, 15). 여기에서 '작업시설'은 장애인고용에 따라 설치·구입·수리하는 작업장, 작업설비, 작업장비 등을 말하며, '편의시설'은 「장애인·노인·임산부 등의 편의증진보장에 관한 법률」 시행령 제4조에서 규정하고 있는 시설이며, '부대시설'은 장애인고용에 따라 설치·구입(매입)·수리하는 기숙사·식당·휴게실·의무실 또는 물리치료실 등을 의미한다. 고용지원자금 융자 및 지원제도는 장애인고용에 대한 직접적인 지원이 아니라 장애인고용에 따른 특별비용을 경감해 주기 위한 제도라는 점에서 간접적인 유도수단이라고 할 수 있다.

<표 7.3> 장애인고용지원자금 융자 및 지원제도

구분	고용지원자금 융자	장애인지원자금 무상지원
목적	장애인고용에 소요되는 비용을 융자	장애인고용에 소요되는 비용을 무상지원
용도	− 작업시설, 편의시설, 부대시설의 설치 및 구입, 수리 − 출퇴근용 승합자동차 − 장애인고용시설 운영 및 장애인고용관리에 직접 필요한 장애인고용의무사업주의 운영자금	− 장애인용 작업대, 작업장비, 공구, 작업보조기기의 설치, 구입, 수리 − 장애인용이 아닌 작업장비, 설비, 공구를 장애인용으로 개조 − 시각장애인의 직장생활에 필요한 무지점자기, 음성지원카드, 녹음기, 컴퓨터 등 시각장애인용 특수 장비의 설치, 구입, 수리 − 통근용 승합자동차의 리프트 등 장애인용 특수설비의 설치, 구입, 수리 − 장애인, 노인, 임산부 등의 편의증진에 관한 법률 시행령 제4조에서 정한 권장시설의 설치, 구입, 설치, 수리 − 기타 장애인고용에 필요하다고 지방사무소장(공단)이 인정하는 장애인용 시설 또는 장비의 설치, 구입, 수리
조건	− 소요비용전액 − 한사업장에 최고 15억 원, 운영자금은 3억 원 이내 − 연리 3%, 5년 거치 5년 분할 상환	− 소용비용 전액(1호-5호), 또는 2.3(6, 7호) − 한 사업장에 3억 원 − 다수고용사업주: 상시근로자중 장애인 70% 이상(장애인근로자 최소 20인 이상), 장애인 근로자중 중중장애인 30% 이상 고용하여 5년 이상 계속 사업주

자료: http://www.kepad.or.kr/ 참고 재작성.

(3) 장애인고용관리비용 지원제도

장애인고용관리비용 지원제도는 1999년 새로이 도입된 것으로 중증 장애인 근로자의 적정한 고용관리를 위하여 고용관리비용을 지원하는 것이다. 구체적으로 중증 청각·언어장애인 근로자를 위하

여 기준에서 정한 자격이 있는 자를 수화통역사로 위촉 또는 선임
하는 사업주에게는 '수화통역 비용'을, 중중 지체·정신·시각 장애
인근로자를 위하여 기준에서 정한 자격이 있는 자를 작업지도원으
로 상시 배치하는 사업주에게는 '작업지도비용'을, 장애인 근로자의
직업생활 상담 및 지도를 위하여 장애인직업생활 상담원 자격이 있
는 자를 직업생활상담원으로 선임하는 사업주에게는 '직업생활상담
비용'을 6개월 단위로 3년간 지원하는 제도이다(<표 7.4> 참고). 이
는 장애인고용에 대한 직접적인 보상은 아니지만 특별히 중중 장애
인의 고용을 촉진하기 위해 장애인의 관리비용을 경감시켜 주는 간
접적인 수단이라고 평가할 수 있다.

<표 7.4> 장애인고용관리비용 지원 내역

구 분	대상 장애인근로자	조 건	지원내역
수화통역비용	중중 청각·언어장애인	상시중중장애인근로자 1-5명당 1인 배치	월20만 원/1인
작업지도비용	중중 지체·정신지체장애인	상시중중장애인근로자 1-5명당 1인 배치	월70만 원/1인
	중중 시각장애인	상시중중장애인근로자 1명당 1인 배치	월35만 원/1인
직업생활상담비용	모든 장애인	상시 장애인근로자 5-10인 배치	월30만 원/1인

자료: http://www.kepad.or.kr/

4) 기타 유인제도

이외에도 장애인고용과 직업재활을 촉진하기 위한 여러 유인제도들이
있다(http://www.kepad.or.kr/; 한국장애인촉진공단 2000, 175-179). 첫
째, 이동이 불편하기 마련인 장애인 근로자들이 자동차를 구입할 때 1인

당 1천만 원 이내의 범위(휠체어 리프트 등 설치 시 500만 원 추가)에서 연리 3%, 5년 분할 상환의 조건으로 자동차 구입자금을 융자하여 주는 "자동차 구입자금 융자제도"가 있다. 둘째, 동일사업장에서 2년 이상(중증장애인은 1년 이상) 근속하고 있는 장애인 근로자들의 직업생활의 안정을 위하여 1인당 1천만 원 이내의 범위에서 연리 3%, 5년 분할상환의 조건으로 융자를 제공하는 "직업생활안정자금 융자제도"가 있다. 셋째, 사업체에서 근로하는 장애인뿐만 아니라 자영업을 준비하는 장애인을 돕기 위한 "장애인 자영업창업자금 융자제도"와 "자영업 영업장소 전세지원제도"가 있다. 자영업창업자금 융자제도는 1주 이상 창업교육훈련과정을 이수하고 자영업창업을 희망하는 장애인에게 연리 3%, 2년 거치 5년 분할상환의 조건으로 5천만 원 한도 내에서 창업자금을 융자해주는 것이다. 자영업 영업장소 전세지원제도는 1주 이상의 창업교육훈련과정을 이수하고 자영업 창업을 희망하며 전세권 설정이 가능한 영업장소를 제시하는 중증장애인에게 5천만 원 이내에서 1년간(5년까지 연장가능) 영업장소의 전세금을 지원하는 것이다.

3) 능력형성수단: 직업교육·훈련과 직업정보 제공

(1) 장애인 직업교육·훈련

교육·훈련수단은 장애인고용문제를 장애인 개인의 노동시장 참여를 제한하는 인적 자본상의 결점으로 파악하여 직무수행 능력과 대안적 기능의 향상을 통해 인적 자본상의 약점을 극복하려는 '노동공급적 접근법,' 혹은 '완화적 접근법'에 논리적 기반을 두고 있다. 교육·훈련정책은 장애인의 직무수행 능력과 대안적 기능을 향상시켜 장애인의 고용 및 직업재활을 촉진할 뿐만 아니라 자연스러운 장애인의 사회통합을 지향한다는 점에서 의의가 크다.

장애인의 교육·훈련으로 얻고자 하는 것은 수요자인 사업체의 요구에 부응하는 직무수행능력과 직장환경 적응능력의 배양이다(강도현 2001, 205-235). '직무수행능력'의 향상을 위해서는 산업사회의 직무변화에 지속적, 탄력적으로 적용될 수 있도록 직무분석에 근거한 교과과정이 있어야 하고, '직장환경 적응능력'은 재활전문가 등의 주도하에 이루어지는 교양교육, 극기 훈련, 동아리 활동, 공동체 캠프, 사회적응훈련, 단체생활 등을 통하여 배양되므로 '사회성 훈련 프로그램'이 있어야 한다.

교육·훈련은 대략 다음과 같은 절차로 진행된다. 훈련계획 수립과 시행에 있어 가장 먼저 산업체의 요구(need)를 수렴한다. 따라서 해당업종의 직무분석을 통하여 교과과정을 작성하게 되며, 직업훈련 특성상 이론보다 실기에 치중하여 실시하게 된다. 또한 직업훈련기관에서는 이 교과과정에 의해 훈련을 실시한 후 훈련의 실질적인 목적 달성을 위하여 수료생의 취업알선을 위하여 노력해야 한다. 그리고 취업이후에도 직업재활의 정착을 위하여 사후지도(follow-up)를 실시하여야 한다. 여기서 사후지도란 교육훈련의 효과를 측정할 수 있는 중요한 척도가 되므로 훈련받은 기능의 적용도, 직무수행을 위한 협동심 등을 파악·분석하여 그 결과를 차기년도 교육훈련계획 수립에 반영하여야 한다.

현재 장애인 직업 교육·훈련은 크게 노동부, 보건복지부, 교육부로 분산되어 실시되고 있다. 즉, 보건복지부의 장애인복지관이나 직업재활시설 등에서 실시하는 '직업재활훈련,' 교육부의 특수학교 등에서 실시하는 '직업교육,' 노동부의 공공 및 인정직업훈련시설에서 실시하는 '직업훈련' 등이 있었다. 이외에도 산재 및 보훈 장애인 등의 재활훈련체계도 있다.

　구체적으로 장애인 기능 인력 양성을 위한 장애인 직업훈련은 공공직업훈련시설,24) 인정직업훈련시설,25) 특수학교 전공과,26) 장애인 복지관 및 직업재활시설,27) 대한안마사협회 부설 안마수련원(서울, 인천, 광주, 대구, 부산) 등을 통해 이루어지고 있다. 현재 공공훈련 시설은 공식적으로 50개소, 특수학교 20개소, 민간훈련시설 26개소, 직업재활시설 10개소 등 총 106개 시설이다.

---

24) 공공직업훈련시설에는 2001년 현재 기능대학 21개소(서울정수, 서울정수강서분교, 부산, 인천, 대구, 광주, 대전, 성남, 안성여자, 춘천, 청주, 대전홍성분교, 전북, 목포, 구미, 창원, 섬유, 전북고창분교, 창원거창분교, 제천, 울산), 한국산업인력공단 산하 직업전문학교 21개소(한독부산, 인천, 원주, 강릉, 충주, 익산, 순천, 김천, 영주, 포항, 진주, 한백창원, 경기, 강원, 충북, 충남, 전북, 전남, 경북, 제주, 정선), 대한상공회의소 산하 직업훈련원 8개소(부산, 인천, 광주, 경기, 홍천, 옥천, 공주, 군산)로 총 50개소가 있다.

25) 인정직업훈련시설은 2001년 현재 삼육직업전문학교, 덕산직업전문학교, 한국기술직업전문학교, (사) 맹인복지연화회 인정직업훈련원, 남강직업전문학교, 동양직업전문학교, 한국산업직업전문학교, 세종직업전문학교 등 8개소가 있다.

26) 특수학교 전공과는 2001년 현재 총 20개소가 있다. 서울맹학교(의료), 서울선희학교(공예미술), 새얼학교(농업, 목공, 수직, 조립), 서울정진학교(조립, 봉재), 부산혜성학교(봉재, 조립, 도자기, 세탁, 청소), 경주경희학교(도예), 대구성보학교(전자), 안동영명학교(조립), 광주선광학교(제빵, 조립), 순천선혜학교(공예, 조립), 목포인성학교(제빵, 도자기), 대전원명학교(목공, 철공), 대전맹학교(이료), 공주정명학교(농업, 조립), 한국선진학교(제빵, 재배, 수예, 재봉, 조립), 성남혜은학교(목공, 목각, 재봉, 제빵), 강릉오성학교(재배, 조립), 청주혜원학교(공예), 전주선화학교(도자기공예, 제과제빵, 자동차정비), 진주혜광학교(원예, 도예).

27) 장애인 복지관 및 직업재활시설은 2001년 현재 16개소가 있다. 노틀담복지관(제과제빵), 대구장애인종합복지관(귀금속공예, 정보처리, 음향영상기기), 정립회관(정보처리), 서울시립북부 장애인종합복지관(인터넷), 성분도장애인직업재활원(독자기, 직종, 양재, 자수, 편물, 전산), 실로암시각장애인복지관(인터넷, 정보처리, 실천적 경영), 기쁜 우리복지관(애니메이션), 서부장애인종합복지관(포장), 원광장애인종합복지관(포장), 서울정신지체인복지관(직업적응), 서울장애인종합복지관(조립), 부산장애인종합복지관(의료보험전산청구), 부천장애인종합복지관(직업적응), 혜원장애인종합복지관(제작), 경남장애인종합복지관(직업적응), 가나안복지산업(조립).

2000년 말 현재 한국장애인고용 촉진공단 부설로 운영되는 훈련
기관은 일산직업전문학교를 비롯하여 대전, 부산, 전남, 대구 등 5개
소의 직업전문학교가 있으며, 1999년 개원한 '장애인고용개발원'에서
는 중증장애인의 직능평가와 함께 직업재활 훈련생에 대한 훈련을
실시하고 있다. 그리고 현재 시각장애, 정신지체 등 직업적 중증장
애인의 직업재활훈련이 제대로 실시되고 있지 않는 문제를 감안하
여 '시각장애인전문직업학교'와 '정신지체직업전문학교'를 설립·추
진 중이다(김종인 2000, 44-62).

1997년 결정된 「장애인고용 촉진 5개년 계획(1998-2002)」에서는
장애인의 직업능력개발과 고용 촉진기반을 구축한다는 목적을 달성
하기 위해 매년 2,800여명의 장애인을 기능 인력으로 양성하려는
목표를 설정하고 있다(노동부 1997. 11.). 이를 위해 장애인의 잠재
능력개발에 관한 기초연구에서 직업재활, 현장적응지도에 이르기까
지 체계적인 지원을 하기 위해 '직업재활종합센터'(현재 고용개발
원)를 건립하고, 권역별·장애유형별 직업훈련기관 건립으로 장애인
직업훈련의 전문화를 꾀하고, 3년 정규과정 외 1년 과정의 전공과
를 설치한 특수학교를 시·도별, 장애유형별로 지정하여 지원·육
성하고, 공공직업전문학교의 훈련인원의 5% 이상 장애인 선발을 의
무화하고 기관 실정에 따라 특설반 설치 또는 통합훈련을 모색하
며, 장애인 복지시설 등을 인정직업훈련원 수준으로 지원·육성하
려는 세부계획을 세워 추진 중에 있다.

220

<표 7.5> 장애인 직업훈련실적   (단위: 개소, 명)

연도 구분	1991	1992	1993	1994	1995	1996	1997	1998	1999
기 관	1	1	1	1	1	25	61	85	98
인 원	141	155	193	231	224	660	1,019	1,420	1,799

자료: 장애인고용 촉진공단(2000)

(2) 장애인 직업정보 제공

　장애인고용정책에서 정보제공 수단으로는 장애인고용 촉진공단에 의한 취업알선, 연구조사, 정보관리가 있다. '취업알선'은 구인 사업주와 구직 장애인을 서로 연결해 줌으로써, 사업주에게는 구인 비용을 감소시키는 효과를 가져오는 동시에 장애인에게 탐색비용을 줄여주고 고용기회를 제공해주는 효과를 동시에 거둘 수 있는 장점이 있다. 그런데 취업알선이 고용으로 연결되기 위해서는 사업주의 사업상의 요구를 충족시킬 필요가 있기 때문에 구직 장애인을 수요조건에 적격한 자격을 갖출 수 있도록 하는 교육·훈련 수단과 연속선상에 있다고 할 수 있다.

　'연구조사' 활동은 장애인의 직업재활을 위한 장애인의 특성 및 직업과 직무에 대한 정확한 지식을 개발하여 장애인에게 적절한 직업재활 서비스를 제공하고, 장애인을 고용하고자 하는 사업주에 대해 적절한 직무 및 직장에 대한 충분한 정보를 제공해 줌으로써 장애인의 고용을 증진시킬 수 있다는 점에서 중요하다. 장애인고용 촉진공단에서는 장애인취업실태조사 등 직업재활의 기초연구로서 장애인의 직업재활에 기초가 되는 신체적, 심리적, 사회적 특성과 직업, 직무에 따른 특성연구, 구직 장애인에게 적절한 직업재활서비스를 제공하기 위한 직업평가·상담, 사후지도 등에 관련된 연구, 직업생활안정에 필요한 제반 물리적 환경 개선과 이동수단, 보조도구 개발 등에 관한 연구, 장애인고용정책 수립과 시행개선을 위한 제반 장애인고용 관련법과 직업안정을 위한 효과적인 정책연구 등이 있다.

'정보관리' 활동에는 각종 정보관리시스템의 운영과 장애인고용동향의 분석 및 발간활동이 있다. 구직 장애인, 구인기업체 및 교육훈련기관 등의 정보를 종합적·체계적으로 관리하기 위한 장애인고용관리시스템은 크게 구인·구직 기본정보관리, 재활서비스 정보관리 (상담·취업알선·사후지도 등) 및 통계정보관리로 구성되어 있다. 교육훈련관리시스템은 공단에서 수행하고 있는 훈련사업이 직업전문학교 직업훈련, 타기관 위탁 직업훈련중심으로 훈련생에 대한 업무처리를 체계적으로 관리하는 시스템이다. 그 외에 직업생활상담원관리시스템, 자원봉사관리시스템, 채용박람회관리시스템의 등이 운영되고 있다.

<표 7.6> 장애인 취업알선실적　　　　　　　　　　　(단위: 명)

구분 연도	구 인	구 직	알 선	취 업
1991	8,782	4,366	3,997	1,384
1992	6,827	5,261	5,465	1,542
1993	7,097	7,028	6,100	1,542
1994	9,306	8,020	7,893	3,093
1995	11,418	7,443	10,134	3,247
1996	12,089	8,185	11,944	4,222
1997	10,896	8,585	13,537	5,041
1998	9,178	14,140	17,437	6,467
1999	14,889	25,831	21,468	9,894

출처: 노동부, 각 년도, 「노동백서」

4) 상징 수단

장애인고용에 관한 사회적 인식을 개선하고, 장애인에 대한 사회적 편견과 이해를 증진시킴으로써 장애인고용을 촉진시키기 위해 홍보활동이 전개되고 있다. 장애인고용 촉진공단에 의한 구체적인 홍보활동을 보면, 범국민 홍보활동으로 TV와 라디오 등 대중매체를 통한 국민인식 개선광고, 장애인에 대한 사회적 편견해소 및 이해 증진을 위한 고용 촉진캠페인, 고용 촉진대회를 개최하여 장애인고용 촉진 결의 및 우수사례의 발표와 장애인고용 모범사업주·근로자 등에 대한 포상 등의 활동이 있으며, 채용박람회의 개최 및 기타 국민인식개선 및 연대감 형성을 위한 수기, 포스터 등 작품 공모·전시·배포, 세미나 개최 등이 사업을 하고 있다. 현재 장애인고용 촉진공단(2001, 11)은 현재 '1사 1장애인 더 채용하기 운동', 채용박람회 16회 실시, 총력구인개척 활동 등을 지속적으로 추진하여 8,500개의 일자리를 제공하려는 계획을 가지고 있다.

2. 장애인고용정책의 집행조직

1990년 12월 장애인고용법 시행령이 제정·공포되고, 이어서 관련세부규정을 제정함으로써, 그에 따라 주무부처인 노동부에 의해 장애인고용정책의 집행을 위한 집행체계가 구체화되었다. 장애인고용정책의 집행은 여러 정부기관에 의해 이루어지고 있다. 현재 장애인고용정책의 집행체계를 대략적으로 살펴보면 장애인고용 촉진을 위한 기본계획 및 중요 사항을 심의하는 '장애인고용 촉진위원회'가 있고, 장애인고용정책을 실제로 결정·집행하는 기관으로 노동부의 '장애인고용과', 그리고 '한국장애인고용 촉진공단'이 있다 (한국장애인고용 촉진공단 1997). '장애인고용 촉진위원회'는 그 운영결과를 볼 때 주로 상징적·형식적 성격의 기구로 평가될 수 있어, 실질적인 장애인고용정책은 주무부처인 노동부의 '장애인고용과'와 '한국장애인고용 촉진공단'의 이원적 집행체계로 추진된다. 즉, 장애인이 직업생활을 통해 자립할 수 있도록 지원하고 광범위하고 이질적인 성격이 포함된 장애인고용정책의 효율적이고 원활한 수행을 도모하기 위해, 노동부에서는 장애인고용의무제도 이행지도, 부담금 징수, 지원금, 장려금 지급 및 종합 정책을 실시하는 반면, 장애인고용 촉진공단은 장애인 전문직업재활에 있어서 직업능력평가, 직업소개, 취업알선, 상담, 직업정보제공, 직업적응훈련, 시설장비 개보수 기술지도, 홍보·교육 등의 사업을 전문적으로 추진하도록 하는 이원적 집행체계를 가지고 있다(이곤수 2000, 139).

1) 노동부

(1) 장애인고용 촉진위원회

주무부처인 노동부에 근로자를 대표하는 자, 사업주를 대표하는 자, 장애인에 관하여 학식과 경험이 풍부한 자 및 관련부처 공무원 등 20인 이내의 위원으로 구성되는 '장애인고용 촉진위원회'(위원장: 노동부 차관)를 두어 장애인고용 촉진을 위한 기본계획 및 중요사항을 심의하도록 하고 있다(장애인고용 촉진법 시행령 제4조).

장애인고용 촉진위원회는 매년 평균 4차례의 위원회를 개최하여 장애인고용 촉진법 관련 규정(안)의 심의, 장애인고용 촉진사업의 기본계획 심의, 장애인고용 촉진기금의 운영계획 심의, 부담금 기초

액의 심의, 장애인고용 촉진기금이 결산 심의 및 장애인고용 촉진
사업추진상황을 보고 받고 있다. 그러나 회의결과를 보면 거의 대
부분이 원안대로 통과하고 있으며, 더구나 서면 심의가 많아서 형
식적인 기구라고 평가할 수 있다(<표 7.7> 참고).

<표 7.7> 2000년도 장애인고용 촉진위원회 개최결과

구 분	일 시	심의안건	회의결과	회의방법
제1차 회의	3. 2-3. 8	－ 1999회계연도 장애인고용 촉진기금 결산안	원안통과	서면심의
제2차 회의	3. 20-4. 20	－ 장애인고용 촉진 등에 관한 법률 시행령·규칙 개정안	원안통과	서면심의
제3차 회의	6. 23-6. 30	－ 장애인고용지원금 및 장려금의 지급기준 개정고시안 등 4건	원안통과	서면심의
제4차 회의	12. 1-12. 8	－ 2001년도 장애인고용부담금 기초액안	원안통과	서면심의

자료: 노동부(2001, 140), 「노동백서」

(2) 노동부의 장애인고용과

장애인고용 촉진법이 제정되면서 1990년 8월 1일 '장애인고용 촉
진과'를 한시적으로 설치하여 장애인고용 촉진법 시행에 필요한 제
반 사항을 준비하였다. 1991년 3월 25일에는 노동부 직제 개편에
따라 '장애인고용 촉진과'를 해체되고 '직업안정국' 소속으로 '장애
인고용과'를 새로 설치하여 장애인고용 촉진법에 의한 고용정책을
수립하고 지방노동청과 지방노동사무소를 통하여 고용시책 업무를
수행하기 시작했다. 현재는 '장애인고용과'가 '고용총괄심의관실' 소

속으로 되어 있다. 노동부의 '장애인고용과'는 크게 장애인고용과 관련된 총괄업무, 장애인고용 촉진기금 관리업무, 장애인고용지도 업무를 담당한다. 총괄업무에는 장애인고용 촉진에 관한 정책수립·조정, 장애인고용관련 법령 제·개정, 장애인고용 촉진대회, 장애인공공직업훈련기관·장애인직업재활시설 등에 대한 지원 및 지도감독, 장애인기능경기대회, 장애인고용 촉진공단의 지도 등이 있다. 장애인고용 촉진기금 관리업무에는 장애인고용업종별 제외율 결정 및 고시, 장애인고용부담금 기초액 결정고시, 장애인고용 촉진기금 운용계획 수립, 장애인고용부담금 징수 및 체납처분, 장애인고용부담금 징수 및 장려금, 지원금 지급 등이 있다. 고용지도업무에는 국가 및 지방자치단체 장애인공무원 고용지도, 사업주의 장애인 고용계획 및 실시상황 지도 등이 있다. 요컨대 이렇게 노동부에서는 장애인고용 촉진에 관한 정책을 수립하고, 장애인고용의무제도 이행지도, 부담금 징수, 장려금 지급, 장애인고용 촉진기금 관리 등 장애인고용 촉진정책에 관한 종합적인 정책을 실시한다.

노동부는 장애인고용 촉진정책의 수립, 조정 및 법집행의 실효성을 담보하는 역할을 하며, '지방노동청(사무소)'에는 개별 사업장에 대한 행정지도 및 감독을 통해 장애인고용에 관한 업무를 추진하게 하고 있다. 노동부의 각 지방노동청(사무소) '직업안정과', '국립중앙직업안정소'와 구, 시, 군 및 한국장애자재활협회 등은 기업의 구인 요청 및 구직 장애인에 대한 상담을 통해 취업알선을 하고 있다.

(3) 장애인고용 촉진기금

장애인고용 촉진법 제47조에서는 장애인고용정책의 목적을 달성하기 위해 집행기관인 장애인고용 촉진공단의 운영과, 사업주의 고용 촉진을 유도하기 위한 지원금 및 장려금의 지급 등 고용 촉진사업이 수행에 필요한 재원확보를 위하여 '장애인고용 촉진기금'을 설치·운영하도록 규정하고 있다. 이에 의거하여 노동부는 재무부와의 협의를 거쳐 1990년 9월 7일에 기금계정을 설정하였으며, 1990년 9월 12일에 한국은행에 기금계좌를 설정하고 회계직 공무원을 임명하여 기금설치를 완료했다. 그리고 1990년 9월 20일 장애인고용 촉진기금 운영계획을 수립하고 고용 촉진기금 조성업무를 시작했다.

장애인고용 촉진기금을 보면, 먼저 기금의 재원은 ① 정부 또는 정부 외의 자로부터의 출연금, ② 사업주의 부담금, ③ 기금운영 수입금과 기타 공단의 수입금, ④ 노동부 장관의 승인을 얻은 차입금 등으로 하고, 그 용도로는 ① 공단사업 수행에 필요한 경비, 지원금 및 장려금 지급, ② 사업주의 장애인고용을 위한 비용 및 경비에 대한 융자, ③ 사업주의 장애인고용을 위한 비용 및 경비에 대한 융자, ④ 장애인 교육훈련기관에 대한 보조금, ⑤ 기타 장애인고용 촉진에 필요한 사업 등에 소용되고 있다(노동부 2001, 141). <표 7.8> <표 7.9>는 장애인고용 촉진기금 수입과 지출 현황과 그 추이를 나타내는 것으로 사업주 부담금이 해마다 증가하면서 기금의 적립액이 누적되어 1999년 12월말 현재 2,590억 원의 기금이 적립되었음을 보여준다.

<표 7.8> 장애인고용 촉진기금 수입 현황 및 추이   (단위: 억 원)

내역 \ 연도	1992	1993	1994	1995	1996	1997	1998	1999	2000
정부출연금	26.3	9.0	7.0	10.0	10.0	10.0	10.0	10.0	10.0
사업주부담금	220.0	420.5	546.4	581.8	678.0	678.0	794.7	733.8	625.9
가산금	1.3	2.3	2.0	2.1	2.5	2.5	1.3	2.0	2.1
연체금	1.0	2.3	2.4	2.6	0.7	0.7	1.0	1.6	0.9
기금운영수입	10.1	40.9	106.6	127.5	138.7	138.7	319.1	264.8	228.3
융자회수금	—	—	2.6	0.6	9.28	9.28	142.5	160.7	256.7
기타잡수입	0.5	—	3.2	2.6	0.03	0.03	177.8	0.3	1.5
전기이월금	1.2	211.4	585.1	918.2	1,338.4	1,338.4	1,934.5	2,493.8	2,590.0
계	260.5	686.3	1,255.3	1,645.4	2,177.6	2,661.2	3,380.9	3,666.9	3,715.3

자료: 노동부, 각 년도, 「노동백서」

<표 7.9> 장애인고용 촉진기금 지출 현황 및 추이   (단위: 억 원)

내역 \ 연도	1992	1993	1994	1995	1996	1997	1998	1999	2000
공단출연금	41.2	84.9	258.6	240.8	509.8	664.3	502.6	579.9	671.7
지원금	5.1[a]	2.3	546.4	2.3	4.6	6.2	7.7	11.1	149.5b
장려금		1.0	1.2	8.7	23.7	33.0	45.3	56.4	
융자금	2.0	1.3	1.4	85.7	—	—	329.9	445.8	591.3
반환금	1.0	1.4	69.4	2.5	4.6	2.9	1.5	24.6	2.6
보조금	8.1	2.2	3.5	4.5	—	—	—	—	—
기금관리비	—	0.6	0.5	0.6	0.8	0.7	0.5	0.5	0.5
예탁금	211.4b.	585.1b	918.2b	1,338.5b	1,629.2	1,946.8	2,473.9	2,570.9	2,298.8
국고이월금					48.1	73.8	20.4	—	0.8
계	260.5	686.3	1,255.3	1,645.4	2,177.6	2,661.2	3,380.9	3,666.9	3,715.3

주: a: 1992년 지원금과 장려금의 구분이 없음. 2000년도 지원금과 장려금이 장려금으로 통합.
   b: 1992-1995년 예탁금과 국고이월금의 구분 없이 적립금으로 되어 있음.
자료: 노동부, 각 년도, 「노동백서」

연도별 장애인고용 촉진기금의 운용 현황과 그에 따른 공단출연금 및 공단 예산의 변화 추이를 보면, 1992년 41.2억 원, 1993년 84.9억 원에 불과하였던 공단출연금이 기금의 증가와 함께 1994년에는 258.6억 원, 1998년에는 500.3억 원으로 증액되었고, 그에 따라 공단의 예산도 증가하여 1999년 공단예산은 657,5억 원에 이르게 되었다.

올해의 경우 수입은 장애인고용부담금 723억 원, 정부 출연금 10억 원 등을 합쳐 모두 733억 원 정도이며, 지출은 장애인고용 촉진금(311억 원), 한국장애인고용 촉진공단 운영금(1072억 원), 장애인에 대한 융자(706억 원) 등 모두 2000여억 원에 달한다.

2) 한국장애인고용 촉진공단

「장애인고용 촉진법」 제12조에 의거하여 장애인의 고용 촉진과 직업안정을 지원하기 위해 1990년 9월 1일 노동부 산하에 정부출연기관으로 설립되었다. 공단의 설립과정을 보면, 1990년 3월 20일에 노동부 차관, 직업안전국장, 직업훈련국장을 '공단설립위원회'를 구성하여 공단 설립에 필요한 예산을 1990년 10억 원, 1991년 12억 8,600만 원 확보하고 1990년 7월 23일 노동부의 공무원 18명으로 공단설립 실무 작업반을 편성하여 본격적인 설립 작업을 착수하였다.

제1차 설립위원회(1990년 8월 24일)에서는 정관을 의결하고, 1990년 8월 17일 노동부 장관으로부터 정관인가를 받은 후에, 1990년 8월 27일에 장애인고용 촉진공단 이사장으로 고귀남(1988년 서울 장애인올림픽조직위원장)을 임명하였다. 그리고 제2차 설립위원회(1990년 8월 28일)에서는 장애인고용 촉진공단의 직제규정 등 8개 규정안을 의결하고 1990년 8월 31일에 비상근 이사 9명을 임명한 후 1990년 9

월 17일에 공단설립등기를 완료했다.

장애인고용 촉진공단이 설립된 이후 고용 촉진사업의 전국적 확대와 활성화를 위해 1993년도부터 지방사무소를 연차계획을 세워 설립하기 시작했다. 1993년 4월 1일에 부산사무소, 1993년 7월 1일에 인천사무소, 광주사무소 및 대전사무소, 1994년 5월 1일에 수원사무소, 1994년 7월 1일에 대구사무소, 대전사무소, 1995년 4월 1일 서울사무소, 1995년 11월 1일 창원사무소, 원주사무소, 1996년 3월 25일 청주사무소, 1997년 2월 1일 서울남부사무소 등을 설립하여 현재 13개의 지방사무소가 설립·운영되고 있다. 현재 본부는 3임원 3국 3실 6부로 구성되어 있고, 산하기관으로는 고용개발원(2000년 1월 27일 개원), 3개의 직업전문학교(일산/부산/대전), 13개 지방사무소로 구성되어 있다.

<표 7.10> 한국 장애인고용 촉진공단 임직원 수

(단위: 명, 2001년 9월 18일 현재)

구 분	계	임 원	별정직	일반직	연구직	교사직	기능직
정 원	477	3	22	288	14	100	50
현 원	470	3	22	287	12	96	50
본 부	71	3	—	58	—	—	10
고용개발원	66	—	6	24	14	19	3
직업전문학교	140	—	16	32	—	81	11
사무소	200	—	174	—	—	—	26

자료: 한국고용 촉진공단(2001. 9. 18.), 「업무현황보고」

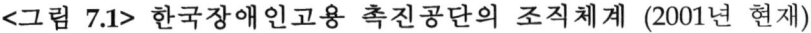

<그림 7.1> 한국장애인고용 촉진공단의 조직체계 (2001년 현재)

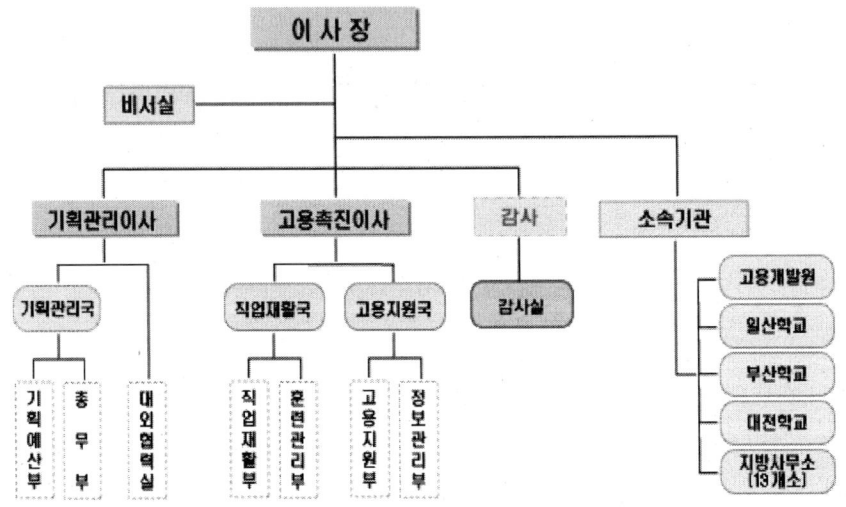

자료: http://www.kepad.or.kr/

　장애인고용 촉진공단 지방사무소의 구조는 직업재활부와 고용 촉진부의 2개부로 구성되어 있는데, 직업재활부는 ① 구직상담, 취업알선 및 사후 적응지도 등 취업관리, ② 정신지체인의 직업영역개발을 위한 정신지체인 직업 영역확대, ③ 장애인의 직업적응을 도와주는 적응훈련, ④ 직업정보 수집·제공, ⑤ 구인 상담, 취업알선 및 사후 적응지도 등 고용관리를 담당하여, 고용 촉진부는 ① 기금지원 및 융자사업, ② 장애인복지공장설립자금 지원, ③ 장애인고용시설자금 무상지원 및 융자, ④ 장애인고용보조금 지원, ⑤ 장애인통근차량구입자금 융자, ⑥ 장애인고용관련특별비용 지원, ⑦ 장애인직업재활시설지원, ⑧ 직업능력개발사업, ⑨ 기능경기대회 개최 등의 업무를 담당하고 있다.
　장애인고용 촉진법 제7조와 제8조에 의거한 직업훈련사업의 실시를 위해 노동부는 1991년 1월 1일자로 '한국사업인력관리공단' 산하의 '일산장애인종합직업훈련원'을 '한국장애인고용 촉진공단'으로 이관하여 운영하도록 하고, 덕산직업훈련원과 삼육장애인재활원 등의 장애인 직업훈련을 지원하는 사업을 시작하였다. 그리고 직업지도 정책으로 직업평가와 직업적응훈련을 일산장애인직업훈련원에서 3주간에 걸쳐 일률적으로 실시하고 있다. 또한 1994년에는 산업인력관리공단 산하의 24개 일반직업훈련시설에 장애인 통합훈련을 활성화시키기 위한 지원사업과 보건복지부 산하의 근로시설과 자립작업장 등의 54개 시설에 대한 연차적 지원정책을 수립했다. 또한 교육부 산하의 고교과정 특수학교 75개소 중에서 전국 10개 주요 지역(서울, 부산, 대구, 대전, 인천, 광주, 전북, 강원, 제주, 경기)의 부지활용이 가능한 특수학교를 선정하여 직업훈련 시범학교 설립을 위한 지원시책을 수립하는 한편, 시범학교가 설립되지 않은 주요 도시지역과 10개교를 선정하여 직업훈련공과 설치를 위한 지원시책을 수립·실시하였다.

장애인고용 촉진공단이 수행하고 있는 업무를 보면, 장애인고용 촉진 및 직업재활법 제36조에 따라 공단은 ① 장애인의 고용 촉진 및 직업재활에 관한 정보의 수집·분석·제공 및 조사·연구, ② 장애인에 대한 직업상담·직업적성검사, 직업능력평가 등 직업지도, ③ 장애인에 대한 직업적응훈련·직업능력개발훈련·취업알선·취업 후 적응지도, ④ 장애인 직업생활상담원 등 전문요원의 양성·연수, ⑤ 사업주와 관계기관에 대한 직업재활 및 고용관리에 관한 기술적 사항의 지도·지원, ⑥ 장애인의 직업적응훈련시설, 직업능력개발훈련시설 및 장애인 표준사업장 운영, ⑦ 장애인의 고용 촉진을 위한 취업알선기관 간 취업알선 전산망 구축·관리, 홍보·교육 및 장애인기능경기대회 등 관련사업, ⑧ 기타 장애인의 고용 촉진 및 직업재활을 위하여 필요한 사업 및 노동부장관 또는 중앙 행정기관의 장이 위탁하는 사업 등을 수행한다.

3) 보건복지부와 기타 부처

장애인고용정책의 소관부처는 아니지만 전체 장애인 복지와 관련하여 매우 밀접하게 연계되어 있는 것이 보건복지부이다. 보건복지부 내에서 장애인 및 장애인고용관련 집행부서로는 보건복지부 '장애인 보건복지심의관실'의 '장애인 제도과'와 '재활복지과'가 있다 (http://www.mohw.go.kr). '장애인 제도과'는 장애인복지행정에 관한 종합계획의 수립 및 조정, 장애인복지관련 법령의 제·개정 및 제도의 개선, 장애인복지관련 위원회 운영에 관한 업무, 장애인에 대한 조사·연구, 장애인복지관련 국제협력업무, 장애인 생활시설·직업재활시설 등 장애인복지시설의 지원·육성, 장애인 생활안정 지원 및 자립지원에 관한 업무, 장애인 실태조사·등록·장애판정위원회에 관한 업무, 국립재활원 운영지도, 기타 사항을 담당한다. '재활지원과'는 장애인편의시설에 관한 종합계획의 수립·조정, 장애인 편의시설의 법령·설치·관리에 관한 업무, 장애인지역사회재활시설의 운영 지원, 장애인 재활보조기구의 개발·보급, 장애인의 체육 및 문예에 관한 업무, 장애인 인식개선 및 홍보, 장애인관련 각종 행사 및 법인·단체의 지원·육성, 장애인 재활정보센터 운영, 장애인 생산품 공판장 운영, 장애인 결연사업, 재활전문요원 양성 및 관리, 기타 사항을 담당한다.

보건복지부에서는 주로 직업재활과 관련하여 장애인고용정책을 계획하고 집행하게 되는데 실제 이를 집행하는 하부기관이 '장애인 복지관'이다. 장애인 복지관은 「장애인복지법」 제49·50조 및 동법 시행령 제33·36조에 근거하여 장애인을 대상으로 장애의 사정과 평가, 의료·사회심리·직업재활, 특수교육 등의 종합적인 재활서비스를 제공하는 기관이다(http://www.hinet.or.kr). 그 중에서도 장애인의 경제적 안정과 자립촉진을 도모하기 위한 직업재활 서비스 제공을 내용으로 하는 직업재활사업에는 직업상담, 직업평가, 직업훈련(직능개발훈련, 직업 전 훈련, 사회적응훈련 등), 보호 작업장 운영, 취업알선, 현장적응훈련, 사후지도 등이 있다.

2000년 「장애인고용 촉진 및 직업재활법」 전면 개정으로 장애인 재활과 관련된 일부 업무에 대한 보건복지부의 개입을 인정되면서 장애인고용 촉진 및 직업재활기금의 1/3을 사용할 수 있게 되었다. 현재 직업재활과 관련된 계획은 보건복지부에서 담당하고 집행은 일선 장애인 복지관에서 하고 있는데, 직업재활관련 예산 사용에 관해서는 기금의 소관부처인 노동부에서 통제하고 있다.

장애인고용정책과 관련 기타 정부기관으로는 다음과 같은 것이 있다. 교육인적자원부는 장애인특수교육에 관한 사항을, 건설교통부는 장애인시설에 관한 사항을, 지방자치단체는 위임사무로서 장애인고용과 관련된 업무를 수행하고 있다.

3. 장애인고용정책의 집행절차

1) 장애인고용의 집행절차

장애인고용정책의 집행을 협의로 파악하면 의무고용제 등을 통한 취업알선 정도로 범위가 줄어든다. 그러나 장애인의 정상적인 사회생활과 직업생활을 가능케 하려는 장애인고용정책의 목표를 달성하기 위해서는 직업재활 전반으로 범위가 확대될 필요가 있다.

McGowan & Porter (1967, 3)는 직업재활이란 장애인 개인의 존엄을 높이는 인도주의적 사업뿐만 아니라, 비경제적인 인간을 경제적 가용인간으로 전환시켜 사회적 부담을 없애고 생산 활동에 기여케 하는 가장 경제적이고 생산적인 산업이다 라고 주장한다. 국제노동기구(ILO)의 '장애자 직업재활 권고'에 따르면, 직업재활이란 '장애인의 적절한 고용에의 유지와 보장을 가능하게 하는 직업안내, 직업훈련, 적절한 배치 등의 직업서비스를 포함하는 지속적이고 협력적인 재활의 과정'이라고 정의하고 있다. Hutchison(1973)은 직업재활을 접수, 직능평가, 계획, 회복, 훈련, 취업과 사후지도로 분류하고 있으며, 직업평가에 따라 문제 회복, 훈련, 취업과 사후지도 등의 직업재활계획이 이루어져야 한다고 주장한다. 이렇듯 일반적으로 직업재활의 과정은 취업알선으로 끝나는 것이 아니라, 직업상담, 직업능력평가, 직업훈련, 직무배치, 사후지도 등 여러 구성요소로 이루어져 있다. 권도용(1994, 52-57)은 장애인의 고용이란 직업재활의 전과정을 통해서 최종적으로 성립되는 것이기 때문에 직업평가, 직업훈련, 취업의 연결체계(Evaluating, Training, Employment Network System; ETEN systems)로 체계화되어야 한다고 주장한다.

본 연구도 장애인고용을 단순히 취업알선으로만 보지 않고 직업상담, 직무분석 및 평가, 교육·훈련, 그리고 직장적응지도와 직장지원관리와 같은 사후평가로 구성되는 것으로 파악한다. 그 구체적인 절차와 그 내용은 다음과 같다(<그림 7.2> 참조).

첫째, 장애인 취업희망자의 '구직신청'과 사업체의 장애인 근로자 '구인신청'이 있게 되면 장애인 구직자와 사업주의 직업상담을 하게 된다. '직업상담'은 구직 장애인이 희망하는 직업에 대한 문제점을 파악하고, 자신의 문제점은 무엇이면 이를 어떻게 해결할 수 있는지에 대해 스스로 파악할 수 있게 도와주는 것이다. 보다 구체적으로 '구직상담'은 구직신청 장애인의 취업욕구, 취업조건, 장애상태, 작업능력을 파악하여 그들을 적절한 정보와 조언을 하는 과정이다. 그러나 직업상담이 이렇게 중요한 의미를 가짐에도 불구하고 실제로는 취업알선의 일차적인 단계로써 적합한 구인 사업체 배치를 위하여 단순히 구직자의 학력, 장애정도, 경력 등 간단한 인적 사항과 취업희망 사항 등을 파악하는 것에 한정되어 있는 경향을 띠고 있다.

둘째, 직업상담이 끝나고 나면 구직 장애인의 종합적인 직업 잠재력을 평가하기 위한 '직업능력평가'가 있다. '직업능력평가'는 전반적인 직업재활계획을 수립하기 위해 여러 평가방법을 활용하여 대상자의 직업적 특성, 직업재활 계획수립에 영향을 미치는 주변의 문제점, 활용자원 및 구직자가 표명하는 직업욕구나 작업 환경 등에 관한 정보를 폭넓게 수집하는 과정이다. 이를 바탕으로 구직 장애인은 성공적 취업과 고용유지를 위한 각종 프로그램에 배치되어 서비스를 받게 된다. 직업능력평가는 구직자의 지능, 성격, 적성, 흥미 등을 평가하는 '심리평가,' 장애와 관련된 신체적 기능평가를 포함한 '의료평가,' 실제 취업현장에서 이루어지고 있는 직무내용을 작업표본으로 만들어 이를 시연해 보는 '작업평가'로 구성되어 있다. 따라서 직업능력평가는 개인의 진로를 결정하는 매우 중요한 단계로서 평가만을 전담하는 전문 인력에 의해 실시되어야 함에도, 1997년 서울남부사무소와 부산사무소에 '직업능력평가센터'를 설치하기 전까지는 평가만을 전담하는 전문 인력 없이 취업알선을 담당하는 직원이 상담과정의 일부로써 30분-1시간 동안 간단하게 직업평가를 실시하여 장애유형별 종합적인 직업능력에 대한 파악이 미흡하였다.

셋째, 구직 장애인이 어떤 분야로 진로를 선택하는 것이 좋은 지

를 파악하기 위해서는 지속적이고 다양한 노력이 필요하며, 이 과
정은 상담자뿐만 아니라 구인자의 참여와 도움이 필요하다. 즉, 구
인을 원하는 사업주 또한 '구인 상담'이 하게 되는 데, 이를 통해
장애인들이 수행할 수 있는 직무를 판단하고 장애인의 고용을 위한
고용여건을 조성하고자 노력하게 된다. 이러한 노력 중에서 가장
중요한 것은 직무의 내용이 무엇이고 구체적으로 작업이 어떤 과정
을 통해 이루어지는 대한 정보를 제공하는 체계화된 '직무분석'의
개발이다. 한국장애인고용 촉진공단이 설립되기 전에는 이러한 직
무분석 개발의 노력이 전무하였다. 그러다가 공단이 설립되고 난
뒤 우선 전기·전자분야를 대상으로 직무분석서를 만들어 자료화하
는 작업을 1992년부터 시작하여, 1993년 섬유분야, 1994년은 공단
구인요청직무를 대상으로 1995년도에는 지역별 산업분야 335개 직
무를 분석한 자료집을 제작하였다.

넷째, 직업능력평가의 결과 사업체의 요구에 구직 장애인의 직무
수행능력이나 직장환경 적응능력이 현저하게 떨어지면 이를 배양하
기 위해 '교육·훈련' 과정을 거치게 된다. '교육·훈련'은 크게 '직
무수행능력'과 '직장환경 적응능력'의 향상을 목적으로 이루어지는
데, 이 과정을 통해 이 같은 능력이 취업에 적정한 수준에 이르게
도면 다시 취업알선에 나서게 된다.

다섯째, 이러한 직업상담, 직업평가 등이 끝나고 나면 구직 장애
인과 구인 사업주가 직접 만나서 구직요건과 구인요건을 고려하여
고용계약의 여부를 결정하는 '취업알선'과정이 진행된다. 취업알선
을 할 때에는 신변자립이 가능하고 직업능력이 비교적 뛰어난 고학
력자나 경증의 지체장애인의 경우는 취업알선장을 발부하여 전화에
의한 알선업무가 가능하나, 이동상 제약이 심하고 언어상 표현 및
직업능력이 미약한 구직 장애인의 경우에는 상담자와의 동행알선을

원칙으로 하고 있다. 이 같은 취업알선과정을 통해 서로의 필요가 맞으면 취업으로 이어지지만 그렇지 않으면 다시 직장을 모색하는 직장탐색과정으로 돌아가게 된다.

여섯째, 취업알선을 통해 구인자와 구직자가 근로계약을 체결하기로 한 이후에도 취업한 이가 조직생활이나 작업 환경에 잘 적응할 수 있도록 원조할 필요가 있다. 이를 '사후지도' 과정이라고 한다. 취업자가 작업 환경, 조직 환경 등에 적응하지 못할 때에는 직장적응을 곤란하게 하는 심리적, 신체적, 기타 제 문제를 파악하여 제거하는 '직장적응지도' 과정이 필요하고, 사업주에게는 장애인의 직장적응을 돕는 조언과 함께 실질적인 필요를 채워주는 '직장지원관리' 과정이 필요하다. 한국장애인고용 촉진공단은 사후지도를 1991년 취업자를 대상으로 1992년부터 실시하였는데, 연도별 실적을 보면 1992년 1,037건, 1994년 1,708건, 1996년 2,335건, 1996년 3,626건, 1997년 4,610건, 1998년 8,013건, 1999년도 15,878건이었다. 그리고 사후지도의 일환으로 장기간 근로자로서 모범적인 직장생활을 행한 장애인에 대하여 모범근로자로 선정하여 매년 60여 명 씩 포상하고 있다.

<그림 7.2> 장애인고용정책의 집행 절차

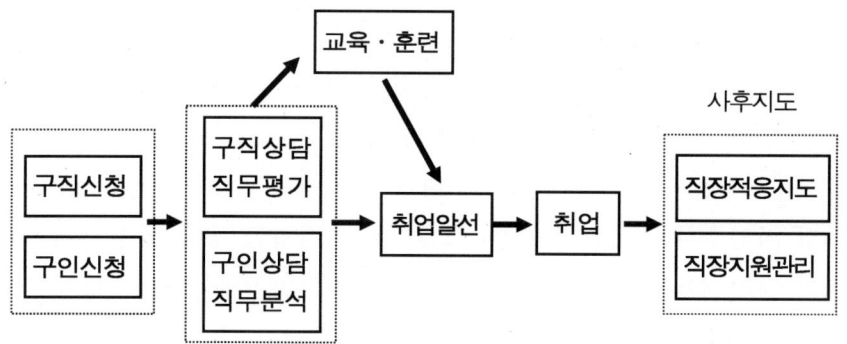

2) 장애인고용의 강제절차

한국에서의 장애인고용정책은 미국의 경우에서처럼 체계화된 감독 및 강제 절차를 가지고 있지 못하다. 본 절에서는 「장애인고용촉진 및 직업재활법」에서 규정한 것과 실제 운영되는 것들을 바탕으로 정부의 장애인고용정책의 집행절차를 분석한다(길인배 1996, 151-154 참고; 한국장애인고용 촉진공단 1997, 25).

「장애인고용 촉진 및 직업재활법」 제25·26조에서는 장애인고용 의무가 있는 사업주나 장애인 직업재활시설을 직접 설치·운영하는 사업주, 또는 장려금을 지급받았거나 받고자 하는 사업주 등은 '장애인고용계획'을 수립하여 당해 연도 3월 31일까지 관할 지방노동청(사무소) 장에게 제출하도록 규정하고 있다(다만 연도 중에 의무가 발생한 때에는 그 사유가 발생한 날이 속하는 달의 다음달 20일까지 제출하여야 한다). 이는 사업주에 대하여 장래 고용관계의 변동을 정확하고 확실하게 예측하여 계획적으로 장애인고용을 행하게 하기 위한 것이다. 고용계획의 작성은 장애인의 고용을 촉진하기 위한 행정조치로 고용률 미달성에 대한 직접적 제재조치는 아니다. 구법 시행령 제37조에 따르면 고용계획에는 계획의 시기 및 종기, 고용예정 근로자수 및 그 중의 장애인 수, 고용계획의 종기에 있어서 예상되는 근로자 총 수 및 그 중의 장애인 수, 장애인의 고용을 예정하는 사업체의 명칭과 소재지 및 해당 사업체별 고용을 예정하는 근로자 수 및 그 중의 장애인 수 등의 사항을 포함하도록 하고 있다. 고용계획의 실시 상황에 대해서는 다음 연도 3월 31일까지 해당 사업주의 주된 사무소의 소재지를 관할하는 공단 사무소의 장에게 보고해야 한다. 그리고 국가 및 지방자치단체의 장은 당해 연도 1월 31일까지, 그 고용계획의 실시 상황은 다음 연도 1월 31일까지 노동부장관에게 제출하도록 하고 있다(동법 제22조).

사업주가 고용계획의 작성 명령에 위반하여 계획을 작성하지 않는다면 과태료를 부과할 수 있다. 그리고 작성된 계획이 부당하다고 인정될 경우에는 그 계획의 변경을 명하여 사업주가 자율적으로 적절한 계획을 세워 장애인고용을 이행하도록 하고 있다. 그럼에도 불구하고 사업주가 정당한 이유 없이 장애인고용계획의 수립 또는 고용의무의 이행에 현저히 미달할 때에는 그 내용을 공표하는 사회적 제재를 가함으로써 사업주에 대해 고용의무 이행을 강하게 요구하게 된다.

이러한 단편적인 규정을 바탕으로 민간 기업의 인사 실무자(H사)의 면담을 통해 실제 집행절차를 구성해 보면 다음과 같이 정리할 수 있다. 1단계로 장애인고용계획 및 실시상황 보고서 제출한다. 장애인고용 촉진공단은 1월중에 각 기업에 금년도 장애인고용계획과 전년도 실시상황에 대한 보고서를 제출할 것을 공문으로 요청한다.

2단계로 전년도 장애인고용부담금 신고 및 장애인고용 장려금 신청한다. 장애인고용 촉진공단은 2월 중에서 장애인고용계획 및 실시상황 보고서를 바탕으로 전년도 장애인고용부담금 신고 및 장애인고용 장려금 신청 안내문을 발송한다. 된다. 상시근로자 300인 이상인 사업장이 부담금을 신고하는 의무를 지게 되는데, 특정 월이 300인 미만이더라도 월평균 상시근로자수가 300인 이상인 경우에는 부담금 납부 대상이 되며, 건설업의 경우에는 상시근로자수로 기준을 삼기에는 산업 특성상 어려움이 있기 때문에 실제 상시근로자수가 아닌 건설공사 실적액(2000년도 21,344백만 원 이상)을 기준으로 하고 있다. 이 부담금 신고·납부는 「장애인고용 촉진 및 직업재활법」 시행규칙 제10조에 정한 서식(별지 제3호 서식)에 의거하여 작성하여야 하며, 법정 기간 내에 신고하지 않을 경우 과태료가 부과

될 수 있다. 상시근로자 300인 이상 사업장과 그 이외의 사업장에서 기준 고용률 이상의 장애인을 고용한 경우 장려금을 지불한다. 그 서식과 절차는 부담금의 경우와 같다.

3단계로 전년도 장애인고용부담금 납부 및 장애인고용 장려금 지급한다. 부담금을 납부하게 된 사업장은 연도 초일부터 90일(3월 31일) 이내에 납부하여야 한다. 만일 연도 중에 사업을 폐지 또는 종료한 경우에는 그 사업을 폐지 또는 종료한 날로부터 60일 이내에 신고·납부하여야 한다. 만일 적용대상사업주가 신고·납부하지 아니하거나(과실), 사실과 다르게 신고·납부하였을 경우에는(허위), 직권으로 조사·징수하게 도며, 이 경우 가산금(부담금액의 10%) 및 연체금을 물게 된다.

4단계로 이러한 과정이 모두 끝난 다음 정산을 한다. 정산과정에서 필요한 서류로는 신고서, 결산서, 원천징수부, 현재 공용된 장애인 임금대상, 장애인 수첩사본 등이 있다. 이 같은 한국의 장애인고용정책의 집행절차는 장애인 부담금 신고와 납부과정을 주 내용으로 할 뿐, 장애인고용을 증진을 위한 사업주의 자발적 개선을 유도할 수 있는 방안이나 장애인의 종합적인 직업재활의 노력을 증진할 수 있는 방안을 결핍하고 있다고 평가할 수 있다.

제8장 결 론

− 적극 평등인사정책의 관점에서 본
한국의 장애인고용정책 −

한국의 장애인 정책은 1990년 이전까지만 해도 장애인에 대한 복지적·시혜적 차원에서의 지원에 치중했었지만, 1990년 「장애인고용 촉진 등에 관한 법률」 제정을 계기로 직업을 통한 장애인의 재활이 장애인 정책의 주요 방향으로 자리 잡았다. 또한 장애인 문제에 대한 국가와 기업주의 책임을 인정하여 장애인의 고용 및 직업재활 문제를 장애인 개인의 문제가 아닌 사회 전체의 문제로 보는 인식의 전환을 가져왔다. 그러나 법 제정 후 10년이 지난 지금 많은 중요한 변화에도 불구하고 장애인고용정책에 관한 전반적인 평가는 그다지 긍정적이지 못한 것이 사실이다. 따라서 현행 장애인고용정책을 객관적으로 평가하고 이에 대한 개선방향에 대한 논의가 모색되어질 필요가 있다. 본 장에서는 적극 평등인사정책의 관점에서 한국의 장애인고용정책을 평가하고 정책적 제언을 하고자 한다.

1. 적극 평등인사정책과 장애인고용정책의 비교

1) 일반적 특성의 비교

적극 평등인사정책 일반과 비교해 볼 때 장애인고용정책의 기본적인 특성, 접근법 등에서 유사한 점이 많다. 이를 구체적으로 살펴보면 다음과 같다.

먼저, 장애인고용정책의 대상 집단인 장애인은 Wertieb(1985, 1047-63)가 주장한 사회 소수집단(a minority group)의 특징을 갖는 대표적인 사례이다. 첫째, 장애인은 다수집단인 비장애인과 구별되는 특성, 즉 신체적 혹은 정신적 장애를 공유하는데, 이러한 장애는 사회적으로 결점으로 치부된다. 둘째, 장애인은 비장애인에 비해 열등한 지위를 가지며 편견·차별·착취 등의 불평등한 처우에 시달린다. 셋째, 장애인이 되는 것은 자발적인 의사에 의한 것이 아니다. 넷째, 장애인들은 장애인이라는 집단 연대감과 정체성을 가지고 집단세력화 하는 경우가 흔한데 수많은 장애인 단체가 그 반증이다.

또한 장애인고용정책은 적극 평등인사정책이 공유하는 정책적 특징을 동일하게 갖는다. 첫째, 앞에서 논의한 것처럼 장애인에 대한 '사회적 편견' 혹은 '차별'이 존재하며, 이에 따라 장애인은 전형적인 '사회 소수집단'의 성격을 가진다. 둘째, 장애인고용정책은 장애인의 과거와 현재의 차별로 인한 손실을 복구하고 치료하기 위해, 소극적인 反차별 정책을 뛰어넘어 적극적으로 이들을 고용 및 인사상에서 특별 대우하는 정책까지를 포함한다. 셋째, 장애인고용정책은 과거에 차별을 받은 장애인 개인에게 보상하는 것이 아니라, 장애인이라는 자격에 기초하여 고용 및 인사상의 기회와 혜택을 제공하는 집단 특혜적인 성격을 갖는다. 넷째, 장애인고용정책의 실행 주체와 적용 대상은 공·사 부문을 망라한다. 장애인고용정책의 초기에는 공적 부문에서 주도적으로 추진하기 쉽지만, 「장애인고용촉진법」의 장애인고용의무제도에서 보듯 민간 기업에까지 강제된다. 다섯째, 장애인고용정책은 장애인의 사회적 차별을 철폐하고 처우를 개선하여 전체 사회의 평등을 향상시키고자 하는 목적을 가지며, 이러한 목적을 달성하기 위해 다양한 정책수단을 갖는다. 여섯째, 장애인고용정책은 장애인의 복지를 규제정책과 인사정책의 수단 및 절차로 증진시키려고 하기 때문에 복지·규제·인사 정책의 특성을 공유한다.

장애인고용정책은 적극 평등인사정책에서 발견되는 세 가지 이론적 접근법을 동일하게 갖는다. 또한 이러한 접근법은 장애인고용정책의 발전과정을 보여주는 것이기도 하다. 첫째, 가장 초창기에 등장한 것으로 개인적 차원에서 기회평등을 달성하기 위해 장애인고용에서의 反차별 정책을 제안하는 자유주의 접근이다. 둘째, 집단적 차원에서 결과평등을 달성하기 위해 장애인에 대한 고용 및 인사상의 우선대우 정책을 제안하는 급진주의 접근이다. 셋째, 가장 근래에 등장한 것으로 장애를 결점으로 파악하지 않고 가치 있는 다양성으로 파악하여 이를 조직목표의 달성에 유용한 도구로 사용하고자 하는 다양성 관리 접근이다.

2) 정책과정상 특성의 비교

먼저, 정책과정론적 관점에서 장애인고용정책은 적극 평등인사정책의 결정과정에서 발견되는 특성을 그대로 보여준다.

첫째, 적극 평등인사정책을 둘러싸고 있는 '정책 환경'이 결정과

정에서 중요하다고 할 수 있는데, 한국의 장애인고용정책의 결정에
서도 '정책 환경'의 변화가 중요한 역할을 담당하였다. 구체적으로
「장애인고용 촉진법」 제정과정에서 국제기구의 장애인 관련 선언과
권고, 1998년 서울 장애인올림픽대회, 일본의 제도 모방 등과 같은
국외 정책 환경과 사회의 민주화, 경제적 환경변화, 노태우 정부의
등장과 여소야대 정국과 같은 정치적 역학관계 변화, 장애인 운동
의 활성화 등과 같은 국내 정책 환경이 중요한 역할을 담당하였다.
그리고 「장애인고용 촉진 및 직업재활법」 개정과정에서는 1997년
12월에 터진 IMF 외환·금융위기와 진보적 성향의 김대중 정부의
등장이 중요한 정책 환경의 변화였다.

둘째, 적극 평등인사정책은 편익을 얻는 사회 소수집단이 정치적
자원이 부족하며 조직화되지 못한 특징을 가지기 때문에 '창도적 정
치 상황' 혹은 '대중적 정치 상황'에 놓이기 쉽다. 따라서 적극 평등
인사 관련 정책이 공식적인 정부정책으로 채택되는 것은 쉬운 것이
아니다. 그럼에도 장애인고용관련 입법이 도입될 수 있었던 것은 우
호적인 정책 환경의 전개와 소수집단을 위해 사회적 차별 문제에
대해 적극적으로 문제제기하고 무관심한 대중을 계몽하고 조직화하
여 정부의제화 하고자 전력으로 노력하는 '정책창도자'의 역할 때문
이다. 한국의 장애인고용정책의 주요 입법인 「장애인고용 촉진법」과
「장애인고용 촉진 및 직업재활법」의 제·개정 과정의 참여자 관계
나 법의 내용을 분석해 볼 때 전반적으로 '창도적 정치'에 가까웠다
고 평가할 수 있다. 이 과정에서 장애인 운동가, 국회의원, 대통령
등과 같은 '정책창도자'의 역할이 중요했다고 평가할 수 있다.

셋째, 적극 평등인사정책의 결정과정은 여러 참여자들의 역동적
인 상호작용으로 특징 지울 수 있다. 특히 적극 평등인사정책은 강
력한 소득재분배적 특성으로 인해 정책과정에서 수혜자와 비용부담

자 간에 갈등을 일으킬 소지가 많으므로 이들의 상호작용에 주의할 필요가 있다. 또한 적극 평등인사정책의 수혜자인 사회 소수집단은 조직화 능력과 자원동원력이 떨어지는 반면, 비용부담자인 기업과 정부기관은 잘 조직화되고 자원동원력도 뛰어나 정책결정과정에서 '무의사결정'이 이루어지기 쉽다. 실제로 이 과정에서 이루어지는 무의사결정의 유형은 집단이나 쟁점을 직접적으로 공격하기보다는 간접적으로 공격하는 것이기 쉽다. 「장애인고용 촉진법」의 경우 법 제정과정에서의 정파적 경쟁으로 인해 법규가 명확히 규정되지 못하자 시행령 작성단계에서 기득권자인 경제부처와 경제인 단체의 영향력 하에 법의 원래 제정취지가 왜곡되고 축소되는 무의사결정이 나타났다. 그리고 「장애인고용 촉진 및 직업재활법」의 전면 개정과정에서는 장애인고용정책의 소관을 놓고 기득권자인 노동부와 공단의 전방위적 로비와 '회유영입'(co-opt)의 무의사결정이 나타났다. 그 결과 개정법은 입법상의 논쟁을 줄이기 위해 추상적이고 모호하게 규정되고 시행령으로 위임하였지만, 시행령에서도 이를 분명히 결정하지 못하는 문제를 낳았다.

다음으로 장애인고용정책은 집행과 관련된 정책수단, 조직구조, 집행절차 등에서도 적극 평등인사정책의 대비되는 특성을 가지고 있는 것으로 나타났다.

첫째, 적극 평등인사정책의 집행연구에서 가장 중요한 것이 '정책수단'의 분석이다. 적극 평등인사의 정책수단을 단순히 할당제로 한정하기 쉬운데 실제로는 다양한 정책수단이 사용된다. 즉 명령수단(법령, 할당제 및 목표설정제), 유인수단(정부구매 및 정부계약, 보조금), 능력형성 수단(교육·훈련, 정보수단), 상징수단으로 구분할 수 있으며, 각기 장단점이 상이하다. 한국의 장애인고용정책에서 수단은 의무고용제 외에도 장려금, 각종 융자 및 지원 제도, 교육·훈련,

취업알선과 같은 정보제공, 상징적인 홍보 등과 같은 것들이 있다.

둘째, 적극 평등인사정책의 집행기관은 독립된 부와 청, 부처의 하부조직으로서의 국, 위원회, 담당 장관 등의 다양한 형태로 나타난다. 이러한 적극 평등인사정책의 집행기관 유형에 따라 장단점이 있으나 보다 사회적 차별에 대한 사회적 인식의 증대와 함께 부처의 하부조직에서, 담당 장관, 독립위원회, 독립된 부와 청의 형태로 발달하고 있는 추세이다. 그리고 적극 평등인사정책 집행에는 단일 기관보다는 여러 기관이 고유한 집행영역을 가지는 분산된 집행구조를 가지기 쉬운데, 조직간 기능의 유기적 배분이 중요하다. 현재 한국의 장애인고용정책을 실질적으로 집행하는 기관은 주무부처인 노동부의 '장애인고용과'와 '한국장애인고용 촉진공단'으로 이원적 집행체계를 가진다고 할 수 있다. 즉 노동부 장애인고용과는 장애인고용의무제도 이행지도, 부담금 징수, 장려금 지급 및 종합 정책을 실시하는 반면, 장애인고용 촉진공단은 장애인 전문직업재활에 있어서 직업능력평가, 직업소개, 취업알선, 상담, 직업정보제공, 직업적응훈련, 시설장비 개보수 기술지도, 홍보·교육 등의 사업을 전문적으로 추진한다.

셋째, 적극 평등인사정책이 효과적으로 집행되기 위해서는 체계적인 집행절차가 개발되어야 한다. 대체로 ① 최고 관리자의 적극 평등인사정책의 대내외에 공약하고, ② 조직 내 직무를 분석하고 소수집단의 활용성을 파악하기 위해 '노동력 분석'과 '활용성 분석'을 실시하고, ③ 이러한 분석들을 통해 과소활용이나 차별이 발견되면 이를 시정하는 목표와 시간표를 작성하고, ④ 이를 구체적으로 현장에 적용하여 집행하고, ⑤ 지속적인 모니터링과 보고체계를 확립하고 평가하여 평가를 하여 다음 계획과 프로그램 발표에 환류한다. 한국의 장애인고용정책은 체계화되고 종합적인 집행 및 강제절차를 가지고 있지 못하다. 장애인고용계획 및 실시상황을 보고서로 제출하게 있는데 형식적인 성격을 가지며, 주로 장애인고용부담금의 신고와 납부, 그리고 정산을 중심으로 집행절차가 이루어지고 있다. 이러한 집행절차는 장애인의 고용을 촉진하는 것에 목적을 둔다기보다 오히려 사업주의 고용 미달성을 조장하는 것이라 비판할만 하다.

2. 한국 장애인고용정책의 문제점

1) 전반적인 장애인고용의 부진

(1) 장애인고용의 현황

장애인고용 촉진법 시행령이 공포되기 전인 1990년 말을 기준으로 300인 이상 사업장에 고용된 장애인의 수는 7,758명으로 장애인고용률은 0.36%에 불과했다. 법제정으로 인해 1991년 0.4%로 상승하였지만 장애인고용률 증가는 극히 미미해서 1998년까지 고용률은 0.4% 대에 머물러 있었다. 그러다가 1999년부터 고용률이 빠른 증가세를 보이고 있지만 여전히 기준고용률 2%와는 상당한 거리가 있다(<표 8.1> 참조).

그리고 1999년 이후 고용률의 급속한 증가는 사업주에 인식 변화나 자발적인 노력에 의한 것이 아니며, 1999년 적용대상이 되는 장애인의 범주가 확대된 것에 주로 기인한다. 즉, 원래는 장애인고용촉진법의 대상으로 「장애인복지법」 시행령 제2조에서 규정하는 장애인만을 적용하였지만, 이때 와서 상이장애인(「국가유공자예우법」

시행령 제14조 제3항), 산재장해인(「산업재해보상보험법」 시행령 제 31조 제1항)에게까지 적용대상이 확대되었다.

<표 8.1> 연도별 의무고용대상 사업체 장애인고용 현황

연 도	대상사업 체수 (개)	적용대상 근로자수(명)	고용의무 인원(명)	장애인 근로자수(명)	고용률 (%)	기준 고용률(%)
1990	2,017	—	21,000	7,758	0.37	—
1991	2,178	2,170,898	33,692	8,764	040	1.0
1992	2,242	2,152,751	33,411	8,748	0.41	1.6
1993	2,158	2,013,363	39,059	8,843	0.44	2.0
1994	2,141	2,092,005	40,585	9,097	0.43	"
1995	2,229	2,238,490	43,505	9,582	0.43	"
1996	2,231	2,279,116	44,455	10,185	0.45	"
1997	2,184	2,240,868	43,411	10,331	0.46	"
1998	1,919	1,962,499	38,145	10,625	0.54	"
1999	1,925	1,960,002	38,903	17,840	0.91	"
2000	1,891	1,976,996	39,523	18,710	0.95	"

자료: 한국장애인고용 촉진공단(2001), 「장애인고용 현황」

또한 장애인고용에 재정적 여력이 있는 대기업일수록 장애인을 고용하지 않고 부담금 납부가 유리하다고 보아 부담금의 납부를 선택하고 있는 것으로 나타나고 있다. 삼성, 현대, LG, SK 등 4대 그룹의 2000년 12월 현재 장애인고용률은 평균 0.35%로, 장애인 의무 고용 대상기업(1891개)의 평균 고용률 0.95%의 1/3 수준에 불과했다. 30대 그룹의 장애인고용률도 평균 0.68%에 그쳤다(「동아일보」 2001. 8. 24.). 반면, 의무고용사업체가 아닌 소규모 사업장의 1992년 에서 1994년까지의 장애인 취업실태조사를 살펴보면 사업장의 규모가 작을수록 장애인고용률이 높은 것으로 나타나고 있다. 이는 소규모 사업장일수록 인력부족이 심하다는 것과 특별한 기능이나 학력이 요구되지 않은 경우가 많기 때문인 것으로 풀이된다.

이상과 같은 장애인고용의 현황분석을 통해 장애인고용 촉진법이 시행되고 있음에도 국가기관이든 민간기관이든 장애인고용이 전반적으로 부진하며 장애인고용 촉진법의 목표가 가까운 장래에 성취될 것 같지 않다고 평가할 수 있다.

(2) 장애인고용 부진의 원인

장애인고용의 부진의 원인에는 여러 원인들이 있을 수 있는데, 크게 장애인을 고용하려는 사업주 측에서 원인을 찾는 노동 수요 측의 접근과, 취업하려는 장애인 자신에서 원인을 찾는 노동 공급 측의 접근으로 구분이 가능하다(한국노동연구원 1996, 14-25).

먼저 노동수요의 측면에서는 장애인고용 부진을 크게 세 가지 원인에서 찾을 수 있다. 첫째, 장애인고용을 기피하는 '심리적인 요인'에서 그 원인을 찾을 수 있다. 한국은 장애인에 대한 전반적인 사회 인식이 타국가에 비해 부정적이며 장애인에 대한 사회적 차별이 매우 뿌리 깊게 자리 잡고 있다. 따라서 장애인을 사회의 동등한 일원으로 그들의 재활과 통합을 도와야 한다는 인식이 부족하다. 최근에 지역주민들이 장애인학교 건립을 적극적으로 반대했던 것은 이러한 인식을 극명하게 보여주는 사례라고 할 수 있다(「동아일보」 1998. 6. 12.; 「동아일보」 1998. 12. 16.).

둘째, 장애인고용 기피의 가장 직접적인 원인으로 '경제적인 요인'을 들 수 있다. 경제적 측면에서 볼 때 장애인을 고용하는 것은 비장애인고용에 비해 추가적인 비용을 발생시킨다. 왜냐하면 일반적으로 장애인의 생산성이 비장애인보다 더 낮으며, 장애인을 관리하는 데 별도의 관리노력이 필요하고, 장애인을 위한 시설개선이 요구되기 때문이다.

셋째, '산업구조적인 요인'에 의해 장애인고용을 기피할 수 있다. 먼저 사업장의 작업방식과 관련하여 장애인고용의 결과가 다르게 나타날 수 있다. 대량생산을 위한 작업의 경우에는 중증장애인의 고용이 저조한 반면, 독립적인 작업방식을 가진 사업장에서는 중증장애인의 고용이 가능하다. 다음으로 조직규모와 관련하여 장애인고용의 결과가 다르게 나타날 수 있다. 대기업에 비해 중소기업은 상대적으로 장애인고용이 취업하여 적응하기가 용이하다. 왜냐하면 중소기업의 경우 설비투자의 한계로 인해 작업조직 자체가 대기업과 같은 대량생산을 위한 라인작업보다는 개인 작업방식이 사용될 가능성이 크고, 또한 조직규모가 작은 관계로 관리자와 장애인의 인간적 유대나 작업지도 등이 가능하기 때문이다.

장애인고용 부진의 원인을 장애인 자신으로부터 찾는 것이 노동공급 측면에서 설명이다. 장애인을 고용하고자 해도 적격의 장애인, 즉 사업주가 원하는 기능을 가진 장애인이 없거나 부족한 경우 장애인고용증진에 원인이 될 수 있다. 2000년도 「장애인근로자실태조사」(한국장애인고용 촉진공단 2001)에 따르면 사업체가 원하는 기능인력의 부재가 장애인고용을 막는 중요한 이유 중의 하나라고 응답하고 있다. 그리고 공단의 구인 및 구직 실적을 살펴보면 1991년 이후 계속 장애인 구인건수가 장애인 구직건수를 상회하는 구인초과현상이 나타나고 있는데, 이는 장애인고용 부진이 적절한 기술적 능력을 지닌 장애인의 공급부족에 크게 기인함을 반증하는 것으로 장애인 직업교육·훈련의 중요성을 보여주는 것이다.

2) 장애인고용정책에서의 국가역할 부족

한 국가의 전반적인 장애인고용정책을 평가하는 유용한 기준으로 그 국가가 채택하고 있는 거시적인 장애인고용전략을 살펴보는 것을 들 수 있다. 한 국가의 장애인고용전략은 장애인고용에 대한 국가의 관심·의지의 정도와 장애인고용의 비용부담자가 누구인가를 기준으로 '동반형 전략,' '국가주도형 전략,' '회피형 전략,' '방관형 전략'으로 구분할 수 있다(전영평 1998, 122-123; <표 8.2> 참조). 여기에서 장애인고용에 대한 국가의 관심·의지의 정도는 장애인고용이 얼마나 정치적 쟁점화가 되어 왔는가, 장애인고용을 위한 명료하고도 현실적인 입법을 강력히 추진하여 왔는가, 입법에 나타난 전략을 얼마나 강력하게 추진하고 있는가 등을 통해 알 수 있다. 그리고 장애인고용의 부담이 누구에게 전가되는가는 그 부담이 국가의 재원으로 조달되느냐, 아니면 일반 고용주의 부담으로 조달되는가를 통해서 알 수 있다.

이 같은 분류에 따르면 한국의 장애인고용정책은 1990년 이전에는 '방관형 전략'에 의존하다가, 최근 '회피형 전략'으로 이동하였다고 평가할 수 있다(전영평 1998, 125). 즉, 1990년 장애인고용 촉진법이 제정되기 전까지는 장애인고용을 위한 국가 차원의 정책이 전무하였다가, 법이 제정된 후에는 장애인고용문제에 대한 정부의 역할을 최소화하면서 장애인 의무고용과 고용 미달 시 부담금의 징수라는 수단으로 민간 기업에 부담을 전가시켰던 것이다. 이 같은 정부의 '회피형 전략'은 기업의 장애인고용부담금이 연간 1,000억 원을 상회하고 1998년도까지 장애인고용 촉진사업기금이 3,055억 원 정도가 되었지만 이 가운데 정부출연금은 47억 원(기업부담금의 약 2%)에 지나지 않았다는 사실에서 명확하게 알 수 있다.

<표 8.2> 장애인고용의 전략

국가의 관심과 의지 고용주에 대한 부담의 전가	강	약
강	동반형 전략 (Accompanying Strategy)	회피형 전략 (Avoiding Strategy)
약	국가 주도형 전략 (Initiating Starategy)	방관형 전략 (Laissez-faire Strategy)

자료: 전영평(1998, 122)

이 같은 장애인고용정책에서 국가의 역할 부족 문제는 장애인 공무원의 고용률을 살펴봐도 알 수 있다. 국가 및 지방자치단체, 그리고 정부투자·출연기관의 장애인고용률은 민간기업의 고용률보다는 높은 수준이지만 여전히 기준고용률 2%에는 못 미치는 수준이라고 할 수 있다(<표 8.3> <표 8.4> 참고).

국가 및 지방자치단체에서 장애인고용률은 꾸준히 증가하여 2000년 12월 현재 1.48%에 달하고 있지만, 공무원에 대한 장애인고용의무적용제외율이 67-70%인 점을 고려해 본다면 실제 장애인 공무원 고용은 고용률의 1/3에도 못 미치는 0.45%수준으로 예상된다. 반면 2000년 12월 현재 장애인고용률은 0.89%인 민간기업의 경우 장애인 고용의무적용제외율이 약 22-25%에 불과하므로 실제 장애인고용은 고용률보다 약간 낮은 0.67% 수준으로 예상된다. 따라서 이러한 예상에 따르면 실제로는 정부기관이 민간부문보다 낮은 수준의 장애인고용을 하고 있는 셈이다. 그리고 국가 및 지방자치단체는 기준고용률에 미달하더라도 부담금을 납부하지 않는데 이것은 민간기업과 비교할 때 형평성의 문제를 가지고 있다.

<표 8.3> 연도별 국가 및 지방자치단체 장애인고용 현황

연 도	적용대상 공무원수(명)	고용의무인원(명)	장애인공무원(명)	고용률(%)
1991. 1. 1	291,584	5,793	1,504	0.52
1992. 1. 1	256,403	5,128	1,698	0.66
1993. 1. 1	279,480	5,548	1,987	0.71
1994. 1. 1	280,887	5,580	2,181	0.78
1995. 1. 1	279,480	5,568	2,309	0.83
1996. 1. 1	291,325	5,794	2,565	0.88
1997. 1. 1	294,594	5,851	2,926	0.99
1998. 1. 1	305,542	6,073	3,303	1.08
1999. 1. 1	277,002	5,500	3,413	1.23
2000. 1. 1	270,985	5,380	3,509	1.33

자료: 한국장애인고용 촉진공단(2000), 「장애인고용 현황」

<표 8.4> 정부부문과 민간부문의 장애인고용 비교

구 분	대상기관/ 사업체(개)	적용 공무원/ 근로자(명)	고용의무 인원(명)	장애인 고용인원(명)	고용률(%)
국가 및 지방 자치단체	84	274,702	5,452	4,065	1.48
정부투자·출 연기관	65	111,081	2,168	2,106	1.91
민간기업	1,826	1,866,915	37,355	16,604	0.89

자료: 한국장애인고용 촉진공단(2001), 업무보고

　그리고 국가 및 지방자치단체의 장애인고용 현황을 살펴보면 정부기관의 유형에 따라 상이한 결과를 보여주고 있다. 중앙행정기관 중 기준 고용률 2%를 넘는 기관으로는 국가보훈처(4.73%), 노동부(2.65%), 산림청(2.52%), 청소년보호위원회(2.52%), 식품의약품안전청(2.45%), 국민고충처리위원회(2.44%), 조달청(2.26%), 철도청(2.23%), 보건복지부(2.16%), 대통령비서실(2.16%), 병무청(2.06%) 등 48개 기관 중 11개에 불과하다. 그리고 장애인고용률이 1%에 미치지 못하는 기관으로는 공정거래위원회(0.26%), 대검찰청(0.26%), 경찰청(0.27%), 국방부(0.39%), 관세청(0.48%), 통계청(0.73%), 중소기업청(0.74%), 외교통상부(0.78%), 감사원(0.80%), 농촌진흥청(0.82%), 산업자원부(0.85%), 정보통신부(0.85%), 법무부(0.92%) 등 13개 기관에 달한다. 대체로 보다 전문적이고 규제기관의 성격을 가진 기관들의 고용률이 낮은 반면, 전문성이 약한 배분기관과 재분배기관의 성격을 가진 기관들의 고용률이 상대적으로 낮다고 평가할 수 있다. 그리고 법 집행과 관련된 기관이라 할 수 있는 대검찰청, 경찰청, 감사원, 법무부 등이 법에서 규정하고 있는 기준고용률에 훨씬 못 미치는 장애인고용률을 보이고 있는 것이 특기할 만하다. 다음 <표 8.5>는 정부기관별 장애인고용에 관한 현황을 나타내는 것으로 4개 헌법기관의 고용률이 0.57%에 불과한 것으로 나타나고 있다.

　이상과 같이 법을 만들고 집행하는 정부기관들이 법적으로 강제하고 있는 고용의무를 이행하지 못할뿐더러 실제 장애인의 고용이 민간 기업의 수준에도 못 미치는 현실은 장애인고용정책의 전반적인 정당성을 약화시키는 중요한 요인이 되고 있다. 기업들은 의무고용제의 폐지 또는 완화를 주장할 때마다 국가기관의 낮은 고용률과 부담금 미납부의 문제를 제기하면서 국가가 책임져야할 장애인고용의 재정적 책임을 기업에만 전가하는 것이라고 반발하고 있다(전경련·경총 관계자 면담 결과).

<표 8.5> 정부 각 기관별 장애인고용 현황

(2000년 12월 31일 현재, 단위: 명)

구 분	적용공무원	고용의무인원	고용인원	고용률
계(84개 기관)	274,702	5,452	4,065	1,48
중앙행정기관(48개)	76,897	1,513	968	1.26
헌법기관(4개)	11,485	228	66	0.57
지방자치단체(16)	139,495	2,782	2,442	1.75
교육청	46,825	925	589	1.26

자료: 한국장애인고용 촉진공단(2001), 「업무보고」

요컨대, 현재 장애인고용정책에서 역할 부족은 "모든 국민은 근로의 권리를 가진다"(헌법 제32조), "모든 국민은 인간다운 생활을 할 권리를 가진다"(헌법 제34조)고 규정한 헌법의 장애인 복지 및 장애인고용정책에서의 국가책임주의를 위배하는 것이라고 할 수 있다. 그리고 국가가 져야할 장애인 복지에 관한 비용을 기업에게 전가하는 것이라고 비판받을 만하다.

3) 장애인고용과 직업재활의 연계 부족

장애인의 재활은 1940-50년대의 외과적 치료를 바탕으로 의료재활이 가장 먼저 자리를 잡았고, 1960년대의 경제적 고도성장기에 접어들면서 부족한 노동력을 충당하기 위한 사회적 요구에 따라 인력개발의 차원에서 직업재활의 기반이 조성되었다. 그러다가 1970년대 장애인의 재활형태는 의료재활, 교육재활, 직업재활, 심리재활, 사회재활 등의 영역이 상호 유기적인 연결 관계를 가지는 총체적 접근법으로 변모하였다. 따라서 궁극적인 장애인의 재활은 의료, 교육, 직업, 심리 및 사회재활 등의 총체적인 접근에 의해서 가능해진다는 사실을 인식하고, 장애인고용정책을 장애인 재활의 큰 틀 속에서 이해되어져야 한다(정기원 외 1996, 54-58).

이러한 장애인 재활 중에서 중요한 부분을 차지하는 직업재활은 단순히 취업을 알선하는 것으로 끝나는 것이 아니라 직업상담, 직업평가, 직업적응훈련, 직업기능훈련, 직업알선, 사후지도 등을 포함하는 것으로 체계화된 절차를 가질 때 원래 목적했던 효과를 볼 수 있다. 따라서 장애인고용정책은 단순히 얼마나 많은 취업알선을 통해 장애인을 몇 명을 더 고용시켰는가로 평가되어서는 안 되며, 취업이후에도 직장에서 제대로 적응하고 이를 통해 사회에 완전 통합되게 하는 직업재활 전체로 이해되고 평가되어야 한다.

한국의 경우 장애인고용정책이 직업재활의 전체적인 틀 속에서 이해되기보다는 외면적으로 드러나는 고용 촉진에 치중하였다고 평가할 수 있다. 장애인고용정책의 집행기관인 공단은 주로 수치상의 고용 촉진, 취업알선에 초점을 두어 운영이 되었고, 직업재활과 관련한 업무들은 여러 기관에 분리되어 관장되어 중복과 비효율성을 문제를 노출하였다. 이러한 문제를 개선하기 위해 2000년 「장애인고용 촉진 및 직업재활법」 개정이 이루어져 장애인고용과 직업재활을 연계하려고 노력하고 있지만, 구체적인 집행조직과 절차에 대한 논의가 생략되어 있는 한계가 있다.

4) 장애인고용정책의 수단·기관·절차의 문제

(1) 정책수단의 문제

가. 장애인 의무고용제의 문제

한국의 장애인고용정책에서 가장 중요한 정책수단은 국가기관과 민간기업에 적용되고 있는 장애인 의무고용제도이다. 그러나 현행 장애인 의무고용제도는 다음과 같은 문제를 안고 있다. 첫째, 의무고용사업체의 범위와 관련된 문제이다. 현행 제도는 상시근로자 300명 이상의 근로자를 고용하는 사업주로 적용대상 사업주의 범위를 규정하고 있는데, 이것은 일본을 제외한 선진국들의 의무고용사업체의 범위가 15명에서 25명을 넘지 않는 점을 비추어 볼 때 너무 협소하다. 그리고 장애인고용은 앞에서 살핀 대로 대기업보다는 중소기업에서 여러 가지 이점으로 인해 성공가능성이 높다고 할 수 있는데 적용 사업체의 범위 협소함으로 인해 중소기업의 장애인고용 증진에 충분한 동기부여가 되지 못하고 있다.

둘째, 장애인고용제외율과 관련된 문제이다. 장애인고용제외율 제도는 장애인 개인이 가지고 있는 장애의 종류, 정도, 특성이 개별화되어 있기 때문에 모든 직종 속에서 '장애인이 할 수 있는 직무'와 '할 수 없는 직무'가 동시에 포함되어 있다고 할 수 있다. 따라서 모든 직종에서 장애인이 할 수 있는 직무가 있음에도 장애인고용제외규정을 두는 것은 고용차별적 요소를 포함한다. 외국의 입법 예를 살펴봐도 일본의 경우를 제외한 어떤 국가도 고용제외율제도를 채택하고 있지 않다. 또한 적용제외율 실제 적용에서도 일반 기업체는 20-80%까지 제외율이 적용될 수 있으며 정부 및 지방자치단체의 70%까지 제외률이 인정하고 있는데, 이러한 제외율을 차이는 사업체간 혹은 사업체−정부기관 간의 형평성 문제 논란으로 이어질 개연성을 안고 있다.

나. 정부구매 및 정부계약 수단의 미비

장애인고용으로 야기되는 비용은 크게 다음과 같은 것들이 있다. 첫째, 장애인을 고용할 경우 비정상인에 비해 노동능력과 작업성과 떨어질 가능성이 높은 데, 이를 '생산성 격차 비용'이라고 한다. 둘째, 장애인이 고용된 후 제대로 직장에 적응하기 위해서는 장애인을 직접 생산현장에서 관리하는 관리자의 노력이 절대적으로 필요한데, 이러한 추가의 노력을 '관리비용'이라고 할 수 있다. 셋째, 장애인 시설이 열악한 상황에서 장애인을 고용하게 되면 장애인을 위한 시설을 새로 설치하거나 개선해야 하는 데 이를 '시설비용'이라고 한다. 따라서 장애인고용을 증진하기 위해서는 사업체로 하여금 장애인고용을 인해 추가로 소요되는 비용에 대한 보상이 절대적이라고 할 수 있다. 이를 위해 현행법에서는 장애인고용을 증진하기 위한 다양한 유인수단을 도입하고 있다. 이러한 유인수단들은 기준고용률에 미달한 사업체가 납부한 부담금을 적립하고 있는 장애인고용 촉진 및 직업재활기금을 주재원으로 하여 장애인고용으로 야기되는 사업주의 비용을 사회연대의 이념에 따라 분배·조정한다는 의미가 있다. 그러나 이와 같은 유인수단이 적절한지, 그리고 충분한지에 대해서는 논의의 여지가 있다.

적극 평등인사정책의 유인수단으로 가장 널리 논의되고 있지만 한국의 장애인고용정책에서 도입하고 있지 않는 것이 정부구매 및 정부계약 수단이다. 정부 구매 및 정부계약 수단이란 장애인고용에 관한 정부규정의 준수여부를 정부납품과 정부사업에 참여 기준으로 삼는 정책수단이다. 수많은 기업들이 정부와의 계약관계 속에서 기업 활동을 하고 있는 현실을 감안할 때, 이 정책수단은 기업들의 자발적인 순응을 확보할 수 있을 뿐만 아니라 그 파급효과 또한 매우 크다고 할 수 있다. 미국의 경우 '연방계약감독국'의 감독아래 장애인고용 의무에 순응하지 않는 사업자에게는 정부계약의 취소와 일시연기, 그리고 다른 공공사업 입찰에 참여를 배제하는 방법으로 적극 평등인사정책의 순응에 큰 효과를 보고 있다. 한국 또한 전체

국민경제에서 정부부문이 차지하는 비중이 대단히 큰 점을 생각해 볼 때 이 제도가 장애인고용을 크게 증진시킬 것으로 기대되지만 아직 도입되고 있지 못하다.

다. 교육·훈련상의 문제

장애인고용 부진의 주요 요인 중의 하나가 사업체가 필요로 하는 적격의 장애인 기능 인력이 부족하다는 것이다. 현재 나타나고 있는 장애인의 구인초과 현상이 이를 잘 반영하는 것으로, 장애인고용의 증진에 있어 장애인 직업 교육·훈련이 얼마나 중요한지를 보여주는 것이다. 그리고 국가적 차원에서 장애인 교육·훈련은 종전에는 비경제 인구였던 장애인을 유용한 경제 인구를 변화시켜 국가경쟁력을 한층 높일 수 있다는 점에서도 대단히 중요하다. 현재 장애인 직업교육·훈련은 공단을 중심으로 여러 기관에 의해 수행되어지고 있다.

그러나 현행 장애인의 직업 교육·훈련은 크게 노동부, 보건복지부, 교육부로 분산되어 있을 뿐만 아니라, 공공기관과 민간기관으로 분산되어 있어 전체적으로 일관성 있고 체계적인 서비스가 이루어지고 있지 못하다. 그리고 종합적이고 체계적인 교육·훈련의 계획과 프로그램에 의해 진행되기보다는 그때그때 노동시장의 필요에 뒤따라가는 실정이다. 또한 장애인 교육·훈련을 위해 전문적인 지식을 쌓은 전문가가 부족하여 교육·훈련의 실제 수요자인 장애인의 상황과 필요에 적절히 대응하고 있지 못한 실정이다.

라. 취업알선에서의 문제

장애인고용의 증진을 위해서 가장 중요한 것은 구직 장애인에게 적당한 직장을 찾아주는 취업알선이라고 할 수 있다. 현재 공단의 취업알선의 기본적인 체계는 구직·구인 신청, 직업상담, 직업평가,

교육·훈련, 취업알선, 사후지도로 구성된다. 즉 구직자와 구인자가 신청을 하게 되면 먼저 직업상담과 직업평가를 통해 구직 장애인과 구인 사업주의 필요와 장애인 심리적·물리적 작업능력과 사업체의 장애인고용 능력을 평가하게 되고, 이를 바탕으로 현재 상태에서 취업이 가능한 장애인에 대해서는 취업알선이 바로 이루어지게 되고, 직업훈련이 필요한 장애인에 대해서는 직업 훈련이 실시한 후 취업알선이 이루어지게 된다. 그리고 취업이 이루어진 후에는 장애인이 직장생활에 적응할 수 있도록 사후지도가 있게 된다. 그러나 이러한 현재의 취업알선체계는 다음과 같은 문제점을 가지고 있다.

첫째, 통합된 취업알선체계가 부재하여 취업알선 활동이 각 취업알선기관에서의 취업알선활동이 유기적으로 통합되어 있지 못하여 장애인의 취업을 위한 조직·자금의 중복과 낭비가 발생하고 있다. 둘째, 장애인의 작업능력을 평가하여 생산성의 저하 없이 작업을 수행할 수 있는 직무나 직종을 결정해 줄 수 있는 객관적이고 체계화된 직업능력의 평가도구가 아직 개발되어 있지 못하다. 셋째, 취업알선과정과 의료재활이나 직업재활 등과의 연계가 부족하다. 취업알선의 흐름이 적절하게 이루어지기 위해서는 구직 장애인에 대한 상담 및 평가가 이루어진 후에 즉시 취업이 불가능한 장애인에 대해서는 그 필요에 따라 의료재활이나 직업훈련이 제공되어야 한다. 그러나 현재의 취업알선체계에서는 의료재활이나 직업훈련이 분리되어 종합적인 직업재활이 불가능한 실정이다.

(2) 집행기관의 문제

가. 한국장애인고용 촉진공단의 문제

1990년 장애인고용 촉진법이 제정되면서 명실상부한 장애인고용 정책의 집행조직을 설립된 한국장애인고용 촉진공단은 설립초기부

터 정치적 중립성과 전문성을 확보하기 위해 노력하였다. '공대위'
에서는 공단임직원자격에 관한 규정을 법률에 명시할 것을 주장하
기도 했으나28), 제정법은 공단임원자격에 대해 '상근·비상근 이사
중 1/3 이상은 장애인이어야 한다'는 애매한 규정만 두었을 뿐이다.
따라서 실질적으로 장애인고용 촉진공단의 운영에 영향을 미칠 수
있는 상근 이사의 임용에서는 장애인 인사가 배제될 수 있는 형식
적·상징적 규정이 되었다. 이 같은 측면은 장애인고용 촉진공단의
역대 이사장의 출신배경에서도 드러나고 있는데, 제3대 이사장을
제외하고는 모두 노동부관료 출신이거나 정치인들이다(<표 8.6> 참
조). 그리고 공단의 고위간부 대부분이 낙하산 인사이며 중견간부들
도 노동부 근로감독관 출신들이 많다는 점은 장애인고용 촉진공단
의 독립성이나 정치적 중립성의 확보에 문제가 있는 것으로 평가할
수 있다. 요컨대, 장애인고용 촉진공단의 노동부에 종속적 관계 및
공단 인적 구성상의 전문성 결여는 장애인고용정책의 전문적인 집
행에 중요한 장애요인이라고 할 수 있다.

<표 8.6> 역대 장애인고용 촉진공단 이사장 배경

구 분	성 명	배 경
제1대 이사장	고귀남	정치인(前 국회의원)
제2대 이사장	김창지	관료(前 노동부 기획관리실장)
제3대 이사장	황연대	장애계 인사(前 정립회관 관장)
제4대 이사장	안성혁	정치인(前 대통령 비서관)
제5대 이사장	이승환	관료(前 지방경찰청장)
제6대 이사장	손경호	관료(前 노동부 직업안정국장)

자료: 이곤수(2000, 150)

28) 그 제안의 주요 골자는 공단의 임원자격으로 정당을 탈퇴한지 3년 이
상, 공무원 퇴직 후 2년 이상, 군 퇴역 후 3년 이상이 된 자로 제한하
자는 것이었다.

그리고 장애인고용 촉진공단과 관련하여 조직의 비대화 경영상의 비효율성에 대한 비판이 있다. <표 8.7>에서 보듯 공단이 설치되고 공기업구조조정과 경영합리화 계획이 발표되던 1998년을 제외하고는 공단의 예산과 인원이 매년 급속하게 증가하여 왔다(1995년부터 2000년까지 평균 36.9%).

<표 8.7> 연도별 예산 및 결산(집행) 내역   (단위 : 백만 원)

구 분	예 산					결 산					예산 증감율 (%)
	계	사업비	시설 확충	경상비	인건비	계	사업비	시설 확충	경상비	인건비	
계	335,293	184,923	100,037	16,857	33,476	302,380	153,188	99,603	16,127	33,462	36.9
1996	53,707	42,369	1,134	4,582	5,622	50,576	39,300	1,133	4,522	5,621	123.1
1997	74,152	54,070	9,458	4,229	6,395	63,005	42,982	9,445	4,187	6,391	38.1
1998	55,260	20,139	24,827	3,888	6,406	48,994	14,085	24,823	3,688	6,398	-25.5
1999	66,787	22,640	34,953	1,640	7,554	60,417	16,732	34,694	1,437	7,554	20.9
2000	85,387	45,705	29,665	2,518	7,499	79,388	40,089	29,508	2,293	7,498	27.9

자료: http://www.kepad.or.kr/

나. 장애인고용 촉진 및 직업재활기금의 문제

노동부는 장애인고용 촉진 및 직업재활의 재원을 충당하기 위해 기준고용률 미달성 사업체의 부담금, 정부의 출연금, 사업수익금 등으로 '장애인고용 촉진 및 직업재활기금'을 운영하고 있다. 그런데 기금 적립금은 1990년 기금 설치 이후 계속 확대되어 오다가 1999년 정점(2,590억 원)에 이르렀다(<표 8.8> 참조). 이러한 적립금 증가는 장애인고용실적 저조로 부담금 수입에 비해 장려금 등 사업비의 지출이 적었기 때문이었다. 그러나 그 증가추세는 반전되어 이후 1999년 2568억 원, 2000년 2299억 원, 2001년 현재 1077억 원으로 계속 감소하여 2002년에는 770억 원 수준에 이를 것이고 2003년에는 완전 고갈될 것으로 예측하고 있다(「조선일보」 2000. 8. 25).

이와 같은 기금의 급속한 감소와 고갈 원인은 1997년으로 거슬러 올라간다. 1997년 총리실 주관으로 보건복지부, 교육부와 공동으로 "장애인복지발전 5개년 계획" (1998-2002년)이 수립하게 되는데, 여기에서 장애인계의 기금누적에 대한 거센 비판에 따라 종전의 정책 기조를 바꾸어서 투자를 확대하여 2002년까지 적립금을 소진하기로 결정하였다(노동부 1997. 11.). 이에 따라 1999년에는 장애인 기준을 완화하여 일반 장애인 외에 산업재해 장애인, 국가유공장애인 등이 지급대상자에 추가하여 지출 요인이 많아졌고, 2000년 법개정으로 장려금 단가가 인상하게 되자 부담금 수입은 감소한 반면 장려금 지출은 크게 증가하였다(<표 8.9> 참조).

<표 8.8> 장애인고용 촉진(및 직업재활)기금의 적립추이

	1992	1994	1996	1998	1999	2000
고용률(%)	0.40	0.44	0.43	0.46	0.54	0.91
수 입	259	670	839	1,446	1,173	1,127
지 출	49	337	544	888	1,096	1,416
순수입	210	333	295	558	77	-289
적립금	211	918	1,634	2,513	2,590	2,300

자료: 국회 환경노동상임위원회 검토자료

<표 8.9> 장애인고용 인원증가, 부담금, 장려금의 변동 추이

	1997	1998	1999	2000	2001(예정)
고용인원(명)	10,334	10,625	17,840	18,710	-
부담금(억 원)	777	797	737	629	671
장려금(억 원)	39	53	67	149	425

자료: 국회 환경환경상임위원회 검토자료

정부의 주장처럼 장애인고용 촉진 및 직업재활 기금은 다른 기금과는 달리 적립금을 유지할 필요성이 적다고 할 수 있다. 그러나 장애인고용 촉진공단 운영이나 장애인 기능 인력양성 사업 등 기본사업은 고용실적에 따라 탄력적으로 운영할 수 있는 성질이 아니므로 별도의 안정적 재원마련 방안이 필요하다. 이 부분은 어쩔 수 없이 국가의 일반재원이 부담해야 하는 부분이다.

보다 근본적으로 장애인고용 촉진 및 직업재활기금이 가지는 역설적인 재원구조가 문제이다. 장애인고용 촉진 및 직업재활기금은 장애인 미고용 사업주가 납부하는 부담금을 주재원으로 하고 있다. 따라서 장애인고용정책의 목표가 순조롭게 달성되어 장애인고용률이 증가될수록 수입은 감소하고 지출은 증가하여 기금이 취약해지며, 만일 의무고용률이 완전 달성되게 되면 기금은 더 이상 존립의 근거를 잃는 역설적인 재원구조를 가지고 있다. 그러나 이와 같은 상황에 온다할지라도 국가의 장애인에 대한 책임은 소명하는 것이 아니므로 일반회계의 전입금의 확대와 같은 별도의 재원조성대책이 강구되어질 필요가 있다.

(3) 집행절차상의 문제

현재 장애인고용정책의 집행절차는 외면적으로는 장애인고용을 단순히 취업알선만으로 한정되지 않고 직업상담, 직무분석 및 평가, 교육·훈련, 그리고 직장적응지도와 직장지원관리와 같은 사후지도로 구성되어 직업재활의 면모를 가지고 있다. 그러나 실제로는 다음과 같은 문제를 안고 있다. 첫째, 직업상담은 장애인고용의 일차적인 단계로써 매우 중요한 의미가 있음에도 불구하고 실제로는 취업알선의 일차적인 단계로써 적합한 구인 사업체 배치를 위하여 단

순히 구직자의 학력, 장애정도, 경력 등 간단한 인적 사항과 취업희
망 사항 등을 파악하는 것에 한정되어 있는 경향을 띠고 있다. 둘
째, 직업평가와 관련하여 장애인의 작업능력을 평가하여 생산성의
저하 없이 작업을 수행할 수 있는 직무나 직종을 결정해 줄 수 있
는 직업능력의 평가도구가 아직 개발되어 있지 못하다. 그리고 평
가만을 전담하는 전문 인력이 충분히 갖추어져 있어야 함에도 불구
하고 1997년 서울남부사무소와 부산사무소에 '직업능력평가센터'를
설치하기 전까지는 평가만을 전담하는 전문 인력 없이 취업알선을
담당하는 직원이 상담과정의 일부로써 30분-1시간 동안 간단하게
직업평가를 실시하여 장애유형별 종합적인 직업능력에 대한 파악이
미흡하였다. 셋째, 직업상담과 직업평기관이 직업교육·훈련기관과
의 유기적인 연계관계가 부족하여 상담·평가결과가 활용되지 못한
채 장애인 직업훈련원에서 입학결정을 위해서 다시 상담·평가가
이루어지는 중복·낭비가 발생하고, 구직 장애인의 입장에서는 취
업에 필요한 직업훈련을 필요한 시기에 받지 못하는 문제가 있다.
넷째, 통합된 취업알선체계가 부재하다. 한국의 장애인 취업알선은
전통적으로 주로 민간 장애인단체들의 자발적인 노력에 의해 이루
어지다, 1990년을 기점으로 공단에 의해 주도 되었다. 그러나 현재
장애인을 위한 취업알선 활동은 한국장애인고용 촉진공단, 민간재
활단체, 노동부 지방사무소로 각각 나뉘어져 이루어지고 있으며, 각
취업알선기관에서의 취업알선활동이 공용의 데이터베이스를 통해
유기적으로 통합되어 있지 못하여 장애인의 취업을 위한 조직·자
금의 중복과 낭비가 발생하고 있다.

한편 한국의 장애인고용계획과 감독과 관련된 집행절차는 장애인
고용 부담금 신고와 납부과정을 주 내용으로 할 뿐, 장애인고용을
증진을 위한 사업주의 자발적 개선을 유도할 수 있는 방안이나 장

애인의 직업재활의 노력을 증진할 수 있는 방안을 결핍하고 있다고
평가할 수 있다.

3. 장애인고용정책에 대한 정책제언

이상과 같은 현행 장애인고용정책의 문제점 분석을 바탕으로 정
책적 대안을 제시하면 다음과 같다.

1) 장애인고용정책의 전반적 개선방안

첫째, 장애인고용정책에서의 국가의 역할을 대폭적으로 확대할
필요가 있다. 종전의 '방관형' 혹은 '회피형' 전략에서부터 적극적인
국가책임주의의 입장으로 전환될 필요가 있다. 다시 말해 앞으로
한국의 장애인고용정책은 국가의 관심과 의지를 보이는 '동반형' 전
략으로 바뀔 필요가 있다.

이를 위해 무엇보다 전적으로 민간기업의 부담금으로 장애인고용
정책이 운영되는 현 상황을 타파하기 위해 국가의 출연금의 대폭적
인 증가가 요망된다. 국가의 출연금의 증가는 앞으로 장애인고용
촉진 및 직업재활 기금이 고갈되면 일반예산으로부터 지원이 불가
피하기 때문에 미리 정당화 논리를 만든다는 점에서도 중요하다.
그 외에도 국가가 민간부문을 선도하기 위해 국가기관의 장애인공
무원의 고용률을 기준고용률 이상으로 빠른 시간 내에 높일 필요가
있다. 그리고 비합리적이고 불형평적인 고용의무적용제외률의 폐지
내지 전면적인 조정이 필요하다.

둘째, 궁극적인 장애인의 재활은 의료, 교육, 직업, 심리 및 사회 재활 등의 총체적인 접근에 의해서 달성된다는 점에서 장애인고용 정책을 장애인 재활의 큰 틀 속에서 이해할 필요가 있다. 이러한 관점에서 장애인고용 촉진 및 직업재활법 개정과정에서 논란의 여지가 되었던 장애인고용정책의 소관 이전문제가 재검토될 필요가 있다. 현재처럼 장애인의 재활과 장애인고용정책이 별개의 것으로 여겨지는 것은 전체 장애인 정책의 효과성을 떨어뜨리는 결과를 낳을 뿐이다.

2) 장애인고용정책의 정책적 개선방안

첫째, 장애인 의무고용제와 관련해서 문제가 되고 있는 적용대상 사업주의 범위의 대폭 확대와 고용제외율의 전면폐지 혹은 전면 조정이 필요하다.

먼저 적용대상 사업주의 범위를 장애인고용법 제정 시 논의되었던 상시고용 100인 이상 사업체로 확대할 필요가 있다. 정부에서 적용대상 범위의 확대를 논의하는 것은 머지않아 고갈이 예상되는 장애인고용 촉진 및 직업재활 기금을 재정적 위기를 단순히 사업체의 부담금 수입을 늘려 해결하려는 것이다. 그러나 적용대상의 범위의 확대는 단순한 재원 확충 방안으로 추진되어서는 안 되며, 장애인고용에 유리한 조건을 갖추고 있는 중소기업의 장애인고용을 촉진하는 유효한 수단으로 고려될 필요가 있다.

현행 장애인고용제외율은 그 존재 이유가 합리적이지 못하고 그 비율 또한 어떤 객관적이거나 합리적인 기준에 의한 것이 아니므로, 외국의 예처럼 완전 폐지하거나 대폭 축소하여야 한다. 그리고 형평성 문제를 낳고 있는 정부기관과 민간 기업 간의 고용제외율의 차이는 시정되어야 한다.

둘째, 장애인고용증진을 위한 유인수단으로 현재에는 도입되어 있지 않은 정부구매 및 정부계약 수단을 도입할 필요가 있다. 이 수단은 장애인고용에 관한 정부규정의 준수여부를 정부 납품과 정부 사업에 참여 기준으로 삼는 것으로 법정 장애인고용률을 준수하지 못하는 기업은 정부구매를 보류하거나 배제하고, 정부사업의 입찰 참여에 불이익을 주는 것이다. 이 수단은 수많은 기업들이 정부구매와 계약관계를 맺으며 기업 활동을 하는 현실을 감안하면 그 파급효과가 매우 클 것으로 예상되며, 기업들의 자발적인 순응을 확보하여 현재의 의무고용제에 대한 지나친 의존과 폐해를 완화하는 적절한 대안이 될 것이다.

셋째, 종합적이고 체계적인 장애인의 교육·훈련이 이루어질 수 있도록 이를 전체적으로 계획하고 관리하는 주체를 명확히 설정할 필요가 있다. 그리고 전체 직업재활 과정에서 교육·훈련과정을 체계적으로 구조화하여 장애인 직업훈련정책의 일관성을 확보할 필요가 있다. 단기적인 실적위주의 집행이 아니라 수요자인 장애인의 특성을 반영하여 모든 지원체계가 이루어져야 한다. 획일적인 첨단 직종 육성보다는 장애인 적합 또는 전략직종의 개발 및 지원 등 장애인 직업훈련 환경을 체계적으로 조성해 나갈 필요가 있다. 체계적인 프로그램의 개발과 전달을 위한 장애인 교육·훈련 전문 인력의 양성이 필요하다.

넷째, 장애인고용정책의 집행기관인 공단의 정치적 중립성과 전문성 확보를 위한 공단직원자격에 관한 규정을 법률에 명시할 필요가 있다. 사회적 약자인 장애인의 고용과 직업재활을 위해 존재하는 공단이 특정 정부부처의 낙하산 인사 대상이 되는 것은 막아야 한다. 그리고 장애인고용 촉진공단과 관련하여 조직의 비대화 경영

상의 비효율성을 개선하는 구조조정과 경영합리화 방안이 있어야
한다.

다섯째, 현재 기금고갈의 위기에 직면한 장애인고용 촉진 및 직
업재활 기금의 재정건전화 방안을 강구할 필요가 있다. 현재 지나
치게 완화된 기준과 대상을 재검토할 필요가 있다. 특히 기금의 성
격과 맞지 않는 정책대상까지 수혜를 하는 것은 반드시 시정되어야
한다. 그리고 장애인고용 촉진과 관련이 없는 장애인 복지와 재활
과 관련된 사업의 안정적 재원마련을 위해 국가의 일반재정의 지원
방안이 강구되어야 한다.

여섯째, 장애인고용과 관련된 여러 관련조직간 관계를 명확히 하
여 장애인고용과 관련된 전달체계를 확립할 필요가 있다. 그리고
체계화된 장애인고용의 집행절차를 개발하여 적용할 필요가 있다.
구체적으로 ① 장애인고용에 대한 최고관리자에 의한 공약을 시작
으로, ② 객관적인 노동력 분석과 장애인의 활용성을 분석하고, ③
이를 바탕으로 구체적인 장애인고용의 목표의 설정하여, ④ 이를
실제로 실천하고, ⑤ 마지막으로 이를 보고하고 평가하는 체계적인
집행절차의 고안이 필요하다.

참고문헌

1. 국내 문헌

1.1 단행본

강성철·김판석·이종수·최근열·하태권. 1996. **새인사행정론.** 서울: 대영문화사.

권도용. 1995. **장애인재활복지: 체계와 실태.** 서울: 홍익재.

김엘림. 1999. **남녀고용평등법 시행 10년의 성과와 과제.** 서울: 한국여성개발원.

김태용·양승주. 1993. **동일노동·동일임금에 관한 연구.** 서울: 한국여성개발원.

김형렬. 1997. **정책결정론.** 서울: 대영문화사.

────. 2000. **정책학** 개정판. 서울: 법문사.

남궁근. 1994. **행정조사방법론.** 서울: 법문사.

대통령 비서실 삶의 질 향상 기획단. 1999. **새천년을 위한 생산적 복지의 길: '국민의 정부' 사회정책 청사진.** 서울: 퇴설당.

박동서. 1994. **인사행정론** 제 3전정판. 서울: 법문사.

변용찬 외. 2001. **2000년도 장애인 실태조사.** 서울: 한국보건사회연구원.

석현호 편. 1997a. **한국사회의 불평등과 공정성.** 서울: 나남출판.

──── 외. 1997b. **한국사회와 외국인 노동자: 그 종합적 이해를 위하여.** 서울: 미래인력연구센터.

성낙인 외. 1995. **기본권의 개념과 범위에 관한 연구.** 헌법재판연구 제6권. 서울: 헌법재판소.

오길승. 2000. **국가 및 지방자치단체의 장애인 의무고용 이행상의 문제점과 개선방안에 관한 연구.** 서울: 한국장애인단체총연맹.

이각범. 1989. **현대자본주의와 노동시장.** 서울: 한울 아카데미.

이성규. 2000. **사회통합과 장애인 복지정치.** 서울: 나남출판.

이향순. 1997. **미국의 고용평등제도에 관한 연구: 적극적 조치를 중심으로.** 서울: 한국노동연구원.

장기붕. 1989. **국제행정론.** 서울: 성균관대학교 출판부.

장지연. 2000. **중고령자 노동시장의 특성과 고용지원정책.** 서울: 한국노동연구원.

정기원 외. 1995. **1995년 장애인 실태조사.** 서울: 한국보건사회연구원.

정정길. 1989. **정책학 원론.** 서울: 대명출판사.

주성수. 1999. **빈곤과 실업극복을 위한 생산적 사회복지정책.** 서울: 한양대학교 출판부.

최병선. 1992. **정부규제론: 규제와 규제완화의 정치경제.** 서울: 법문사.

최봉기. 1988. **정책의제결정론.** 서울: 일신사.

한정자 외. 1993. **각국의 공적 부문에 있어서의 여성차별 철폐조치에 관한 연구: 유엔여성차별철폐협약의 이행과 관련하여.** 서울: 한국여성개발원.

황일청 편. 1992. **한국사회의 불평등과 형평.** 서울: 나남출판.

황태연. 1997. **지역패권의 나라: 5대 소외지역민과 영남서민의 연대를 위하여.** 서울: 도서출판 무당미디어.

1.2 논 문

강도현. 2001. "직업능력개발 훈련관리 사업". **직급별 기본교육 교제 (Ⅰ).** 성남: 한국장애인고용 촉진공단 고용개발원. 205-235.

강세영·김복규·유가효·장승옥. 1999. "공공부문 고용의 성별 비교 연구: 대구지역을 중심으로". **한국정책학회보,** 8(3): 145-168.

강정인. 1991. "계급과 평등: 기회균등과 능력주의의 문제점 및 그 한계". **한국과 국제정치,** 7(1): 1-35.

권도용. 1994. "중증장애인 중심의 일반고용시스템". **장애인고용** 특집 합본호, 서울: 한국장애인고용 촉진공단, 48-59.

길인배. 1996. **장애인고용제도에 관한 연구.** 강원대학교 대학원 법학과 박사학위논문.

김미경. 1999. "차별적 여성고용의 위기와 정부역할의 모색". **한국정책학회보,** 8(1): 273-292.

김복규·강세영. 1999. "지방여성공무원의 고용실태와 평등고용 촉진에 관한 연구: 대구시 사례". **한국행정학보,** 33(3): 183-198.

김영환. 1991. **적극적 평등실현 조치에 관한 연구.** 영남대학교 대학원 법학과 박사학위논문.

김옥암. 1997. "여성의 노동력 참가와 고용문제". **한국경제연구,** 45(2): 179-202.

김정열. 2000. "'장애인고용 촉진 및 직업재활법'의 내용과 향후 전망". **월간 복지동향,** 2000년 1월호, 31-34

김종인. 2000. "장애인 직업훈련의 개발과 과제: 공단 직업훈련 프로그램 분석을 중심으로". **장애인고용,** 38: 44-62.

김태일·김경아. 1997. "경로모형에 의한 남녀 임금격차 분석". **한국정책학회보,** 6 (1): 251-279.

─────. 2000. "공무원과 민간 부문의 남녀 임금 격차 비교 분석". **정 부와 여성참여** 한국행정학회 2000년도 기획세미나·국제포럼 발표논문집, 129-140.

김항규. 1995. "공리주의와 롤즈 정의론의 복지정책관 비교 연구". 한국 정책학회 1995년 하계학술대회 **발표논문집.**

김형렬. 1980. "미국의 인력정책에 관한 연구". **한국행정학보,** 14: 1-14.

─────. 1981. "미국의 적극고용정책에 관한 고찰". **연세행정논총,** 8: 5-23.

박경효. 1993. "한국관료제의 지역대표성제고를 위한 정책방향". **한국 행정학보,** 27 (3): 705-720.

─────. 1995. "김영삼정부의 장·차관(급) 충원정책: 국정지도력, 전문 성, 그리고 대표성". **한국행정학보,** 29(2): 487-501.

박숙자. 1989. "한국 노동시장에서의 남녀 고용차별: 채용 기준을 중심 으로". **한국사회학,** 23(1): 48-73.

박홍식. 1993. "관료들의 주관적 거리와 출신지역적 태도의 차이". **한 국행정학보,** 27(2): 295-308.

박종민. 1995. "정체체제의 정당성과 공정성". 석현호 편, **한국사회의 불평등과 공정성.** 서울: 나남출판. 49-69.

박혜자. 1993. "한국 지역주의 성격과 정치사회적 함의". **한국행정학보,** 27(2): 309-322.

송병준. 1997. "외국인력의 고용 현황과 주요국의 외국인력정책," **노동 문제논집,** 13: 1-27.

신동면. 2000. "김대중 정부의 사회정책 개혁: 근로연계 복지인가, 생산 적 복지인가?". 한국행정학회 2000년 동계학술대회 **발표논문집.**

신용자. 1993. "남녀고용평등실현을 촉진하기 위한 잠정적 특별조치: Affirmative Action 또는 Positive Action". **계간 입법자료분석,** 5(1): 103-137.

안병영. 1984. "복지국가의 형성, 전개, 위기". **사회과학논집,** 15: 71-95.

———. 1998. "세계화를 다시 생각하는 이유: 세계화의 신화와 극복". **계간 사상 10** (4): 7-37.

———. 2000a. "국민기초생활보장법의 제정과정에 관한 연구". **행정논총,** 38(1): 1-56.

———. 2000b. "21세기 국가역할의 변화와 국정관리". **계간 사상,** 12(1): 7-32.

양형렬·이태영. 1993. "사회적 형평과 국가통합을 향한 대표관료제의 접근". **한국행정학보,** 27(2): 348-358.

오도영. 2000. "'장애인고용 촉진 및 직업재활법' 개정 이후의 쟁점과 평가". **월간 복지동향,** 2000년 6월호, 16-18.

오석홍. 1993. "미국의 대표관료제: 정부 관료제의 대표성 제고를 위한 노력". **한국행정학보,** 27(2): 323-342.

———. 1994. "대표관료제에 관한 연구". **행정논총,** 32(2): 22-35.

유동철. 1998. "장애인고용의 경제적 효과". **장애인고용,** 28: 4-20.

유종해. 1990. "한국의 지역갈등에 관한 연구: 정부인사정책에서의 지역주의에 대한 공무원 의식조사를 중심으로". **한국행정학보,** 24(1): 581-602.

유훈. 1992. "정책수단에 관한 고찰". **행정논총,** 30(2): 135-161.

윤의민. 2000. "장애인고용 촉진 및 직업재활법에 대한 이해". **장애인고용,** 35: 90-95.

이곤수. 2000. 장애인고용**정책의 집행과정에 관한 연구.** 대구대학교 대학원 행정학과 박사학위논문.

이광찬. 1994. "스웨덴 장애인고용정책의 교훈". **장애인고용** 특집 합본호. 서울: 한국장애인고용 촉진공단. 69-76.

이보삼. 1994. "장애인고용 촉진을 위한 노·사·정의 역할". **장애인고용** 특집 합본호. 서울: 한국장애인고용 촉진공단. 91-94.

이성규. 1999. "장애인고용정책의 과정과 전망". **장애인고용**, 34: 36-52.

이신행. 1994. "흑인민권운동조직(NAACP)을 통한 흑인운동의 이해". 서정갑 외. **미국정치의 과정과 정책.** 서울: 나남출판. 71-88.

이익섭. 1990. "현행 장애인복지의 제과제". **장애인직업재활.** 서울: 한국장애인고용 촉진공단. 87-130.

이정숙. 1998. "일본의 장애인고용정책의 현황과 과제: 97년 장애인고용 촉진법 개정을 중심으로". **장애인고용**, 30: 63-73.

이주희. 2000. "성차별 분쟁조정기구의 국제비교: 미국 동등고용기회위원회(EEOC)와 캐나다 인권위원회를 중심으로". **정부와 여성참여.** 한국행정학회 2000년도 기획세미나·국제포럼 발표논문집. 91-109.

이철우. 1996. "한국사회의 고령화와 노인복지정책". **한국사회학**, 30(4): 779-780.

이학종. 1994. "기업의 적극적 장애인고용방안". **장애인고용** 특집 합본호. 서울: 한국장애인고용 촉진공단. 107-110.

임두택. 1998. "미국의 대표관료제와 인재지역 할당제". **전남대 미국학연구**, 18: 17-54.

임안수. 1998. "미국의 장애인고용과 지원체제". **장애인고용**, 28: 21-27.

장창엽. 1994. "장애인고용에 있어서의 할당고용·부담금제도의 역할". **장애인고용** 특집 합본호. 서울: 한국장애인고용 촉진공단. 60-68.

전영평. 1995. "장애인고용 촉진을 위한 행정전략의 평가". **한국행정학보**, 29(1): 279-300.

──────. 1998. "장애인고용 정책의 변화와 그 수용에 관한 비교연구: 미국과 한국의 사례". **한국정책학회보**, 7(2): 115-133.

전준구. 1997. **한국 장애인고용정책의 집행과정에 관한 연구.** 동국대학교 대학원 행정학과 박사학위논문.

정양숙. 1998. **한국여성 노동관련 정책과정 연구: 남녀고용평등법 제·개정 과정을 중심으로.** 고려대학교 대학원 사회학과 박사학위논문

정무권. 1993. "국가자율성, 국가능력, 사회보장정책: 유신체제의 연금제도와 의료보험정책을 중심으로". **한국행정학보,** 27(2): 493-516.

———. 2000. "국민의 정부의 사회정책". 안병영·임혁백 편. **세계화와 신자유주의.** 서울: 나남출판.

조석준. 1991. "청와대 비서실의 조직에 관한 연구". **행정논총,** 29(2): 33-51.

조선일. 1986. **한국대표관료제 분석.** 건국대학교 대학원 행정학과 박사학위논문.

조우철. 2000. "중앙정부의 여성정책담당기구의 기능에 관한 연구". **정부와 여성참여.** 한국행정학회 2000년도 기획세미나·국제포럼 발표논문집. 57-73.

채진호. 1999. "한국의 고용구조 변화". 윤진호·이병희·채진호·김영구. **고용구조 변화와 노동조합의 고용정책.** 서울: 한국노동사회연구소. 12-45.

최종길. 2001. "장애인 지원고용 실태 및 확대방안: 장애인 복지관을 중심으로". **장애인고용,** 39: 68-89.

최종원. 1998. "정책집행연구의 이론적 틀에 대한 비판적 고찰". **한국정책학회보,** 7 (1): 173-206.

2. 국외 문헌

2.1 Books

佐藤久夫. 1991. 障害者福祉論. 東京: 誠信書房.

Abraham, Henry Julian. 1992. *Freedom and the Court: Civil Rights and Liberties in the United States;* 윤후정 역. **기본적 인권과 재판: 미국대법원 판례.** 서울: 이화여자대학교 출판부.

Alford, R. 1975. *Health Care Politics.* Chicago: University of Chicago Press.

Alloson, Graham. 1971. *Essence of Decision.* Boston: Little, Brown and Company.

Amond, Gabriel A. & Powell, Jr., G. Bingham. 1966. *Comparative Politics: A Developmental Approach.* Boston: Little, Brown.

Appleby, Paul H. 1949. *Policy and Administration.* Alabama: University of Alabama Press.

Bachrach, P. & Bratz, M. S. 1970. *Power and Poverty.* New York: Oxford University Press.

Baram, Michael S. 1982. *Alternatives to Regulation.* Lexington, MA: Lexington Books.

Barton, Len. (ed.) 1996. *Disability and Society: Emerging Issues and Insights,* London & New York: Longman.

Benokraitis, Nijole V. and Feagin, Joe R. 1978. *Affirmative Action and Equal Opportunity: Action, Inaction, Reaction.* Boulder, Colorado: Westview Press.

Berkowitz, Monroe & Hill, M. Anne. 1993. *Disability and The Labor Market;* 이익섭 역. **장애와 노동시장.** 서울: 한국장애인고용 촉진 공단.

Cebulski, Bonnie G. 1977. *Affirmative Action versus Senioriy: Is Conflict Inevitable?.* Berkeley, CA: Institute of Industrial Relations, University of California, 1977.

Dresang, Dennis L. 1999. *Public Personnel Management and Public Policy* 3rd ed., New York: Addison Wesley Longman, Inc.

Dye, Thomas R. 1981. *Understanding Public Policy* 4th ed. Elglewood Cliffs, NJ: Prentice-Hall.

Ehrenger, Ronald G. and Smith, Robert S. 1997. *Modern Labor Economics: Theory and Public Policy* 6th ed. Menlo Park, CA: Addison-Wesley Educational Publishers Inc.

Etzioni, Amitai. 1964. *Modern Organizations.* Englewood Cliffs, NJ: Prentice-Hall, Inc.

Faundez, Julio. 1994. *Affirmative Action: International perspectives.* Geneva: International Labour Office.

Frederickson, H. George. 1980. *New Public Administration.* Alabama: The University of Alabama Press.

Gilbert, Neil & Specht, Harry. 1974. *Dimensions of Social Welfare Policy.* Englewood Cliffs, NJ: Prentice-Hall, Inc.

Golembiewski, Robert T. 1995. *Managing Diversity in Organizations.* Tuscaloosa & London: The University of Alabama Press.

Greenawalt, Kent. 1983. *Discrimination and Reverse Discrimination.* New York: Alfred A. Knopf.

Greer, Douglas F. 1987. *Business, Government, and Society.* New York:

MacMillan Publishing Co.

Harmon, Michael M. 1981. *Action Theory for Public Administration.* New York & London: Longman.

Hirshman, Albert O. 1970. *Exit, Voice and Loyalty.* Cambridge, NJ: Harvard University Press.

Hodges-Aeberhard, Jane & Raskin, Carl. 1997. *Affirmative Action in the Employment of Ethnic Minorities and Persons with Disabilities.* Geneva: International Labour Office.

Innes, Duncan, Kentridge, Matthew, & Perold, Helene. 1993. *Reversing Discrimination: Affirmative Action in the Workplace.* Cape Town, South Africa: Oxford University Press.

Jones, Charles O. 1977. *An Introduction to the Study of Public Policy.* J. Scituate, MA: Duxbury Press.

Kingsley, J. Donald. 1944. *Representative Bureaucracy: An Interpretation of the British Civil Service.* Yellow Springs: The Antioch Press.

Kirton, Gill & Greene, Anne-Marie. 2000. *The Dynamics of Managing Diversity: A Critical Approach.* Oxford, UK: Butterworth Heinemann.

Klingner, Donald E. & Nalbandian, John. 1993. *Public Personnel Management: Contexts and Strategies* 3rd ed. Englewood Cliffs, NJ: Pretice Hall.

Kossek, Ellen E. & Lobel, Sharon A. 1996. *Managing Diversity: Human Resource Strategies for Transforming the Workplace.* Oxford, UK: Blackwell.

Marini, Frank ed. 1971. *Toward a New Public Administration: The Minnowbrook Perspective.* Scraton: Chandler Publishing Company.

McGowan, J. F. & Porter, T. L. 1967. *An Introduction to Vocational Rehabilitation of the Disabled.* Washington, D. C.: U. S. Dep. of H. E. W.

Medeiros, James A. and Schmitt, David E. 1977. *Public Bureaucracy: Values and Perspectives.* North Scithate, MA: Duxbury Press.; 백완기·전영평 역. 1986. 관료제: 가치와 전망. 서울: 박영사.

Milkovich, Geoge T. and Boudreau, John W. 1997. *Human Resource Management* 8th ed. New York: McGraw-Hil.

Mosher, F. C. 1982. *Democracy and the Public Service* 2nd ed. New York: Oxford University Press.

Nigro, Lloyd G. and Nigro, Felix A. 1994. *The New Public Personnel Administration* 4th ed. Itasca, IL: F. E. Peacock Publisher, Inc.

Okun, Arthur M. 1975. *Equality and Efficiency: The Big Tradeoff.* Washington, D. C.: The Brookings Institution.

Oliver, Michael. 1996. *Understanding Disability: From Theory to Practice.* London, UK: MacMillan Press Ltd.

Olsen, Karen Ann. 1979. *Equal Employment Opportunity and Affirmative Action: A Guide for Mayors and Public Official Prepared by Labor Management Relations Service.* Washinton, DC : United States of Conference of Mayors.

Peters, B. Guy. 1996. *The Future of Governing: Four Emerging Models.* Lawrence, Kansas: The University Press of Kansas.

Rawls, John. 1971. *A Theory of Justice.* Cambridge, MA: Harvard University Press.

Reich, Robert B. 1991. *The Work of Nations.*; 남경우 외역. 1994. 국가의 일. 서울: 도서출판 까치.

Rhodes, R. A. W. 1997. *Understanding Governance: Policy Networks, Governance, Reflexivity and Accountability.* Buckingham: Open University Press.

Rifkin, Jeremy. 1994. *The End of Work: The Decline of the Global Labor Force and the Dawn of the Post-Market Era;* 이영호 역. 1996. 노동의 종말. 서울: 민음사.

Salamon, Lester M. ed. 1989. *Beyond Privatization: The Tools of Government Action.* Washington D. C.: The Urban Institute Press.

Waldo, Dwight. 1971, *Public Administration in a Time of Turbulence.* San Francisco: Chandler Publishing Co.

Walzer, Michael. 1983. *Spheres of Justice: A Defence of Pluralism and Equality.* New York: Basic Books; 정원섭 외역. 1999. 정의와 다원적 평등: 정의의 영역들. 서울: 철학과 현실사.

Werher, Jr., William B. and Davis, Keith. 1989. *Human Resource and Personnel Management* 3rd ed. New York: McGraw-Hill Co.

Wilensky, Harold. L. et. al. 1992. *Comparative Social Policy: Theories, Methods, Findings;* 남찬섭 역. 비교사회정책. 서울: 한울 아카데미.

Williams, Fiona. 1989. *Social Policy: A Critical Introduction: issue of race, gender, and class.* London: Polity Press; 이영철 외역. 1997. 사회복지정책. 서울: 홍익재.

Wilson, James Q. 1980. *The Politics of Regulation.* New York: Basic Books, Inc.

──────────. 1986. *American Government: Institution and Policies.* Lexington, MA: D. C. Heath and Company.

Wolf, Jr., Charles. 1988. *Market or Government: Choosing between Imperfect Alternative.* Cambridge, MA: The MIT Press.

2.2 Articles

Bruce, Willa and Williams, Ethel. 1997. "Productivity and Affirmative Action". *Public Productivity and Management Review,* 20(3): 224-227.

Carnevale, Davis G. 1991. "Recruitment Strategies in the Federal Government: Missing Links and Representative Bureaucracy". *Review of Public Personnel Administration,* 11: 112-120.

Cayer, N. Joseph & Sigelma, Lee. 1980. "Minority and Women in State and Local Government: 1970-1975". *Public Administration Review,* 40(5): 443-450.

Chitwood, Stephen R. 1974. "Social Equity and Social Service Productivity". *Public Administration Review,* 34(1): 29-35.

Cockburn, Cynthia. 1989. "Equal Opportunities: the short and long agenda". *Industrial Relations Journal,* 20(10): 213-335.

Cornwell, Christopher and Kellough, J. Edward. 1994. "Woman and Minorities in Federal Government Agencies: Examining New Evidence from Panel Data". *Public Administration Review,* 54(3): 265-270.

Dawson, Richard E. & Robinson, James A. 1963, "Inter-party Competition, Economic Variable, and Welfare Policies in the American States". *Journal of Politics,* 24: 265-289.

Detlefson, Robert R. 1993. "Affirmative Action and Business Deregulation: On the Reagan Administration's Failure to Revise Executive Order No.11246". *Policy Studies Journal,* 21(3): 550-564.

Dometrius, Nelson and Sigelman, Lee. 1984. "Assessing Progress Toward Affirmative Action Goals in State and Local Government: A New Benchmark". *Public Administration Review*, 44(3): 241-246.

Eisinger, Peter K. 1982. "Black Employment in Municipal Jobs: The Impact of Black Political Power". *American Political Science Review*, 76: 380-392.

Elmore, Richard F. 1978. "Organizational Models of Social Program Implementation". *Public Policy*, 26(2): 185-228.

————, Richard F. 1987, "Instruments and Strategy in Public Policy". *Policy Studies Review*, 7(1): 174-186.

Ewoh, Andrew I. E. & Elliott, Euel. 1997. "End of an Era? Affirmative Action and Reaction in the 1990s". *Review of Public Personnel Administration*, 17(4): 38-51.

Frederickson, H. George. 1990. "Public Administration and Social Equity". *Public Administration Review*, 50(2): 228-229.

Friedman, C. E. 1997. "Fair and Equitable Treatment". *Review of Public Personnel Administration*, 17(4): 9-21.

Gilbert, Charles E. 1963. "Operative Doctrines of Representation". *American Political Science Review*, 57(3): 604-618.

Guajardo, Salomon A. 1996. "Representative Bureaucracy: An Estimation of the Reliability and Validity of the Nachmias-Rosenbloom MV Index". *Public Administration Review*, 56(5): 467-477.

Guy, M. E. 1994. "Organizational Architecture, Gender, and Women's Careers". *Review of Public Personnel Administration*, 14(2): 77-90.

Hahn, Harlan. 1982. "Disability and Rehabilitation Policy: Is Paternalistic Neglect Really Benign?". *Public Administration Review*,

284

42(4): 385-389.

Hart, David K. 1974. "Social Equity, Justice, and the Equitable Administrator". *Public Adminstration Review,* 34(1): 3-11.

Howlett, Michael. 1991. "Policy Instruments, Policy Styles, and Policy Implementation: National Approaches to Theories of Instrument Choice". *Policy Studies Journal,* 19(2): 1-24.

Hindera, John J. 1993. "Representative Bureaucracy: Imprimis Evidence of Active Representation in the EEOC District Offices". *Social Science Quarterly,* 74(1): 95-108.

Holloway, Frances A. 1989 "What is Affirmative Action?". Blanchard, FletcherA. & Crosby, Faye J. (eds.) *Affirmative Action in Perspective.* New York: Springer-Verlag.

Hopkins, Anne H. 1980. "Perceptions of Employment Discrimination in the Public Sector". *Public Administration Review,* 40(2): 131-137.

Jessop, Bob. 1993. "Toward a Shumpeterian Workfare State? Prliminary Remarks on Post-Fordist Political Economy". *Studies in Political Economy,* 40(1): 7-39.

Jewson, N. & Mason, B. 1986. "The Theory and Practice of Equal Opportunities Policies: Liberal and Radical Approaches". *Sociological Review,* 34(2): 307-334.

Kelly, Patrick and Miller, Will. 1989. "Assessing Desegregation Efforts: No 'Best Measure'". *Public Administration Review,* 49(5): 431-437.

Kellough, J. Edward. 1990a. "Federal Agencies and Affirmative Action for Blacks and Women". *Social Science Quarterly,* 71: 83-92.

────, J. Edward. 1990b. "Integration in the Public Workplace: Determinants of Minority and Female Employment in Federal Agencies". *Public Administration Review,* 50(5): 557-566.

Kim, Pan Suk. 1999. "Toward Gender Equality in the Korean Civil Service". *Public Personnel Management,* 22(3): 403-419.

────, Pan Suk and Lewis, Gregory. 1994. "Asian Americans in the Public Service: Success, Diversity, and Discrimination". *Public Administration Review,* 54(3): 285-290.

Kooiman, Jan. 1993. "Governance and Governability: Using Complexity, Dynamics and Diversity". Jan Kooiman(ed.) *Modern Governance.* London: Sage publication.

Lewis, Gregory B. 1988. "Progress Toward Racial and Sexual Equality in the Federal Civil Service?" *Public Administration Review,* 48(3): 700-707.

────, Gregory B. 1997. "Race, Sex, and Performance Ratings in the Federal Service". *Public Administration Review,* 57(6): 479-488.

Lijphart, A. 1971. "Comparative Politics and the Comparative Method". *The American Political Science Review,* 65(3): 682-293.

Lovell, Catherin. 1974. "Three Key Issues in Affirmative Action". *Public Adminstration Review,* 34(3): 235-237.

Lowi, Theodore J. 1964. "American Business, Public Policy, Case-Studies, and Political Theory". *World Politics,* 4: 677-715.

────, Theodore J. 1972. "Four Systems of Policy, Politics, and Choice". *Public Administration Review,* 32(4): 298-310.

────, Theodore J. 1985. "The State in Politics: The Relation Between Policy and Administration". In R. G. Roll, (ed.), *Regulatory*

Policy and the Social Sciences. Berkeley, CA: University of California Press.

Mani, Bonnie G. 1999. "Challenges and Opportunities for Women to Advance in the Federal Civil Service: Veteran's Preference and Promotions". *Public Administration Review,* 59(6): 523-534.

Meier, Kenneth John. 1975. "Representative Bureaucracy: An Empirical Analysis". *American Political Science Review,* 69(3): 526-542.

————, Kenneth John & Nigro, Lloyd G. 1976. "Representative Bureaucracy and Policy Preferences: A Study in the Attitudes of Federal Executives". *Public Administration Review,* 36(4): 458-469.

————, Kenneth J. and Stewart, Jr., Joseph. 1992. "The Impact of Representative Bureaucracies: Educational Systems and Public Policies". *American Review of Public Administration,* 22: 157-171.

Miller, Will, Kerr, Brinker and Reid, Margaret. 1999. "A National Study of Gender-Based Occupational Segregation in Municipal Bureaucracies: Persistence of Glass Walls?" *Public Administration Review,* 59(3): 218-229.

Mitchell, Jerry. 1997. "Representation in Government Boards and Commissions". *Public Administration Review,* 57(2): 160-167.

Mladenka, Kenneth R. 1989. "Blacks and Hispanics in Urban Politics". *American Political Science Review,* 83: 165-192.

Murray, S., L. D. Terry, C. A. Washington, and L. F. Keller. 1994. "The Role Demands and Dilemmas of Minority Public Administrators: The Herbert Thesis Revisited". *Public Administration Review,* 54(5): 409-417.

Naff, K. C. 1994. "Through the glass ceiling: Prospects for the advancement of women in the federal civil service". *Public Administration Review,* 54(6): 507-514.

——, K. C. 1995. "Perceptions of Discrimination: Moving Beyond the Numbers of Representative Bureaucracy". *Policy Studies Journal,* 23(3): 483-498.

——, Katherine & Crum, John. 2000. "The President and Representative Bureaucracy: Rhetoric and Reality". *Public Administration Review,* 60(2): 98-110.

Newman, Meredith Ann. 1994. "Gender and Lowi's Thesis: Implications for Career Advancement". *Public Adminstration Review,* 54(3): 277-284.

Opotow, Susan. 1996. "Affirmative Action, Fairness, and the Scope of Justice". *Journal of Social Issues,* 52(4): 19-24.

Piore, Michael J. 1989. "노동시장 계층론을 위한 시고". 이각범 편. **현대자본주의와 노동시장.** 서울: 한울아카데미.

Plous, S. 1996. "Ten Myths About Affirmative Action". *Journal of Social Issues,* 52(4): 29-30.

Regens, James L. and Rycroft, Robert W. 1986. "Measuring Equity in Regulatory Policy Implementation". *Public Administration Review,* 46(5): 423-428.

Roberts, Karen. 1996. "Managing Disability-based Diversity". Kossek, Ellen E. & Lobel, Sharon A. (eds.) *Managing Diversity: Human Resource Strategies for Transforming the Workplace.* Oxford, UK: Blackwell.

Romzek, Barbara S. and Hendricks, J. Stephen. 1982. "Organizational Involvement and Representative Bureaucracy: Can We Have It Both Ways?" *American Political Science Review,* 76(1): 75-82.

Sabatier, Paul. 1980. "The Implementation of Public Policy: A Framework of Analysis". *Policy Studies Journal,* 8(4): 538-560.

Salamon, Lester M. 1981. "Rethinking Public Management: Third Party Government and the Changing Forms of Government Action". *Public Policy,* 29(3): 256-276.

Schneider, Anne & Ingram, Helen. 1990. "Behavioral Assumptions of Policy Tools". *Journal of Politics,* 52(2): 510-529.

Skedsvold, Paula R. & Mann, Tammy L. 1996. "Affirmative Action: Linking Research, Policy, and Implementation". *Journal of Social Issues,* 52(4): 3-18.

Slack, James D. 1987. "Affirmative Action and City Managers: Attitude Toward Recruitment of Women". *Public Administration Review,* 41(2): 199-206.

Sowell, Thomas. 1976. "Affirmative Action Reconsidered," *Public Interest,* 42(1).

Straus, Stephen K. & Stewart, Debra W. 1995. "Assuring Equal Employment Opportunity in the Organization". Jack Ravin, Thomas Vocino, W. Bartley Hildreth & Gerald Miller. (eds.). *Handbook of Public Personnel Administration.* New York: Marcel Dekker, Inc.

Thielemann, Gregory S. & Stewart, Jr., Joseph. 1996. "A Demand-Side Perspective on the Importance of Representative Bureaucracy: AIDS, Ethnicity, Gender, and Sexual Orientation". *Public Administration Review,* 56(2): 168-173.

Thomas, R. 1990. "From Affirmative Action to Affirmative Diversity". *Harvard Business Review,* 90(2): 107-112.

Thompson, Frank J. 1976. "Minority Groups in Public Bureaucracies:

Are Passive and Active Representation Linked?" *Administration & Society,* 8(2): 201-226.

Thompson, Carolyn Rinkus. 1994. "The Cabinet Member as Policy Entrepreneur". *Administration & Society,* 24(5): 395-409

Tugas, Francine & Veileux, France. 1989 "Who Likes Affirmative Action Attitudinal Process Among Men and Women?" Blanchard, FletcherA. & Crosby, Faye J. (eds.). *Affirmative Action in Perspective.* New York: Springer-Verlag.

Wertieb. E. C. 1985. "Minority group status of the disabled". *Human Relations,* 38(11): 1047-1063.

Wise, Lois Recascino. 1990. "Social Equity in Civil Service Systems". *Public Administration Review,* 50(5): 567-575.

3. 기 타

3.1 보고서

국회 환경노동상임위원회. 2001. 장애인고용 촉진 및 직업재활기금 적립금에 대한 검토자료.

노동부. 각 년도. **노동백서.** 서울: 노동부.

──. 1997. 11. **1998-2002년 장애인고용 촉진 5개년 계획.** 서울: 노동부.

──. 2001. 8. **장애인고용 촉진사업 현안 사항 보고.** 서울: 노동부.

전국경제인연합회. 1996. **100대 핵심 규제완화 과제.** 서울: 전국경제인

290

연합회.

──────────. 1998. **70대 핵심 규제완화 과제.** 서울: 전국경제인
연합회.

한국노동연구원. 1996. **장애인고용 촉진정책 및 기금운영의 합리화
방안 연구.** 서울: 한국노동연구원.

한국노동조합총연맹. 1994. **국제노동기준.** 서울: 한국노동조합총연맹출
판부.

한국장애인고용 촉진공단 기술훈련부. 1996. "장애인고용시설의기금지
원·융자 안내," **장애인고용,** 19: 14-21.

──────────. 1997. **장애인고용관리편람.** 서울: 한국장애인
고용 촉진공단.

──────────. 2000. **한국장애인고용 촉진공단 10년사:
1990-2000.** 성남: 한국장애인고용 촉진공단.

──────────. 2001. **2000년도 장애인근로자 실태조사.** 성
남: 한국장애인고용 촉진공단.

한국장애인복지체육회. 1992. **장애범주확대방안 및 장애분류·등급판
정기준에 관한 연구.** 서울: 한국장애인복지체육회.

Australia Affirmative Action Agency. 1999. *Affirmative Action Agency
Annual Report 97/98.* Canberra: Australian Government Publish-
ment Service.

3.2 인터넷 사이트

교육인적자원부 홈페이지   http://www.moe.go.kr/
국가보훈처 홈페이지   http://www.pvaa.go.kr/

노동부 홈페이지   http://www.molab.go.kr/

법제처 홈페이지   http://www.moleg.go.kr/

보건복지부 홈페이지   http://www.mohw.go.kr/

여성부 홈페이지   http://www.moge.go.kr/

여성특별위원회 홈페이지   http://www.pcwa.go.kr/

장애인고용 촉진공단 홈페이지   http://www.kepad.or.kr/

장애인권익문제연구소 홈페이지   http://www.cowalk.or.kr/

중앙인사위원회 홈페이지   http://www.csc.go.kr/

한국장애인복지관협회 홈페이지   http://www.hinet.or.kr/

행정자치부 홈페이지   http://www.mogaha.go.kr/

국제노동기구(ILO) 홈페이지   http://www.ilo.org/

미국평등고용기회위원회 홈페이지   http://www.eeoc.gov/

3.3 신문 및 잡지

동아일보. 1998. 6. 12.

───────. 1998. 7. 14. "노동부 여성가장 고용사업주에 채용 장여금 지급".

───────. 1998. 12. 16.

───────. 1999. 7. 30, B1.

───────. 1999. 8. 16., A3.

───────. 2000. 3. 13., A29.

───────. 2000. 7. 22., A30. "한국 '고령화 사회' 진입".

───────. 2001. 8. 24. "대기업 평균 장애인고용률 0.35%로 저조".

292

매일경제신문. 1999. 8. 16, 3.

문화일보. 1999. 5. 7., 1·3. "'지역차별금지법' 추진 제2건국委 '화합토론회'".

주간동아. 2001. 3. 1. "B형 간염 보균자, 억울한 '天刑'의 삶". **주간동아, 273: 44-45.**

────. 2001. 4. 19. "채용 전 신체검사는 부당한 취업차별: 사소한 질환자 과학적 근거 없이 고용배제". **주간동아, 273: 44-45.**

조선일보. 1998. 3. 6., 1. "'인재지역할당제' 입법추진: 사시, 행시 등 인구비례선발".

────. 1998. 3. 4., 5. "호남-충청 출신이 55.4%".

────. 1998. 3. 5., 39. "TK-PK가고 MK(목표-광주) 오나".

────. 2000. 9. 26. "동성애 고백 홍석천 '방송활동 중단합니다'".

────. 2001. 1. 31. "동성애자 인권보호 입법추진".

────. 2001. 2. 6-8., 1·3. "[기획특집] 50대 직장서 사라지다".

────. 2001. 3. 29. "광고 출연하는 성전환 모델 하리수씨".

중앙일보. 1998. 10. 19., 4. "호남인맥 약진 뚜렷: 장관급 전남출신 4명, 경남은 1명".

────. 2001. 1. 30., 10. "닻올린 여성부".

────. 2001. 9. 26., 1. "한국, 노령화사회 진입: 65세 이상 5년새 5.9%서 7.3%로".

한겨레신문. 2000. 7. 28., 9. "진정한 평등실현 '약자보호조처' 흑인 등에 동등한 경쟁 기회 제공".

부 록

면접조사 대상자와 주요 질문 내용

1. 면접조사 대상자

양금승. 전국경제인 연합회 경제팀 차장. 2001년 10월 16일. 서울 전경
련 회관.

김판중. 한국경영자총연합회 경제조사팀 대리. 2001년 10월 23일. 서울
한국경영자총연합회 본부.

장환진. 국회 환경노동위원회 소속 의원보좌관. 2001년 10월 25일. 서울
국회의원 회관.

김병관. H개발(주) 공사관리팀 과장. 2001년 10월 24일. 서울 H개발 본부.

이철우. H개발(주) 인사팀 대리. 2001년 10월 24일. 서울 H개발 본부.

강동욱. 한국장애인고용 촉진공단 고용개발원 연구실 연구원. 2001년
10월 31일. 성남 한국장애인고용 촉진공단 본부.

이정주. 한국장애인고용 촉진공단 고용개발원 교육연수부 차장. 2001년
10월 31일. 성남 한국장애인고용 촉진공단 본부.

이성재. 前 국회의원(제15대 보건복지위원회 소속, 새천년 민주당). 2001
년 11월 28일. 과천 마사회 본부.

장 숙. 서울시 남부장애인종합복지관 직업재활팀 팀장. 2001년 12월
31일. 서울 남부장애인종합복지관 사무실.

2. 면접조사 주요 질문내용

① 장애인고용정책의 결정 및 집행과정에서 ○○기관(혹은 본인)이 수행하고 있는 역할은 어떤 것입니까?

② 한국에서 장애인고용과 관련된 정책을 결정하고 집행하는 기관은 어떤 것들이 있습니까? 그리고 그 과정에서 핵심적이고 주도적인 역할을 담당하는 기관(혹은 개인)은 어디라고 생각하십니까?

③ 「장애인고용 촉진 및 직업재활법」 전면 개정 과정에서 가장 커다란 영향을 미친 정책참여자는 누구라고 생각하십니까? 「장애인고용 촉진 및 직업재활법」 전면 개정 과정에서 당기관(혹은 본인)의 입장은 어떠했습니까?

④ 현 장애인고용정책에 대한 전반적인 평가는 어떠합니까? 앞으로 어떤 방향으로 변화할 필요가 있다고 생각하십니까?

⑤ 장애인고용정책의 조직, 집행체계, 집행절차는 어떠하고, 당기관은 어떤 역할을 수행합니까?

⑥ 현 장애인고용정책의 집행에서 가장 큰 문제점이 무엇이라고 생각하십니까? 이러한 문제점을 해결할 수 있는 방안은 어떤 것이 있습니까?

⑦ 장애인고용정책의 집행과정에 참여하고 있는 기관들이 어떤 과정이나 절차에 의해 참여하고 있습니까?

⑧ 장애인 기준고용률제와 장애인고용부담금과 관련한 당기관의 견해는 무엇이며, 바람직한 발전방향은 무엇이라 생각하십니까?

⑨ 장애인고용정책의 집행과정에서 당 기관과 관련 기관 간의 연계는 어떠합니까? 그리고 기관 간 관계에서 어떤 문제가 있습니까?

⑩ 장애인고용정책의 전달체계의 현황은 어떠합니까? 그리고 전달
   체계 상의 문제는 무엇입니까?

⑪ 장애인고용정책의 집행기관인 한국장애인고용 촉진공단은 어떤
   문제점을 가지고 있다고 생각하십니까? 그리고 공단의 발전방향
   은 어떠해야 한다고 생각하십니까?

● 저자 ●

● 최무현(崔武玄)　　약 력

고려대학교 문과대학 사학과 졸업
연세대학교 대학원 행정학 석사
연세대학교 대학원 행정학 박사
연세대학교 사회과학연구소 전문연구원
서울대학교 행정대학원 BK21사업단 Post-doc. 연구원
한국행정연구원 규제연구센터 수석연구원
상지대학교 인문사회과학대학 행정학과 전임강사

주요 논저

「한국 공무원의 보직 및 경력관리 체계 개선방안 연구」
「일본의 복지레짐의 성격변화: 개호보험의 도입을 중심으로」
「적극평등인사정책(Affirmative Action)의 세 가지 접근법
　과 시사점」
「A Study on the Employment Policy Tools for the
　Disabled in Korea」
『사회분야의 규제영향분석: 환경규제를 중심으로』
『노동시장 규제의 경제적 효과에 관한 연구: 고용보호규제
　완화를 중심으로』
외 다수

한국의 Affirmative Action 정책 연구
- 장애인 고용정책을 중심으로 -

● 초판 인쇄 | 2005년 4월 11일
● 초판 발행 | 2005년 4월 11일

● 지 은 이 | 최무현
● 펴 낸 이 | 채종준
● 펴 낸 곳 | 한국학술정보㈜
　　　　　　경기도 파주시 교하읍 문발리
　　　　　　파주출판문화정보산업단지 526-2
　　　　　　전화 031) 908-3181(대표) · 팩스 031) 908-3189
　　　　　　홈페이지 http://www.kstudy.com
　　　　　　e-mail(e-Book사업부) ebook@kstudy.com

● 등　　록 | 제일산-115호(2000. 6. 19)
● 가　　격 | 17,000원

ISBN　　89-534-2261-2 93330 (paper book)
　　　　　89-534-2263-9 98330 (e-book)